I0758908

INJUSTICIAS DE GÉNERO EN UN MUNDO GLOBALIZADO

Conversaciones con la teoría de Nancy Fraser

María Antonia Carbonero Gamundí
Silvia Levín
(coordinadoras)

HomoSapiens
EDICIONES

Carbonero Gamundí, María Antonia
    Injusticias de género en un mundo globalizado: conversaciones con la teoría
    de Nancy Fraser / María Antonia Carbonero Gamundí y Silvia Levín;
    coordinado por Silvia Levín y María Antonia Carbonero Gamundí.
    - 1a ed. - Rosario: Homo Sapiens Ediciones, 2014.
    212 p.; 23x16 cm. - (Politeia / Hugo Quiroga)

    1. Ciencias Políticas. 2. Estudios de Género. I. Levín, Silvia II. Levín, Silvia, coord.
    III. Carbonero Gamundí, María Antonia, coord. IV. Título
    CDD 305.4

© 2014 | **Homo Sapiens Ediciones**
Sarmiento 825 (S2000CMM) Rosario | Santa Fe | Argentina
Telefax: 54 341 4406892 | 4253852
E-mail: editorial@homosapiens.com.ar
Página web: www.homosapiens.com.ar

Queda hecho el depósito que establece la ley 11.723
Prohibida su reproducción total o parcial

Este libro se terminó de imprimir en agosto de 2014
en **Gráfica Amalevi SRL** | Mendoza 1851/53
2000 Rosario | Santa Fe | Argentina

Colección *Politeia*
dirigida por Hugo Quiroga

INDICE

¿Un feminismo de excepción?

Para un observador del Norte, América Latina representa una excepción política. En otros lugares, la crisis capitalista provoca protestas, pero se están organizando pocas alternativas programáticas sostenidas y amplias, y prácticamente no hay gobiernos de izquierda dispuestos a ponerlas en práctica.

Por el contrario, los gobiernos electos de todo tipo, incluidos los que se profesan socialistas, se apresuran a cumplir las órdenes de los banqueros centrales, burlando abiertamente la oposición popular a la austeridad; y el sentimiento anti-neoliberal, aunque generalizado y ocasionalmente militante, hasta ahora ha fracasado en unirse en un bloque contrahegemónico coherente capaz de montar un desafío creíble al dominio de "los mercados". En todo el Norte Global, de hecho, las fuerzas de oposición más activas provienen de la derecha: el Tea Party en los Estados Unidos, *lepenisme* en Francia, el Golden Dawn en Grecia, el partido de la independencia en el Reino Unido. No hay nada en el horizonte político que, ni siquiera remotamente, se asemeje al proteccionista contra-polo que Karl Polanyi denomina "doble movimiento": no hay ningún frente unido a través de las clases sociales que se oponga a la neoliberalización y que trate de proteger a la sociedad y la naturaleza de sus estragos (Fraser, 2013).

América Latina representa una feliz excepción a este cuadro. Habiendo restaurado la democracia y sobrevivido a un ataque anterior del fundamentalismo de libre mercado, la región es hoy en día el hogar de lo más parecido que el mundo ha visto a un doble movimiento polanyiano. Al menos aquí, si no en ningún otro lugar, la ofensiva neoliberal ha incitado una respuesta contrahegemónica: un frente emergente, si bien aún no un proyecto a gran escala, cuyo objetivo es proteger a la sociedad y a la naturaleza del capitalismo financiero. Ciertamente, este contramovimiento es heterogéneo, adquiriendo muy diversas formas en diferentes países; y no todas sus corrientes son plenamente democráticas o genuinamente emancipadoras. Pero solo el hecho que exista es suficiente para hacer de América Latina la región políticamente más interesante del mundo.

Gracias a su carácter excepcional, América Latina es también un lugar singularmente importante para el estudio de las relaciones de género y las políticas feministas. Aquí, como en otras partes, la neoliberalización constituye un potente disolvente de las formas patriarcales tradicionales, que aparecen como "trabas" en el desarrollo capitalista. Aquí, como en otras partes, se pone de manifiesto un *ethos* modernizador, liberal-individualista, que parece encajar con las aspiraciones de emancipación de las mujeres. Aquí, como en otras partes, el capital global impone nuevas exigencias a las mujeres: no sólo su contribución histórica del trabajo social-reproductivo no remunerado, sino también del trabajo asalariado, especialmente en los servicios y en la manufactura, y como las trabajadoras migrantes (a menudo indocumentadas) que viajan largas distancias para proporcionar cuidado para los seres queridos de otros más privilegiados dejando sus propios seres queridos detrás, al cuidado de otros menos privilegiados. En América Latina, como en todas partes, también "los mercados" exigen reducción de los servicios públicos y de la provisión de bienestar social e infraestructuras por parte del Estado.

En todos estos aspectos, la neoliberalización está haciendo en el Sur Latino justo lo mismo que está haciendo en todas partes: a saber, está redibujando el mapa social en el cual el género se entrecruza con la clase y la raza/etnicidad, la producción intersecta con la reproducción, la familia se superpone con el trabajo remunerado, el mercado atraviesa el Estado y lo nacional y lo local se enfrentan a lo global. A pesar de que coloca la presión sobre la reproducción social, esta forma de capitalismo atrae a las mujeres, prometiendo no sólo un aumento de ingresos y seguridad material, sino también dignidad, autosuperación y liberación de la autoridad tradicional. El resultado es que sitúa a las mujeres en una difícil e incómoda zona: situadas en el nexo entre patriarcado y capitalismo, están inmersas entre los dos polos polanyianos de la protección social y la mercantilización. En efecto, el neoliberalismo crea dilemas políticos para los movimientos feministas en todo el mundo, incluyendo América Latina.

Al igual que las feministas de todo el mundo, las feministas de América Latina se encuentran hoy en una encrucijada trascendental, suspendidas entre dos futuros diferentes. En un primer escenario, el feminismo apunta a un mundo en el que la emancipación de género va de la mano con la democracia participativa y la solidaridad social; en un segundo, se anuncia una nueva forma de liberalismo, capaz de asegurar para las mujeres (por lo menos para algunas) bienes que los hombres (algunos) ya disfrutan: autonomía individual, mayor libertad de elección, promoción meritocrática y carrera abierta al talento. El feminismo de nuestro tiempo es, en este sentido, ambivalente. Compatible con cualquiera de las dos visiones diferentes de la sociedad, es susceptible de dos diferentes elaboraciones.

Por mucho que me pese admitirlo, el feminismo hegemónico del Norte Global ha resuelto hasta ahora esta ambivalencia en favor del individualismo liberal. Críticas de sexismo que una vez formaron parte de una cosmovisión solidaria e igualitaria, se declinan hoy en términos individualistas y meritocráticos que sirven para dar glamour al mercado y para justificar la explotación. Así, las feministas del Norte ahora instan a las mujeres profesionales *a valerse* de las salas corportivas para salir adelante, aún cuando de quien *se valen* en realidad es de las mujeres migrantes pobres que cuidan a sus hijos. Alterando la valencia política de las ideas feministas, esta visión liberal de la emancipación de las mujeres efectivamente refuerza la mercantilización en esta etapa de lucha Polanyiana contra la protección social. El resultado es una relación peligrosa, si no es un matrimonio consumado, entre el feminismo hegemónico del Norte y el neoliberalismo (Fraser, 2013b y 2013c).

¿Qué hay del feminismo en América Latina? ¿Podría la región también en este caso ser fuente de una afortunada excepción? ¿Están siguiendo sus feminismos otro camino, uno que alinea la emancipación de género, no con el individualismo de mercado, si no con la democracia participativa y la solidaridad social? El tiempo lo dirá. Sin duda, la "excepcional" cultura política de la región parece ofrecer un terreno favorable para este segundo escenario. Un continente que alberga algo parecido a un doble movimiento podría potenciar sus feministas para librar una *lucha doble*, luchando en dos frentes a la vez: por un lado, luchando para desmantelar las jerarquías de estatus tradicionales, que impregnan la protección social con la dominación masculina y evitan la plena participación de las mujeres en la vida social; por otro lado, luchando contra nuevos modos de subordinación de género mediados por el mercado, que intensifican la explotación laboral, disminuyen la protección social y presionan la reproducción social hasta el límite.

Al luchar simultáneamente en dos frentes, las feministas latinoamericanas podrían trazar una tercera vía entre los dos polos del doble movimiento de Polanyi. Percibiendo la lucha por la *emancipación* como una tercera fuerza con un peso propio, las mujeres podrían subvertir el esquema binario simple de mercantilización frente a protección social. En ese caso, las feministas latinoamericanas podrían ciertamente transformar la figura bilateral de Polanyi en un *triple movimiento*, conformado por *tres*, no dos, *proyectos políticos*: *mercantilización, protección social y emancipación*. De esta manera, también podrían revertir el escenario Norte. En lugar de ponerse del lado de la mercantilización contra la protección social, podrían alinear las fuerzas de la emancipación con las de una protección social transformada en la batalla trascendental para reafirmar el control democrático sobre los procesos destructivos y desenfrenados de la mercantilización (Fraser, 2013 y 2011).

Mediante esta opción, las feministas latinoamericanas no avanzarían sólo en la lucha por la justicia de género en su propia región. Además, servirían de modelo para el resto del mundo como otra forma de resolver la ambivalencia feminista. Las feministas del Norte en especial podrían beneficiarse con este ejemplo de excepcionalismo latino. Inspirado por las feministas del Sur Global, las feministas del Norte Global podríamos encontrar el coraje para romper nuestra relación peligrosa con el neoliberalismo.

Yo no estoy en condiciones de predecir la probabilidad de un escenario de este tipo, mucho menos su resultado final. Pero los ensayos recogidos aquí ofrecen información valiosa sobre las relaciones de género y las luchas de género de la región. Bien se trate de cadenas globales de cuidados o libertades reproductivas, regímenes políticos de bienestar o mercados laborales generizados las autoras movilizan una impresionante variedad de conceptos y argumentos para iluminar el terreno. Situando a las mujeres en la intersección de múltiples lógicas (patriarcales, neoliberales y post-coloniales), "replantean" los estudios de género y el ideal de la justicia de género para "un mundo globalizado". Si "la globalización" alberga algún significado esperanzador se encuentra, creo yo, en el tipo de diálogo Norte-Sur reflejado aquí.

Nancy Fraser [*]
Bad Homburg, Alemania
Octubre de 2013

* Traducción realizada por Clara Mascaró Carbonero.

Referencias bibliográficas

Fraser, Nancy (2011). "Marketization, Social Protection, Emancipation: Toward a Neo-Polanyin Conception of Capitalist Crisis". En: Craig Calhoun y Georgi Derlugian (eds.). *Business as Usual: The Roots of the Global Financial Meltdown*. New York: NYU Press, pp. 137-158.

——— (2013). "¿Un movimiento Triple? Análisis de la política de la Crisis después de Polanyi". *New Left Review*, 81 (mayo-junio), pp. 119-132.

——— (2013b). "Feminism, Capitalism, and the Cunning of History". En: Fraser, Nancy. *Fortunes of Feminism: From State-Managed Capitalism to Neoliberal Crisis*. Brooklyn, New York: Verso Books.

——— (2013c). "Between Marketization and Social Protection: Resolving the Feminist Ambivalence". En: Fraser, Nancy *Fortunes of Feminism: From State-Managed Capitalism to Neoliberal Crisis*. Brooklyn, New York: Verso Books.

Sin duda estamos transitando un impetuoso proceso de múltiples cambios estructurales de orden global que compone un nuevo escenario. Todas las esferas de la vida de las sociedades del presente se ven trastocadas por la globalización: la política, la social, la económica, la cultural, la tecnológica, la ética y hasta la simbólica. Instituciones, ideologías, imaginarios, reglas, lógicas, actores, conflictos y normas afrontan nuevas realidades pero sin que las viejas, las de los Estados territoriales, necesariamente hayan desaparecido o se hayan debilitado en algunos continentes. Se imponen, entonces, tiempos de convivencia anómala: de incertidumbres, de carencia de sentidos, de confrontación de valores y de fronteras, de déficits de reglas, de instrumentos y de marcos interpretativos capaces de entender y tratar este mapa global que en variadas circunstancias convive con el territorial.

En definitiva, se trata de entender y, de algún modo, enfrentar los *desórdenes* que la globalización provoca en los órdenes que venían rigiendo el mundo, entre ellos *la justicia*. El binomio justicia/injusticia focaliza aquí nuestro doble interés: académico y político, como seguidamente fundamentamos. Pero por otra parte, la intersección de la justicia con otro orden, el orden patriarcal, permite desnudar e intervenir ante el problema mundial de las desigualdades de género que, entrecruzadas con otras como las de clase, etnia, raza, provocan injusticias de género en un escenario complejo cuyas fronteras de resolución parecen hoy desdibujarse tras la nueva configuración global. Asimismo, la interdependencia global no ha afectado de la misma manera a todos los países de los diferentes continentes, los que se encuentran en "vías de desarrollo" presentan mayores niveles de subordinación que otros así como también mayores dificultades para transitar las crisis internacionales.

Con ese horizonte, nuestra decisión académica y política como coordinadoras fue recurrir a la riqueza y profundidad crítica de la teoría de Nancy Fraser sobre la justicia y proyectar un libro que nos permitiera utilizar su matriz teórico metodológica para la identificación, interpretación, análisis y discusión de un abanico de problemas relevantes que lo atraviesan, alterados por la globalización, y que forman parte no solo de la agenda del movimiento feminista de América Latina y/o de la Unión Europea sino también de quienes apuestan a un mundo más justo, democrático y equitativo. Fraser es una reconocida filósofa de trayectoria internacional, profesora de la *New School of Social Research* que ha polemizado sobre el tema de la justicia con los más importantes pensadores y pensadoras de la teoría social y política contemporáneos –como Habermas, Rorty, Rawls, Nusbaum, Butler, Honnet– además de discutir las posiciones de algunos clásicos al respecto –tales como Platón y Aristóteles.

Fue el pensamiento de Fraser el que nos provocó a la producción académica, reunida hoy en esta obra y no a la inversa, porque condensa también un valor político con capacidad de transformación de la realidad. Sus sugestivos interrogantes sobre el quién, el cómo, el dónde y el qué de lo que denomina la "gramática de la justicia" globalizada dieron curso y están presentes en este libro. Su enfoque no sólo nos sedujo a la crítica teórica sobre su noción general de justicia y las de sus distintas dimensiones –justicia política (representación), justicia social (redistribución) y justicia cultural (reconocimiento)– para confrontarlas en escenarios y realidades geográficas y políticas disímiles, sino también a mostrar su viabilidad y utilidad teórico metodológica para captar la realidad y operacionalizarla en herramientas capaces de desarrollar investigaciones con base empírica. Hasta el momento hay pocas obras en Argentina, y nos animamos a hacer extensiva esta apreciación a América Latina, que hayan utilizado y aplicado la teoría de Fraser con estos propósitos puntuales[1]. Intentamos contribuir, entonces, con esta obra orientada en esas direcciones.

---

1. En 2010 fue publicado el libro titulado *Teoría social y género: Nancy Fraser y los dilemas teóricos contemporáneos*, Adriana Boria y Patricia Morey (editoras), Universidad Nacional de Córdoba, Buenos Aires, Ed. Catálogos. Dicho libro se publica como resultado de un interesante y valioso seminario que dicta Nancy Fraser en la Universidad Nacional de Córdoba en 2006 sobre justicia social en oportunidad en que recibió el *Honoris causa* de dicha

La idea del libro, que nace en 2009 y se concreta como propuesta editorial a fines del 2011, parte del contacto con Nancy Fraser y su colaboración académica en el marco del Proyecto de Investigación titulado *"Evaluación del impacto de género de las políticas públicas de empleo a nivel local en Rosario (Argentina). Una propuesta de fortalecimiento institucional en acciones públicas innovadoras desde una perspectiva de género"* financiado por la Agencia Española de Cooperación Internacional para el Desarrollo (AECID - A/5172/06). Dicha colaboración se concretó en un Seminario Internacional que dictó la filósofa en la Universidad de las Islas Baleares, Palma de Mallorca, titulado "Dilemas de la justicia en el Siglo XXI. Género y Globalización" en diciembre del 2007. Con posterioridad, y más específicamente en los últimos años, se ha consolidado la relación a través de estancias de investigación realizadas en la *New School for Social Research* por una de las editoras de este libro, la Dra. María Antonia Carbonero Gamundí. Nuestro reconocimiento al apoyo, promoción y sostén del trabajo científico brindado por AECID a Iberoamérica.

El móvil intelectual y político de esta producción tiene también un claro sustento ético garantizado por todas las autoras. Podrá ser identificado con claridad por los lectores y las lectoras tanto en la rigurosidad de tratamiento de los temas como en el compromiso manifestado en el contenido de cada uno de los trabajos aquí reunidos. Como afirma Fraser, *la justicia* no constituye cualquier orden, "ocupa un lugar de honor en el panteón de las virtudes". Lo que destaca su carácter primario, supremo, pero no en un sentido jerárquico sino fundacional, es que da fundamento a la estructura básica de la sociedad, fija los términos de la interacción social y sólo una vez lograda esta, podrán desarrollarse todas las otras virtudes y/o instituciones (Fraser, 2012:37-38). Del mismo modo *las injusticias de género* surgen de desórdenes en la participación, en el reconocimiento y/o en la redistribución.

Las profesoras e investigadoras convocadas para este emprendimiento –de España, Costa Rica y Argentina– tienen en común la formación e investigación en teoría feminista y el conocimiento a fondo de la matriz de pensamiento de Nancy Fraser, en particular sobre la justicia y los problemas de equidad de género. Sus aportes al libro se pueden ordenar en dos líneas principales, por un

---

institución. El texto reúne una rica producción de artículos que trabajan la teoría y pensamiento de Fraser sobre la justicia así como también algunos de ellos utilizan su matriz para trabajar datos empíricos obtenidos en investigaciones anteriores. La obra se abre con un artículo de Nancy Fraser.

lado, trabajos en que predominan la crítica teórica con base en estudios empíricos o en datos de la realidad política y social global y, por otro, trabajos que aplican y/o buscan mostrar la potencialidad de esa matriz para ser traducida en una herramienta teórico metodológica en investigaciones científicas. Esta segunda línea de trabajos, por otra parte, ofrecen la particularidad de exhibir tanto la aplicación de una metodología cuantitativa, que establece una batería de indicadores para comparar los regímenes de bienestar en perspectiva de género; como una metodología cualitativa mediante la utilización de entrevistas en profundidad. Unos y otros, desde alternativas metodológicas diferentes, ponen de manifiesto en el procedimiento y en los resultados obtenidos la utilidad y viabilidad operativa de la matriz.

Sobre la base de esta estructura principal el libro presenta cinco trabajos. *María Antonia Carbonero Gamundí* en el texto titulado *"Doblemente colonizadas: sobre infrareconocimiento y maladistribución en las mujeres cuidadoras latinoamericanas en Mallorca (España)"* utiliza la visión multidimensional de la justicia que ha desarrollado Nancy Fraser como marco teórico para analizar el cuidado entendido como empleo de las mujeres inmigrantes en España. El interés del trabajo se focaliza en los mecanismos a través de los cuales se conectan dos de las dimensiones que trata la teoría de Fraser, la mala distribución y el mal reconocimiento para profundizar las subordinaciones de género raza/etnia y de clase de estas mujeres.

Según Fraser en el capitalismo estas dimensiones están parcialmente desacopladas y este desacoplamiento varía históricamente; es buscando la historicidad como podremos aproximarnos a las contradicciones que regulan las interacciones de los sujetos sociales. El reconocimiento, como expone Fraser, no se produce entre "iguales", se basa en relaciones de poder. Necesitamos, entonces, profundizar la mirada en los mecanismos de subjetivación por los que actúan las diferencias de poder y opresión. En este trabajo se plantea que el infra-reconocimiento de estatus de las mujeres cuidadoras es la dimensión fundamental en la que se insertan sus desventajas económicas y que tiene lugar, principalmente, a través de "principios reguladores" específicos en los que se materializa el heterosexismo como son el *colonizar y el domesticar*. A través de los discursos de estas mujeres se analiza cómo operan estos principios y cómo emerge la agencia en los procesos de infra-reconocimiento en las que se ven envueltas en un contexto social y cultural específico, el de la España actual.

Rosa Cobo y Luisa Posada Kubissa en el trabajo titulado *"Por el regreso de la teoría crítica. Las mujeres ante la globalización"* advierten que el nuevo escenario globalizado está marcado por el desorden: desorden geopolítico e internacional, desorden económico y político, desorden ético y normativo. Y, sobre todo, desorden patriarcal. Algunas de las instituciones que articulaban la sociedad moderna están en crisis, otras en franca descomposición y otras en abierta transformación, pero ninguna permanece inalterable. En el corazón de esta intersección de desórdenes se encuentran las mujeres. En definitiva, señalan que en este nuevo escenario se está produciendo un poderoso rearme ideológico y material tanto de la estructura de dominio patriarcal, como de la neoliberal. Este nuevo escenario requiere de nuevos instrumentos analíticos y para ello resulta necesario reorganizar conceptualmente nuestro marco interpretativo.

De una forma subterránea se habían incubado en las últimas décadas diversos cambios sociales que desde las ciencias sociales habían sido analizados como fenómenos aislados. Sin embargo, esas silenciosas transformaciones hoy pueden ser identificadas como partes de un vertiginoso proceso que está cambiando de diversas formas no sólo el tejido social global, sino también nuestro imaginario colectivo. Ahora bien, este intenso proceso de cambio social no significa que desaparezcan instituciones y estratificaciones y se creen otras nuevas de una forma instantánea. Más bien, tal y como sostiene Saskia Sassen (2007:11-20), se instalan lógicas nuevas en viejas realidades sociales y la creación de nuevas instituciones se ven ocupadas parcialmente por lógicas antiguas.

El trabajo intenta argumentar la necesidad de diseñar y aplicar políticas de reconocimiento que no tengan un carácter esencialista, así como la necesidad de reflexionar sobre la crisis del estado-nación y la incipiente y abierta construcción de un nuevo marco en el que tengan cabida legítimamente reclamaciones de justicia que no pueden ser satisfechas en el marco del estado-nación. Las autoras estiman que en estos momentos de auge neoliberal y de crecimiento de la desigualdad, las demandas de distribución económica deben tener un carácter central en cualquier propuesta política de transformación social y, al mismo tiempo, en torno a esas políticas debe pivotar cualquier teoría de la justicia y cualquier teoría crítica.

Juliana Martínez Franzoni y Kohen Voorend en el texto titulado *"Desagregando la equidad de género: el caso de los regímenes de bienestar en América Latina"* proponen un enfoque teórico-metodológico para analizar las relaciones de género que resulta de la adaptación del enfoque multidimensional de la equidad elaborado por Nancy Fraser y que puede ser usada para valorar la desigualdad relativa entre múltiples unidades de análisis. Los principios de Fraser constituyen tipos ideales weberianos, es decir, identifican componentes de la desigualdad que analíticamente son distintos aunque empíricamente pueden presentarse interrelacionados. Además de su indudable contribución teórica, su propuesta ofrece una utilidad empírica que parece haber sido hasta ahora insuficientemente aprovechada, en particular, para el análisis comparado.

En este texto los autores focalizan el análisis en los regímenes de bienestar en América Latina. Los resultados del trabajo sugieren que en relación a la desigualdad de género los regímenes de bienestar no son tan relevantes respecto a las desigualdades originadas en los mercados laborales como las originadas en la política social y en la producción doméstica. En el contexto de este libro además de las conclusiones que sobre dichos regímenes arrojan los hallazgos, lo que más interesa es que muestra la viabilidad y el rendimiento analítico del enfoque de Nancy Fraser para analizar e intervenir en dimensiones específicas de la inequidad de género tal como se expresan tanto en los mercados laborales como en la política social y en las familias.

Ruth Sosa, en su escrito titulado *"La justicia como prisma de género en el mundo del trabajo globalizado. Notas críticas desde América Latina"* se propone hacer un análisis sucinto de confrontación entre los ejes del enfoque tridimensional de la justicia de Nancy Fraser y la inserción y sostenimiento de las mujeres en el mundo del trabajo global en Latinoamérica. El foco está centrado en problematizar la tensión existente entre la esfera de la redistribución y la del reconocimiento. El objetivo es señalar la importancia de asumir estas esferas como inseparables e ineludibles en una búsqueda integral por la justicia en pos de una efectiva paridad entre los géneros en el mundo del trabajo.

A modo de ejemplo, en el contexto de las transformaciones de la cultura laboral, las maquilas y los *call centers* representan dos áreas paradigmáticas del mundo del trabajo global y son lugares en el que las mujeres desempeñan un papel significativo y estratégico en la valorización del capital. Ambas se perfilan como dos grandes metáforas del trabajo en era de la globalización. En estas áreas, las mujeres se inscriben en una tensión entre autonomía y precarización y están marcadas por el infra-reconocimiento y por la deficitaria redistribución. Se exigen, entonces, políticas públicas que apunten a una regulación en términos de justicia transfronteras lo que supone un desafío en el contexto latinoamericano-global. En esta línea, la autora considera importante que la justicia debe ser re-enmarcada asumiendo estas nuevas condiciones del mundo del trabajo global y el histórico infra-reconocimiento de la fuerza de trabajo femenina. El prisma de género, desafía a reconceptualizar la justicia, la igualdad, la libertad en términos transfronteras pero asumiendo que América Latina tiene una posición subalterna en el contemporáneo orden global y esa subordinación está profundamente marcada por cuestiones económicas, además de las de índole cultural y política.

Silvia Levín, bajo el título *"Dilemas de justicia política en Argentina: ¿representación o libertad?"* se propone identificar las diferentes aristas de problemas que comprenden el análisis de la justicia política y de las confrontaciones por justicia política de género del movimiento feminista. El punto crítico es la brecha existente entre la retórica de la igualdad y de la justicia de género, y la realidad de las desigualdades y las injusticias políticas de género en la Argentina actual. A la luz de ese horizonte, se discute la noción de *justicia política* de la teoría de la justicia de Nancy Fraser, en contraste con otras teorías de la justicia, con la finalidad de que el nivel de la reflexión analítica pueda lograr una comunicación productiva tridimensional con el nivel de la práctica política, y viceversa, que, como bien advierte Fraser, no deben plegarse uno a otro sino complementarse para esclarecer y comprender las aspiraciones de la época.

Fraser concibe a la justicia en general, como paridad de participación, es decir requiere de acuerdos sociales que permitan a todos participar como pares en la vida social (Fraser, 2008:39). En ese marco, distingue las dimensiones constitutivas de la justicia (y de la injusticia), entre ellas la dimensión política, circunscripta a la idea de *representación*, que es nuestro objeto de interés crítico. El objetivo principal es señalar las dificultades que presenta esa noción de justicia política tanto para reconocer la verdadera sustancia de la injusticia política –obstáculo de justicia política– como para interpretar, a nivel de las prácticas políticas, el significado y alcance que tienen las principales demandas y cuestionamientos de justicia de actores y/o movimientos sociales involucrados en la lucha por la igualdad de género en Argentina en las dos últimas décadas. Todo ello en un espacio territorial nacional (Argentina) y en un marco regional (América Latina), estructuralmente desigual, no sólo en el orden económico y en el cultural, sino también en el orden político. Interesa de manera particular demarcar las posibilidades y limitaciones que tiene la concepción de justicia política como representación, no solo en términos teóricos sino también sustantivos, a la luz del sistema de género que estructura y rige las relaciones sociales en este país.

Entre nuestras aspiraciones de origen y lo que la obra ha logrado concretar consideramos haber transitado una experiencia que arroja saldos positivos que intentamos compartir. En primer lugar, en el contexto de sociedad red y del mundo conexionista actual procuramos establecer diálogos que atraviesen las fronteras académicas y territoriales y, al mismo tiempo, romper la tradición existente en las ciencias sociales por la que se debaten de manera separada las reflexiones teóricas y las aplicaciones empíricas. En segundo lugar, poner a prueba las teorías en contextos políticos, sociales y culturales distintos precisamente para que emerjan las contradicciones de los constructos que utilizamos y se pueda reconocer su propia historicidad. De este modo, el "pensamiento situado" adquiere el potencial de interrogar realidades, es ése su valor académico y político.

Nuestro más sincero agradecimiento a Nancy Fraser por habernos provocado este desafío y por haber acompañado esta realidad.

MARÍA ANTONIA CARBONERO Y SILVIA LEVÍN

La obra de Nancy Fraser: selección bibliográfica

1. Principales obras de Nancy Fraser

FRASER, NANCY (1989). *Unruly Practices: Power, Discourse and Gender in Contemporary Social Theory*. Oxford: Polity Press.

——— (1997). *Justice Interruptus: Critical Reflections on the «Postsocialist» Condition*. Londres: Routledge.

——— (2005). *Reframing Justice: The 2004 Spinoza Lectures*. Amsterdam: Van Gorcum.

——— (2009). *Scales of Justice: Reimagining Political Space in a Globalizing World*. Nueva York: Columbia University Press.

——— (2013). *Fortunes of Feminism: From State-Managed Capitalism to Neoliberal Crisis*. Brooklyn, Nueva York: Verso Books.

FRASER, NANCY y HONNET, AXEL (2003). *Redistribution or Recognition? A Political Philosophical Exchange*. Londres: Verso.

2. Libros editados y selección de contribuciones a libros editados

FRASER, NANCY y BARTKY, SANDRA. (eds.) (1992). *Revaluing French Feminism: Critical Essays on Difference, Agency and Culture*. Bloomintong: Indiana University Press.

FRASER, NANCY y BENHABIB, SEYLA (eds.) (2004). *Pragmatism, Critique, Judgment: Essays for Richard J. Bernstein*. Boston: MIT Press.

FRASER, NANCY; BENHABIB, SEYLA; BUTLER, JUDITH; CORNELL, DRUCILLA (eds.) (1994). *Feminist Contentions: A Philosophical Exchange*. Nueva York: Routledge.

——— (2008). *Adding Insult to Injury: Nancy Fraser Debates Her Critics: Debating Redistribution, Recognition and Representation*, Kevin Olson (ed.). Londres: Verso.

——— (2011). *Politics of Culture and the Spirit of Critique: Dialogues*, Gabriel Rockhill y Alfredo Gomez-Muller, (eds.). New York: Columbia University Press, Series "New Directions in Critical Theory".

2. Selección de obras de Nancy Fraser traducidas al castellano

FRASER, NANCY (1983). "Postestructuralismo y política". Los discípulos franceses de Jacques Derrida". *Revista Mexicana de Sociología*, 45: 4, 1209-1229. [en línea]. <http://www.esnips.com/doc/e5e5625d-734f-43da-8685-a3c64fc83466/ fraser-sobre-derrida-y-sus-discipulos>.

——— (1986). "Movimientos sociales vs. burocracias disciplinarias: Los discursos de las necesidades sociales". *Dianoia*, 32, 167-202.

——— (1990). "¿Qué tiene de crítica la teoría crítica?", Seyla Benhabib y Drucilla Cornell (comps.). *Teoría feminista y teoría crítica*. Valencia: Edicions Alfons el Magnànim, 49-88.

——— (1991). "La lucha por las necesidades". *Debate Feminista*, 2 (3), 3-40.

——— (1991). "Usos y abusos de las teorías francesas del discurso para la política feminista". *Hiparquia*, 4: 1, 13-39.

——— (1993). "Repensar el ámbito público: una contribución a la crítica de la democracia realmente existente". *Debate feminista*, 4(7), 23-58. También en *Ecuador Debate* (Abril 1999), 139-174.

——— (1995). "Multiculturalidad y equidad entre los géneros: Un nuevo examen de los debates en torno a la "diferencia" en EE.UU.". *Revista de Occidente*, 173, 33-55.

——— (1996). "Redistribución y reconocimiento: hacia una visión integrada de justicia del género". *Revista Internacional de Filosofía Política*, 8, 18-40. [en línea]. <http://e-spacio.uned.es/fez/index.php>.

——— (1997). *Iustitia Interrupta. Reflexiones críticas desde la posición «postsocialista»* .Trad. de Magdalena Holguín e Isabel Cristina Jaramillo. Santa Fe de Bogotá: Siglo del Hombre Editores/Universidad de los Andes.

——— (1998). "Una réplica a Iris Young" .*Utopías*, 177, 163-166.

——— (1998). "La justicia social en la época de la política de la identidad: redistribución, reconocimiento y participación". *Con/Textos, 4*. Programa de estudios de género de la Pontificia Universidad Católica del Perú. También en Nancy Fraser y Agnes Heller (eds.). *Justicia social*. Bogotá: Universidad de los Andes, (1997). También en *Revista de Trabajo*, 6, (2008), 83-99. [en línea]. <http://www.trabajo.gov.ar/left/estadisticas/descargas/revistaDeTrabajo/2009n06_revistaDeTrabajo/2009n06_a05_nFraser.pdf> ()

——— (2000). "¿De la redistribución al reconocimiento? Dilemas sobre la justicia en la era "postsocialista". *New Left Review*, 0, 68-93 (también en *Utopías*, 176/177, (2), 137-146).

——— (2000). "Heterosexismo, no reconocimiento y capitalismo: una respuesta a Judith Butler". *El Rodaballo*, 6 (10), 25-29 (también en *New Left Review*, 2, 123-136).

——— (2001). "Redistribución, reconocimiento y participación: hacia un concepto integrado de la justicia". *Informe Mundial sobre Cultura 2000-2001. Diversidad cultural, conflicto y pluralismo*. UNESCO/Mundi-Prensa, 48-57.

——— (2001). "Nuevas reflexiones sobre el reconocimiento". *New Left Review*, 4, 107-120. También en Rita Radl Philip (ed.). *Cuestiones actuales de sociología del género*. Madrid: Centro Nacional de Investigaciones Sociológicas.

——— (2002). "Política feminista en la era del reconocimiento: una aproximación bidimensional a la justicia de género". Seminario PRIGEPP-Flacso. Buenos Aires: PRIGEPP-Flacso.

——— (2003). "Integrando redistribución y reconocimiento: sobre clase y estatus en la sociedad contemporánea". En: Leyva Gustavo (ed.). *Política, Identidad y Narración*. México: Consejo Nacional de Ciencia y Tecnología, Universidad Autónoma Metropolitana-Iztapalapa/Miguel Ángel Porrúa.

——— (2003). "¿De la disciplina hacia la flexibilización? Releyendo a Foucault bajo la sombra de la globalización". *Revista Mexicana de Ciencias Políticas y Sociales*, 46: 187, 15-33. [en línea]. <http://redalyc.uaemex.mx/pdf/421/42118702.pdf>.

——— (2006). "Reinventar la justicia en un mundo globalizado". *New Left Review*, 36, 31-50. También en *Este País*, Marzo, 2006.

——— (2008). *Escalas de justicia*. Trad. de Antoni Martínez Riu. Barcelona: Herder.

——— (2009). "El feminismo, el capitalismo y la astucia de la historia". *New Left Review*, 56, 87-104.

——— (2011). *Dilemas de la justicia en el siglo XXI: Género y globalización de Nancy Fraser*, María Antonia Carbonero y Joaquín Valdivielso (eds). Trad. Meryl Wyn Jones y Joaquin Valdivielso. Palma de Mallorca: Universitat de les Illes Balears.

——— (2012). "La política feminista en la era del reconocimiento: un enfoque bidimensional de la justicia de género". *Revista Arenal*, 19(2), dossier sobre *Justicia y género: la teoría de Nancy Fraser*, Granada: Universidad de Granada y Ministerio de Sanidad y Asuntos Sociales. Instituto de la Mujer.

FRASER, NANCY y GORDON, LINDA (1992). "Contrato versus caridad: una reconsideración de la relación entre ciudadanía civil y ciudadanía social". *Isegoría* 6, 65-82, [en línea].<http://isegoria.revistas.csic.es/index.php/isegoria/article/view/324/325>. También en *Con/Textos*, 1(2) (Junio 1997, 1-15).

FRASER, NANCY y NICHOLSON, LINDA (1992). "Crítica social sin Filosofía: Un encuentro entre feminismo y posmodernismo", Linda Nicholson, (ed.). *Feminismo/ Postmodernismo* . Buenos Aires: Feminaria, 7-29.

FRASER, NANCY y HONNET, AXEL (2006). *¿Redistribución o reconocimiento? Un debate "político-filósofico"*. Trad. de Pablo Manzano Madrid: Ediciones Morata.

Referencias académicas de las autoras

Rosa Cobo es Doctora en Ciencias Políticas y Sociología, profesora titular de Sociología del Género en la Universidad de A Coruña y Directora del Centro de Estudios de Género y Feministas de la misma universidad (España). Asimismo ha dirigido el *Máster* sobre *Género y Políticas de Igualdad* de la Universidad de A Coruña desde el año 2005 hasta el año 2008. Ha recibido el premio *Carmen de Burgos* al mejor artículo publicado en el año 1997. Directora académica del máster on line *Igualdad y Equidad en el Desarrollo* (Cooperació y Universidad de Vic, España). Imparte cursos y conferencias sobre género y feminismo en España y en América Latina. Cabe destacar algunos de sus libros: *Las mujeres españolas: lo privado y lo público* (Centro de Investigaciones Sociológicas, 1992), *Fundamentos del patriarcado moderno. Jean Jacques Rousseau* (Cátedra, 1995), *Interculturalidad, feminismo y educación* (Ed.), (Libros de la Catarata, 2007) y *Educar en la ciudadanía. Perspectivas feministas* (Ed.) (Libros de la Catarata, 2008). Su último libro, publicado en 2011, es *Hacia una nueva política sexual* (Libros de la Catarata). Dirección electrónica de contacto: rosa.cobo@udc.es

Luisa Posada Kubissa es Doctora en Filosofía. Profesora Titular del Departamento de Teoría del Conocimiento, Estética e Historia del Pensamiento, Facultad de Filosofía, Universidad Complutense de Madrid (España). Entre sus publicaciones destacan los libros *Sexo, vindicación y pensamiento. Estudios* *de Teoría Feminista* (Madrid, Huerga y Fierro, 2012); *Razón y Conocimiento en Kant* (Madrid, Biblioteca Nueva, 2008); *Sexo y Esencia. De esencialismos encubiertos y esencialismos heredados* (Madrid, Horas y Horas,1998); *Celia Amorós* (Madrid, editorial del Orto, 2000); *Feminismo y multiculturalismo. Sobre Feminismo e Islam* (co-edición con Celia Amorós); y *Pensar con Celia Amorós* (co-edición con Marián López Fernández Cao). Dirección electrónica de contacto: lposada@filos.ucm.es

Juliana Martínez Franzoni es Investigadora del Centro de Información y Estudios Políticos y del Instituto de Investigaciones Sociales así como profesora de la Escuela de Ciencias Políticas y de la Maestría de Ciencias Políticas de la Universidad de Costa Rica. Doctora en Sociología, Universidad de Pittsburgh (EE.UU). Línea principal de investigación que desarrolla actualmente: desigualdades socioeconómicas y de género, política social, conciliación entre vida familiar y laboral, y regímenes de bienestar en América Latina. Principal producción de los últimos años: Libros: Martínez Franzoni J. y Sánchez- Ancochea, D. (2013). *Good Jobs and Social Services: How Costa Rica achieved the elusive double incorporation..* Hampshire: Palgrave Macmillan; Martínez Franzoni J. y Koen Voorend (2012). *Veinticinco años de cuidados en Nicaragua: poco estado, poco mercado, mucho trabajo no remunerado.* San José de Costa Rica: UNRISD. Artículos: 2013 con Diego Sánchez-Ancochea. *Latin American Research Review,* Vol. 48(2): 148-173; 2013 con Diego Sànchez-Ancochea *Development Policy Review.* En prensa; 2013 Con Diego Sánchez-Ancochea. *Latin American Research Review*, 48: 2 (Summer); 2012 Con Diego Sánchez-Ancochea. *desiguALdades.net.* Documento de trabajo No. 27; 2012 Con Koen Voorend. *Social Politics 2012*; doi: 10.1093/sp/jxs008; 2012 con Koen Voorend. En Razavi, Shahra y Staab, Silke (eds) *Global Variations in the Political and Social Economy of Care.* New York: Routledge, 122-140. Dirección electrónica de contacto: juliana.martinez@ucr.ac.cr

Koen Voorend es Máster en Estudios del Desarrollo, Economía del Desarrollo, del *Institute of Social Studies* (ISS), La Haya, de la Universidad Erasmus de Rotterdam, Holanda, donde actualmente está haciendo sus estudios de doctorado. Es becario del programa *Settling into Motion* de la Fundación Zeit, Hamburg, y trabaja como investigador en el Instituto de Investigaciones Sociales, así como docente en la Escuela de Ciencias de la Comunicación Colectiva, de la Universidad de Costa Rica (Apartado Postal 49–2060, Ciudad Universitaria 'Rodrigo Facio', Universidad de Costa Rica, San José, Costa Rica. Su investigación se enfoca en las relaciones entre la migración y la política social, regímenes de bienestar en América Latina, y desigualdad. Sus publicaciones más recientes incluyen: ¿Universal o Excluyente? Derechos sociales y control migratorio interno en Costa Rica (CLACSO, 2013); y con Juliana Martínez Franzoni: 'Who cares in Nicaragua? A care regime in an exclusionary social policy context' en Razavi, S. (ed.) *Seen, heard and counted. Rethinking care in a development context* (2012); 'Actors and ideas behind CCTs in Chile, Costa Rica and El Salvador' (*Global Social Policy,* 2011) y, 'Are coalitions equally important for redistribution in Latin America? The intervening role of welfare regimes' in Blofield, M. (ed.) *The Great Gap. Inequality and the Politics of Redistribution in Latin America* (2011). Dirección electrónica de contacto: <u>koen.voorend@ucr.ac.cr</u>

Ruth Sosa es Doctora en Humanidades y Artes, con mención en Historia, Universidad Nacional de Rosario, Argentina. Master en Sociología, Universidad Estadual de Campinas, Brasil. Licenciada en Trabajo Social, Universidad Nacional de Rosario. Es docente e investigadora en la cátedra *Política Social II,* de la Facultad de Ciencia Política y Relaciones Internacionales, Universidad Nacional de Rosario. Docente Estable en la Maestría en Entidades de la Economía Social, en la Facultad de Derecho de la Universidad Nacional de Rosario y en el Doctorado en Psicología, Universidad Nacional de Rosario. Línea de trabajo en docencia e investigación: sociología del trabajo, género, políticas públicas y movimientos sociales. Es autora de libros y artículos que abordan las líneas de su investigación. Dirige tesis de grado y posgrado y tiene trayectoria de participación en proyectos de investigación tanto nacionales como internacionales. Ha presentado los avances de sus investigaciones en múltiples congresos científicos así como en jornadas y seminarios en distintos países. Dirección electrónica de contacto: <u>ruthi@tau.org.ar</u>

Capítulo 1

El regreso de la teoría crítica.
Las mujeres ante la globalización

Rosa Cobo y Luisa Posada Kubissa

Nancy Fraser, en *Escalas de justicia* (2008), subraya que vivimos un tiempo de anormalidad en lo que se refiere a la construcción de una teoría de la justicia. Sin embargo, hay que señalar que esto no sucede sólo en el territorio de la moral: la anomia es el signo de nuestro tiempo. Las causas hay que buscarlas en la configuración de un nuevo escenario político como resultado tanto de los cambios que se están produciendo en la estructura social como en el imaginario colectivo de nuestras sociedades. Y, ciertamente, somos partícipes de un momento histórico excepcional en términos de cambios sociales, políticos, culturales, económicos, geopolíticos e ideológicos. Manuel Castells (1999) señala que esta época de intensas y profundas transformaciones sociales y tecnológicas sólo puede ser comparada a la de la Revolución Industrial. Estamos asistiendo al tránsito entre un viejo mundo que agoniza y otro nuevo que nace.

Este nuevo escenario está marcado por el desorden: desorden geopolítico e internacional, desorden económico y político, desorden ético y normativo. Y, sobre todo, desorden patriarcal. Algunas de las instituciones que articulaban la sociedad moderna están en crisis, otras en franca descomposición y otras en abierta transformación, pero ninguna permanece inalterable. Y en el corazón de esta intersección de desórdenes se encuentran las mujeres. En efecto, el nuevo mercado global de trabajo requiere trabajadoras flexibles, adaptables y baratas. Y las mujeres pueden ofrecer este perfil de trabajadoras idóneas debido no sólo a su histórica y sólida posición de subordinación en todas las sociedades sino también a la fluidez con la que transitan del trabajo doméstico al mercado laboral y del trabajo gratuito al remunerado. Incluso, la desigualdad y la pobreza se han convertido en crecientes posibilidades reales para muchas mujeres que aún no son pobres. De otro lado, el asedio al Estado de bienestar y a los derechos sociales en el mundo más rico anuncia un cambio de modelo social. En este sentido, hay que señalar que las situaciones socio-políticas en las que las antiguas reglas se descomponen y las nuevas aún no se han conformado suelen producir *excedentes de violencia*. Los feminicidios, algunas prácticas culturales, como la dote en Asia, la venta de niñas y mujeres para la explotación sexual y el aumento de la prostitución, entre otras formas de violencia patriarcal, nos avisan de que las mujeres son un objetivo prioritario para la violencia de aquellos sectores masculinos que sienten que su poder sobre las mujeres se tambalea. En definitiva, cabe señalar que en este nuevo escenario se está produciendo un poderoso rearme ideológico y material tanto de la estructura de dominio patriarcal, como de la neoliberal. Este inesperado contexto requiere de nuevos instrumentos analíticos. Y para hacer legibles estos nuevos escenarios, tenemos que reorganizar conceptualmente nuestro marco interpretativo e incluir nuevas realidades sociales como, por ejemplo, la economía criminal o la crisis del Estado-nación, además de las reivindicaciones identitarias o la globalización neoliberal, pues son variables decisivas a la hora de dar cuenta del nuevo mundo que se está configurando.

De una forma subterránea se habían incubado en las últimas décadas diversos cambios sociales que desde las ciencias sociales habían sido analizados como fenómenos aislados. Sin embargo, esas silenciosas transformaciones hoy pueden ser identificadas como partes de un vertiginoso proceso que está cambiando de diversas formas no sólo el tejido social global, sino también nuestro imaginario colectivo. Sin embargo, este intenso proceso de cambio social no significa que desaparezcan instituciones y estratificaciones y se creen otras nuevas de una forma instantánea. Más bien, tal y como sostiene Saskia Sassen (2007: 11-20), se instalan lógicas nuevas en viejas realidades sociales y nuevas instituciones se ven ocupadas parcialmente por lógicas antiguas.

I

Tal y como señalamos anteriormente, tras la Segunda Guerra Mundial, la derecha económica y la izquierda sindical y política pactaron un nuevo orden social en los países más desarrollados económicamente que dio lugar a los Estados de bienestar. Una de las causas de este pacto fue resultado del miedo de la derecha a que el movimiento obrero europeo se viese seducido por las conquistas sociales de los países autodenominados socialista del este de Europa. En efecto, la educación universal y gratuita, la salud pública, un sistema de pensiones de vejez y derechos laborales, entre los que se encontraba la muy reivindicada jornada de ocho horas, fueron las exigencias fundamentales del movimiento obrero. Y sobre esas reivindicaciones, planeaba la promesa del pleno empleo. Frente a estas conquistas, la izquierda sindical y política ofrecía el encauzamiento del conflicto social a través de la negociación. Se aplicaron políticas keynesianas y esas políticas de redistribución económica se convirtieron en la columna vertebral de las sociedades capitalistas de la postguerra y del tercio rico del mundo; y además actuaron como un espejo en el que se miraban muchos sectores de población de los países de los dos tercios pobres del mundo[1]. De hecho, los partidos socialdemócratas y comunistas, de una parte, y los sindicatos de clase, de otra, fueron responsables no sólo de la humanización de las condiciones de vida de las clases trabajadoras sino también del ensanchamiento de las clases medias. En este esquema de organización social, el papel del Estado fue clave, pues se convirtió en el principal mecanismo regulador del mercado al diseñar y aplicar políticas de redistribución para sectores sociales con déficit de recursos económicos.

Hasta los años 80 del siglo XX, las políticas de redistribución keynesiana se convierten en el eje en torno al cual se edifican los Estados de bienestar europeos y se configuran como el elemento central de una teoría de la justicia cuyo marco político de aplicación es el Estado-nación. Por supuesto, tras estas políticas, tal y como hemos señalado, existen un conjunto de causas que persuaden al capitalismo de posguerra a hacer concesiones al movimiento obrero, a la socialdemocracia y al comunismo. Estas causas hoy han desaparecido y en cierta medida eso explica el surgimiento de un neocapitalismo que fagocita derechos sociales y expropia recursos de las clases bajas y medias y cuyo correlato es el crecimiento de la desigualdad. La aguda crisis del Estado-nación, el debilitamiento de las fronteras para el capital y la descomposición de los países 'comunistas', además de la aparición de las nuevas tecnologías informacionales, han propiciado el desarrollo del este nuevo capitalismo neoliberal. No obstante, también hay que señalar que antes de la caída del comunismo en los países del este europeo ya se había observado que esos regímenes no estaban articulados sobre el principio de igualdad ni tampoco garantizaban algunos derechos huma-

---

1. Mohanty, Chandra Talpade (2008) utiliza los conceptos 'tercio rico' y 'dos tercios pobres del mundo' para expresar críticamente la desigualdad económica entre países ricos y países pobres.

nos. El progresivo alejamiento de los partidos comunistas europeos del modelo soviético hizo imposible que esos países se convirtieran en el modelo a seguir para el movimiento obrero.

Este pacto social entre la derecha económica y la izquierda sindical y política se edificó sobre otro pacto que firmaron los varones de ambos sectores. En efecto, este pacto convertía a los varones en proveedores universales, en receptores de un salario familiar y en titulares de los derechos que proporciona la pertenencia al mercado laboral. La otra cara de ese pacto es la asignación de las mujeres al espacio doméstico-familiar como cuidadoras y trabajadoras domésticas gratuitas. En el salario familiar asignado al varón estaban incluidas las tareas reproductivas que desempeñaban gratuitamente las mujeres en el hogar[2]. Los varones se convirtieron en titulares de derechos y las mujeres en receptoras de los derechos derivados de los titulares. Estas afiliaciones horizontales masculinas[3], constituidas al margen de la adscripción de clase de los varones, reforzó la división sexual del trabajo como columna vertebral de las sociedades patriarcales de la postguerra. Y los Estados de bienestar se construyeron sobre esta política sexual.

El resurgimiento del movimiento feminista en los años setenta influyó significativamente en la construcción de algunas políticas de bienestar social y en la creación de derechos para las mujeres. En efecto, el resurgimiento del feminismo radical en diversas partes del mundo rearmó ideológicamente a muchas mujeres y las movilizó en la sociedad civil. Este rearme ideológico y político del feminismo fue un componente relevante en la formación de los Estados de bienestar y, de una forma especial, de los países escandinavos del norte de Europa. Las feministas radicales colocaron las demandas de las mujeres y sus aspiraciones de libertad, igualdad y justicia en el centro del debate político. La vindicación feminista radical fue tan contundente que movilizó conciencias, rearmó ideológicamente a muchas mujeres e intentó colocar la cuestión feminista en el corazón de la nueva izquierda.

Sin embargo, este pacto patriarcal de postguerra estuvo anclado en otro contrato sexual con raíces más profundas. Carole Pateman (1995) explica que la forma de entender la histórica subordinación de las mujeres es a partir de un pacto sexual fundacional por el que los varones pactaron la propiedad y el reparto

---

2. Véase especialmente el capítulo 5 del libro de Nancy Fraser (1997), *Iustitia Interrupta. Reflexiones críticas desde la posición "postsocialista"*.

3. El término 'afiliaciones horizontales' está tomado de Nancy Armstrong (1991: 91).

de las mujeres para así asegurarse el acceso sexual a sus cuerpos. El resultado de esta gran afiliación horizontal masculina ha sido la distribución de las mujeres: una para cada varón y unas pocas para todos. La sólida herencia de este pacto se observa en todas las sociedades y la prueba fehaciente es la poderosa desigualdad entre hombres y mujeres en todas y cada de las sociedades. La desigualdad de género no sólo nos habla de los déficits de recursos y derechos de las mujeres sino también de los privilegios de los varones. Y para mantener esta relación de dominio, aún con diferentes grados y énfasis en cada sociedad, es necesario que los entramados institucionales y sociales estén al servicio de la sociedad patriarcal. Por eso, cuando se producen cambios profundos en la estructura social se alteran las relaciones de poder entre hombres y mujeres y las sociedades, dirigidas por élites masculinas, se interrogan sobre cómo deben recomponerse esas relaciones de dominio y subordinación en sociedades que están en periodo de transformación.

En este sentido, hay que señalar que el contrato sexual está experimentando una crisis profunda, pues las instituciones fundamentales que regulan la sexualidad y que forman parte primordial de los pactos entre varones –una mujer para cada varón y unas pocas para todos– están siendo socavadas. En efecto, la familia patriarcal y la prostitución están transformándose a pasos agigantados, pues mientras que la familia patriarcal se está debilitando en muchas partes del mundo, la prostitución como institución de regulación de la sexualidad se está ampliando hasta niveles insólitos. Por ello, es necesario explorar la relación de necesidad que existe entre estas dos prácticas de regulación de la sexualidad. Los datos indican que cuanto más se erosiona la familia patriarcal y más protagonismo social adquieren las mujeres, más se refuerzan las prácticas de prostitución y el tráfico de mujeres para la explotación sexual. Si bien no puede afirmarse taxativamente que la familia está en descomposición, tampoco puede cuestionarse que los vínculos jerárquicos entre hombres y mujeres se están debilitando en el marco de las relaciones de pareja y familiares en muchas partes del mundo, aunque sea entre sectores sociales aún reducidos.

Sin embargo, el malestar de ciertos sectores masculinos se deja sentir por este ejercicio de autonomía por parte de muchas mujeres. Cuanto más refuerza su individualidad un pequeño grupo de mujeres, más agresivas se vuelven las prácticas masculinas de desindividualización para el resto. También se ha quebrado uno de los pilares básicos de la familia patriarcal, la del varón proveedor universal por el que se le consagraba como proveedor único del salario familiar y se asignaba a las mujeres el papel de amas de casa sin salario (Fraser y Gordon, 1997).

En efecto, sectores cuantitativamente significativos de mujeres han accedido al mercado laboral y han adquirido un protagonismo social que históricamente nunca antes habían tenido. Y también han conquistado reducidos espacios de decisión en el poder político. Todos estos hechos han puesto en crisis el contrato sexual.

La conclusión provisional es que uno de los núcleos centrales de estos tiempos excepcionales es, precisamente, la crisis del modelo de relaciones jerárquicas entre hombres y mujeres. Algunos de los pilares de esta política sexual están en abierta descomposición. Dicho en otros términos, la anomia de este momento histórico se debe en parte al desconcierto patriarcal sobre qué hacer con las mujeres, pues si bien las élites masculinas más fanáticas responden con violencia a fin de que las mujeres vuelvan a los lugares históricamente asignados para ellas, otro grupo mayoritario no admite la violencia explícita y busca desesperadamente que ellas 'acepten' ocupar un lugar aparentemente igualitario en las relaciones de pareja y en los espacios público-políticos. La otra cara de esta apariencia de igualdad es la asignación para ellos de los reductos más decisivos de poder y el mantenimiento de los roles sexuales y sociales. Junto a estos dos grupos de varones, es decir, *los nuevos bárbaros del patriarcado*, que utilizan la violencia, incluida la violencia extrema, y aquellos que realizan una *resistencia pacífica,* existe otro colectivo masculino que ha mostrado un compromiso con la igualdad entre hombres y mujeres. Este último grupo, reducido, desde luego, se configura como un aliado importante para las feministas, pues pone al descubierto la existencia de una brecha en las afiliaciones horizontales entre los varones.

La otra cara de la opresión es la emancipación y ahí es donde se deben evaluar las luchas de las mujeres en todo el mundo. Los últimos 40 años han presenciado desde luchas por los derechos más elementales hasta aquellas otras que desafiaban los roles de género e intentaban la conquista de espacios de poder. El movimiento feminista ha puesto en práctica acciones políticas que han cambiado la correlación de fuerzas entre varones y mujeres. Y ahí se encuentra, precisamente, el núcleo de la incertidumbre patriarcal. Esa incertidumbre está arraigada en el corazón de estos tiempos anómicos. El futuro de las mujeres como genérico subordinado dependerá en buena parte de la capacidad de las feministas para hacer legible el desconcierto masculino en este momento histórico.

II

Sin embargo, hay que señalar que no sólo han entrado en crisis las realidades sociales patriarcales, sino también el capitalismo de posguerra que se articuló en torno a las políticas de redistribución económica. A partir de los años setenta, empiezan a aplicarse políticas económicas neoliberales. Primero en el sur del continente americano –Chile y Argentina– y después en Europa –Inglaterra– y Estados Unidos. Asimismo, cabe señalar que este proceso se intensificó a partir de la caída del muro de Berlín. La globalización neoliberal ha emprendido un severo asedio a los Estados de bienestar de los países ricos y ha propiciado un recorte en las reducidas políticas públicas de los países pobres.

Manuel Castells, que reconoce la cara positiva de la globalización, señala como inherente a este proceso su "lógica excluyente", tanto en los países del tercio rico como en los pobres, al privar de los beneficios del informacionalismo a millones de personas y a grandes zonas del planeta. La mundialización neoliberal está creando grandes bolsas de pobreza que el mismo autor califica de 'agujeros negros del capitalismo informacional' (Castells, 1999: 369-393). Lourdes Benería explica que la globalización económica significa la plena expansión de los mercados y señala que se está llevando a cabo en el contexto del modelo neoliberal de desarrollo, que no ha hecho otra cosa que volver al discurso del laissez-faire que caracterizaba al capitalismo del siglo XIX (Benería, 1999: 400).

Es necesario señalar que precisamente el Estado-nación es una de las realidades sociales que más ha sido erosionada por la globalización económica capitalista. En efecto, estamos asistiendo a un proceso de "desnacionalización de componentes particulares de lo que habitualmente percibimos como territorios y dominios institucionales 'nacionales'" (Sassen, 2007: 24). Y este hecho es un elemento central de la anomia del presente. De modo que la globalización capitalista se está edificando sobre la crisis del Estado-nación y sobre la quiebra del contrato social y sexual sobre los que se fundaron los Estados de bienestar. Pese a que la economía global se concreta en los territorios nacionales, la desnacionalización parece detectarse como una tendencia irreversible. Sin embargo, tal y como señala Sassen (2007: 53), el punto central es que ciertos componentes de las políticas y funciones del Estado han lanzado un proyecto desnacionalizador. Se está instalando un nuevo orden privado en el corazón del Estado que consiste en privatizar ámbitos de lo público y privar de parcelas de soberanía a los Estados. El capitalismo se ha desarrollado históricamente sobre la base del Estado-nación y precisamente los Estados pondrán en marcha, sobre todo tras la segunda Guerra Mundial, mecanismos de regulación del mercado. La expansión y reestructuración del capitalismo en estas últimas décadas ha forzado la apertura de las fronteras a los capitales y mercancías y ha sustraído a los Estados una buena parte del control de este proceso. Sin embargo, pese a todo, el Estado aún tiene capacidad y soberanía para utilizar su autoridad y legitimidad en la producción de mecanismos que desactiven la exclusión social y promuevan la igualdad.

Ahora bien, no es posible analizar los efectos de la globalización económica neoliberal sobre las mujeres sin volver a la idea de que los dos grandes contratos que articularon la Modernidad, el contrato social y el contrato sexual, están experimentando una crisis profunda. En efecto, "la globalización es un fenómeno económico, político e ideológico que somete activamente al mundo y a sus diversas comunidades a regímenes materiales y discursivos que están conectados y son interdependientes. Las vidas de las mujeres están conectadas y son interdependientes, aunque no sean iguales, sin importar en qué área geográfica se viva" (Mohanty, 2008: 442). La globalización capitalista no tiene sólo un rostro económico que se ha edificado sobre la quiebra del contrato social; también tiene un rostro patriarcal que se está desarrollando sobre la crisis del contrato sexual que se gestó en la Modernidad. El nuevo mundo que se está fabricando está modificando a fondo las aparentemente estables dinámicas internas de las lógicas de 'clase' y de 'género'.

En efecto, el recorte de las políticas económicas redistributivas, en diferentes momentos y en distintas regiones del mundo, ha afectado primero a los sectores populares y pobres de todo el mundo y posteriormente a las clases medias. Como era de esperar estas políticas han erosionado las condiciones de vida de los sectores sociales más débilmente insertados en el aparato productivo y de aquellos otros que ocupan posiciones subordinadas en la sociedad. En ese marco, las mujeres han sido el sector social más afectado. La prueba más contundente es que en este momento el 70% de los pobres del mundo son mujeres. El asedio a las políticas keynesianas de redistribución económica tiene dos efectos fundamentales para las mujeres: en primer lugar, crece el trabajo gratuito que realizan en el marco doméstico-familiar, pues el recorte de las políticas estatales de bienestar social se han desplazado a la familia y son ellas las que ahí realizan estas tareas. En segundo lugar, la precarización del mercado laboral tiene efectos dramáticos entre las mujeres, pues el trabajo a tiempo parcial, los salarios de pobreza o el trabajo sumergido, entre otros, son mayoritariamente femeninos.

III

A finales de los años ochenta, tras un periodo de intensas movilizaciones a favor de los derechos civiles en EE.UU., comienza a perfilarse un marco teórico, político y normativo cuyo propósito es dar voz a colectivos históricamente discriminados y sometidos a intensos y largos procesos de falta de respeto social. Así, las políticas del reconocimiento cultural, racial, sexual o de género se convertirán en un instrumento eficaz tanto para los pueblos originarios de distintas regiones del mundo, incluidos colectivos de inmigrantes en países más ricos, como para otros colectivos, como gays y lesbianas, que necesitan reconocimiento y protección de sus derechos por parte del Estado.

Se hace necesario, pues, reflexionar sobre el hecho de que cuando comienzan a aplicarse políticas económicas neoliberales surgen con fuerza en diversas partes del mundo reivindicaciones culturales. Dicho en otros términos, el asedio al modelo keynesiano del bienestar comienza al mismo tiempo que las demandas de reconocimiento conquistan un gran espacio en el imaginario colectivo y adquieren fuerza política en la sociedad. En otros términos, cuando la redistribución se entiende como reconocimiento es porque "los movimientos emancipadores más recientes –representados por el feminismo, las minorías étnicas, las subculturas gays y lesbianas– ya no luchan sobre todo por la igualdad económica o la redistribución material, sino por el respeto a las características que les llevan a considerarse culturalmente unidos" (Honneth, 2006: 90).

En efecto, el paradigma del reconocimiento quiere construir "un mundo que acepte la diferencia", que garantice un respeto igual a quienes no formen parte de la mayoría o no asimilen las normas culturales dominantes. También Fraser se refiere, para el caso del reconocimiento, a las políticas de las minorías étnicas, así como las minorías sexuales (Fraser, 2006: 17-18): efectivamente, un caso paradigmático de las demandas de reconocimiento serían las de los gays y las lesbianas, pues parece claro que "la sexualidad es un modo de diferenciación social, cuyas raíces no se encuentran en la economía política, puesto que los homosexuales están distribuidos en toda la estructura de clases de la sociedad capitalista, no ocupan una posición especial en la división del trabajo y no constituyen una clase explotada". Esto hace que "su modo de colectividad (sea) el de la sexualidad despreciada, arraigado en la estructura cultural-valorativa de la sociedad" (Fraser, 1997: 29).

Las políticas de reconocimiento adquieren fuerza al mismo tiempo que los movimientos sociales desatienden las reivindicaciones económicas. Las demandas de reconocimiento se situarán en el centro del escenario social, se introducirán con fuerza en el imaginario político y negociarán con los Estados las formas de desactivar la falta de respeto social y reconocimiento de que son objeto diversas minorías culturales, raciales o sexuales. Al mismo tiempo, en esa época tiene lugar un choque de paradigmas en la teoría feminista contemporánea (Benhabib, 1996: 28-29), pues se abandonará la vindicación política de igualdad que cuestiona la subordinación de las mujeres y se pondrá la lupa en las diferencias entre mujeres. Este proceso, de un lado, nos ha permitido identificar desigualdades en el seno del genérico femenino, pero, de otro, ha contribuido a debilitar ese sujeto político feminista que tanto ha espoleado a los patriarcados contemporáneos. En este sentido, hay que subrayar que las reivindicaciones de reconocimiento alcanzaron tal intensidad que nos impidieron ver que subterráneamente se estaba librando otra lucha contra las políticas de redistribución económica.

¿Debemos aplicar la hermenéutica de la sospecha a la relación cronológica entre el auge del neoliberalismo y el de las políticas del reconocimiento, con los efectos sabidos del debilitamiento de las políticas de redistribución económica? ¿Hay alguna lógica en el silenciamiento de la economía política y en el crecimiento de las exigencias de reconocimiento cultural, racial o sexual, entre otras, y en muchos casos fuertemente identitarias? No estamos sugiriendo, de ninguna forma, que estas reivindicaciones no tuviesen y tengan sentido y los colectivos a los que dan voz no sean merecedores de políticas específicas de reconocimiento. No estamos sugiriendo que el reconocimiento no deba ser un componente central de una teoría de la justicia. Por supuesto, ese no el punto de vista que se formula en este texto. En realidad, queremos subrayar de una parte que el reconocimiento es inoperante sin la redistribución económica y, de otra, la identificación de la diversidad entre las mujeres no puede ser un obstáculo en la permanente tarea de reconstruir entre ellas. En otros términos, parece urgente reconstruir una cultura política feminista cuya estrategia esté basada en pactos políticos entre mujeres.

Como señalábamos anteriormente, el reconocimiento debe ocupar un lugar significativo en una teoría de la justicia, de modo que "considerar el reconocimiento como un tema de justicia" significa circunscribirlo al terreno de la consideración del estatus social. Lo que está en juego en la falta de reconocimiento o en el reconocimiento erróneo o distorsionado es la valoración de algunos actores sociales como inferiores, excluidos, completamente diferentes o sencillamente invisibles: ello es posible a partir de la asunción de unos patrones institucionalizados de valor cultural. Y la consecuencia de esta falta de reconocimiento no es tan sólo, ni primordialmente, un problema de realización del propio sujeto, sino una cuestión de justicia, dado que se impide la participación en la vida social en pie de igualdad a la clase de personas devaluadas (Fraser, 2006: 35-37).

Entre los colectivos necesitados de redistribución, y aquellos otros más precisados de reconocimiento, Fraser habla de colectividades "ubicadas en el medio del espectro conceptual", de "modos híbridos que combinan rasgos de las clases explotadas con los de la sexualidad menospreciada". Para estos híbridos "ni las soluciones redistributivas ni las soluciones de reconocimiento son suficientes por sí mismas", sino que "necesitan de ambas". Ejemplos de estas colectividades bivalentes serían en particular el género y la raza, que tienen a la vez y por igual dimensiones político-económicas y cultural-valorativas (Fraser, 1997: 31). Nos interesa subrayar aquí que esta concepción pasa por entender que el género tiene una dimensión político-económica, que está en el fundamento mismo de la división sexual del trabajo, con lo que está ligado a una injusticia distributiva que exige políticas de redistribución. Y, a la vez, esta concepción entiende también que el género supone una diferenciación cultural-valorativa, que devalúa lo que se considera femenino y que, por tanto, requiere de una política de reconocimiento (Fraser, 1997: 31-34).

Además de la perspectiva de la teoría moral, la teoría social ofrece otro enfoque necesario para analizar la redistribución y el reconocimiento como paradigmas de la justicia. Y aquí el análisis debe orientarse a explicar suficientemente cómo se diferencian y, a la par, cómo se interrelacionan la clase y el estatus social. Con la idea de clase estamos ante un orden de subordinación objetiva que corresponde a relaciones económicas, relaciones que impiden a algunos actores sociales los medios y los recursos para la paridad participativa. Frente a la clase, el estatus se concibe como "un orden de subordinación intersubjetiva" que se rige por "unos patrones institucionalizados de valor cultural". Estos patrones culturales hacen que "algunos miembros de la sociedad no participen plenamente en la interacción" (Fraser, 2006: 52).

El caso del género, como el de la raza –si nos atenemos a las elaboraciones de Fraser– vienen a ejemplificar cómo se interrelacionan ambas subordinaciones, la objetiva y la subjetiva, esto es, la clase y el estatus. Por ello las luchas anti-sexistas –así como las anti-racistas– no pueden orientarse a transformar sólo la dimensión del estatus, sino que también han de dirigirse a transformar la propia estructura de clases. Fraser vuelve al ejemplo de la desigualdad de género y aquí sostiene que la teoría social tiene que explicarla tanto como resultado de una mala distribución económica, como de un reconocimiento cultural deficitario o distorsionado: "Los esfuerzos para revaluar los rasgos codificados como femeninos, del estilo de la sensibilidad interpersonal y la crianza y educación, no pueden tener éxito si, manteniendo completamente su carácter "cultural", no cuestionan las condiciones económicas estructurales que conectan esos rasgos con la dependencia y la impotencia. Sólo un enfoque que repare la devaluación cultural de lo "femenino" precisamente dentro de la economía (y en otros ámbitos) puede llevar a una redistribución seria y a un auténtico reconocimiento" (Fraser, 2006: 66).

La reflexión que nos hacemos es hasta qué punto el énfasis que se ha puesto en las políticas de reconocimiento y el giro epistemológico en la teoría feminista contemporánea con su desarrollo postmoderno no ha contribuido a oscurecer la redistribución económica y las vindicaciones de igualdad. O, en análisis de Fraser, el feminismo, en las últimas décadas, ha desatendido la economía política y ha centrado su preocupación en el orden del estatus (Fraser, 2008: 185-210).

IV

Sin embargo, más allá de políticas de redistribución y de reconocimiento y los énfasis que deben hacerse en este momento histórico sobre unas u otras, aparece otra cuestión sobre la que llaman la atención Nancy Fraser, Saskia Sassen o Manuel Castells, entre otros. Y es la del marco desde el que se aplica la justicia. El telón de fondo es la profunda crisis por la atraviesa esa realidad política que ha articulado las sociedades desde el siglo XIX: los Estados-nación. En el siglo XXI los Estados han perdido parcelas importantes de su soberanía, pues tanto las instituciones multilaterales, como la Unión Europea, como aquellas que representan los intereses del capitalismo internacional, como el Banco Mundial o el Fondo Monetario Internacional, ponen de manifiesto el poder creciente de los mercados sobre los Estados. Este modelo contribuye a la imposibilidad de crear un modelo inclusivo de justicia. Los Estados no tienen el poder suficiente ni la capacidad para resolver eficazmente los déficits de justicia relacionados con la economía política y con el estatus.

En este análisis abunda Nancy Fraser, entre otras, cuando reflexiona sobre la justicia. En efecto, el problema del marco de la justicia se vincula directamente con sus reflexiones más recientes, que le han llevado a añadir a la concepción bifocal de la justicia como redistribución y reconocimiento un tercer paradigma, la representación. En 2008, en *Escalas de justicia*, reitera la teoría bidimensional de la justicia, pero en un ajuste de cuentas con sus propias posiciones Fraser reflexiona que "ésta es, por lo menos, la visión de la justicia que he defendido en el pasado. Y esta comprensión bidimensional de la justicia todavía me parece correcta hasta cierto punto. Pero ahora creo que ya no es suficiente. Podría decirse que la distribución y el reconocimiento constituían las únicas dimensiones de la justicia sólo mientras se daba por supuesto el marco westfaliano-keynesiano. Una vez que la cuestión del marco se ha convertido en tema de impugnación, la consecuencia ha sido que ha hecho visible una tercera dimensión de la justicia, olvidada en mi obra anterior, igual que en la de muchos otros filósofos. La tercera dimensión de la justicia es *lo político*" (Fraser, 2008: 41).

Lo "político" representa "el escenario en donde se desarrollan las luchas por la distribución y el reconocimiento". Y ese escenario ha desbordado en nuestros días el marco territorializado de los Estados, porque "Hoy, se está quebrando y agrietando, obligado por las transformaciones económico-sociales –de la economía global a las migraciones– el discurso estándar sobre la justicia" (Guerra, 2009: 335-363). Un discurso no normalizado sobre la justicia incluye, en la era de la globalización, la representación fallida: una injusticia que consiste para Fraser en lo que llama el "des-enmarque", esto es, en que se pretende que la unidad apropiada de la justicia sigue siendo el Estado territorial, cuando en realidad las causas estructurales de muchas injusticias en un mundo en globalización ya no son localizables dentro de la jurisdicción de tal Estado territorial, no pertenecen, dice Fraser, al "espacio de los lugares, sino al de los flujos". La propia pensadora se embarca en la tarea de ofrecernos ejemplos concretos de esas injusticias transnacionales: "los mercados financieros, los sistemas de inversión y las estructuras de gobernación de la economía global, que determinan quién trabaja por un sueldo y quién no; las redes de información de los medios de comunicación globales y de la cibertecnología, que determinan quién está incluido en los circuitos de poder de la comunicación y quién no; y la biopolítica del clima, las enfermedades, las drogas, las armas y la biotecnología, que determinan quién vivirá largo tiempo y quién morirá joven". Y concluye Faser que, "En estos asuntos, tan fundamentales para el bienestar humano" (…) invocar el principio de territorialidad estatal para determinar el marco es de por sí hacer injusticia" (Fraser, 2008: 53-54). Y no sólo eso, pues, además, es inoperante.

La filosofía política y la teoría social ocupan lugares destacados en el ámbito de la teoría feminista contemporánea. En particular, la reflexión sobre la justicia, tal y como hemos señalado anteriormente, ha encontrado eco en pensadoras relevantes. La norteamericana, Nancy Fraser, desde una posición eminentemente pragmatista, analiza los paradigmas de redistribución, reconocimiento y representación para una concepción tridimensional de la justicia. A partir de esas propuestas y de reflexiones de otras autoras, en este trabajo hemos tratado de argumentar la necesidad de diseñar y aplicar políticas de reconocimiento que no tengan un carácter esencialista, así como la necesidad de reflexionar sobre la crisis del Estado-nación y la incipiente y abierta construcción de un nuevo marco en el que tengan cabida legítimamente reclamaciones de justicia que no pueden ser satisfechas en el marco del Estado-nación. Ahora bien, estimamos que en estos momentos de auge neoliberal y de crecimiento de la desigualdad, las demandas de distribución económica deben tener un carácter central en cualquier propuesta política de transformación social. Y al mismo tiempo, en torno a esas políticas debe pivotar cualquier teoría de la justicia y cualquier teoría crítica.

Tal y como sostiene Mohanty (2008: 423), los procesos políticos y económicos globales han exacerbado las desigualdades económicas, raciales y de género y necesitan ser desvelados, reexaminados y teorizados. De hecho, en la década de los noventa se produce una considerable institucionalización de los 'derechos' de las empresas multinacionales, la desregulación de las operaciones transfronterizas y el aumento de poder e influencia de algunas organizaciones supranacionales (Sassen, 2007: 48). Este poder creciente y asfixiante de los mercados y las instituciones que les representa debe ser contestada con una propuesta política colectiva de transformación social cuyo eje central sea la redistribución de recursos.

Si bien sostenemos que las políticas de redistribución y reconocimiento son necesarias en la construcción de una teoría de la justicia, también consideramos que los cambios sociales relacionados con el creciente poder económico capitalista hacen indispensable que la redistribución se convierta en el fundamento sobre el que reposen las políticas de respeto cultural, racial, sexual o de género. No otra cosa parece desprenderse de las palabras de la propia Fraser cuando afirma que "para lo que me propongo aquí, no es necesario comprometerse con alguna explicación teórica particular. Basta con suscribir una comprensión general de la injusticia socioeconómica, moldeada por un compromiso con el igualitarismo" (Fraser, 1997: 21).

Y hay que subrayar que el nuevo capitalismo neoliberal tiene como objetivo deshacer las conquistas sobre las que se edificaron los Estados de bienestar. En la actualidad, los derechos sociales que se consiguieron tras la Segunda Guerra Mundial están siendo arrasados por la nueva lógica económica y los derechos, en sí mismos, son fuente de reconocimiento social. Lo que parece difícil es que el reconocimiento se pueda aplicar sobre la base del aumento de la desigualdad. En el caso de las mujeres, la feminización de la pobreza hace inviable cualquier política de respeto a las mujeres.

Cumplir el paradigma de la redistribución implica conseguir "una distribución más justa de los recursos y de la riqueza"; y son casos de la misma las reclamaciones de redistribución del Norte al Sur, de los ricos a los pobres y de los propietarios a los trabajadores (Fraser, 2006: 17). Además de la clase, el paradigma de la redistribución acoge más perspectivas políticas, como son las políticas feministas y antirracistas que sostienen que la injusticia de género y la étnico-racial sólo pueden encontrar solución en una profunda reforma social que implica una transformación completa de la dimensión socio-económica (Fraser, 2006: 22).

Mohanty explica con gran lucidez que una práctica feminista transnacional depende de la construcción de solidaridades feministas que tengan la capacidad de cruzar las divisiones de lugar, identidad, clase, trabajo y creencias: "En estos tiempos tan fragmentados resulta muy difícil construir tales alianzas, pero al mismo tiempo poder construirlas es más importante que nunca. El capitalismo global destruye posibilidades y también ofrece otras nuevas" (Mohanty, 2008: 458). La idea que queremos subrayar es que la lucha anticapitalista debe tener un lugar central en las luchas feministas. El hecho de que la mayoría de los salarios de pobreza o la mayoría del trabajo informal tengan un rostro marcadamente femenino aporta pruebas en este sentido. Asimismo, el hecho de que las nuevas clases de servidumbre de las que habla Sassen estén formadas en gran parte por mujeres proporciona también argumentos en esta dirección. Quizá, por eso, las dos grandes metáforas que pueden dar cuenta del lugar que se les está asignando a las mujeres en este nuevo mundo son la maquila y la prostitución.

La feminización de la pobreza y la feminización de la supervivencia son realidades sociales vinculadas al capitalismo, que, a su vez, se configura ahora más que nunca como fuente inagotable de desigualdad para las mujeres. Sin embargo, este hecho no debe invisibilizar que si las mujeres son la población más explotada por el capitalismo se debe a que previamente el dominio patriarcal las ha situado en un lugar de subordinación. La política sexual del patriarcado se fusiona con las políticas de otros sistemas de dominio en una trama de alianzas horizontales a fin de reproducir la jerarquía patriarcal.

Por tanto, nos encontramos con un nuevo escenario histórico marcado por la anomia y el desorden que se está edificando sobre el debilitamiento del Estado-nación. Y en este incipiente marco que está sustituyendo al antiguo orden, el movimiento feminista tiene que contribuir a la construcción de una utopía colectiva de transformación social. Esa utopía debe descansar sobre la redistribución económica, que, a su vez, es fuente de reconocimiento. Y debe articularse sobre el principio ético y político de una igualdad radical, crítica con la desigualdad y con la falta de reconocimiento de sectores sociales, discriminados, subordinados y/o invisibilizados.

Al mismo tiempo, el movimiento feminista debe hacerse con herramientas de lucha teóricas y políticas que hagan legible el nuevo escenario social. Para eso es necesario pensar la política feminista fuera del marco territorial moderno (Fraser, 2008: 204 y 206) y explorar las fuentes transnacionales de la injusticia. El objetivo es construir una propuesta de transformación social para las mujeres desde una estrategia basada en las solidaridades feministas. Por ello, la lucha feminista en esta época de globalización tiene que abrirse a nuevas reflexiones teóricas, pero también debe centrar su campo de acción política fundamentalmente en la sociedad civil.

Referencias bibliográficas

Armstrong, Nancy (1991). *Deseo y ficción doméstica*. Madrid: Ed. Cátedra, col. Feminismos, Madrid.

Benería, Lourdes (1999). "Mercados globales, género y el hombre de Davos". En: Carrasco, Cristina. *Mujeres y economía*. Barcelona: Icaria.

Benhabib, Seyla (1996). "Desde las políticas de la identidad al feminismo social: un alegato para los noventa". En: Beltrán, Elena. y Sánchez Cristina. (eds.). *Las ciudadanas y lo político*. Madrid: Instituto Universitario de Estudios de la Mujer. Universidad Autónoma.

Castells, Manuel (1999). *La era de la información*. Tomo III. Madrid: Alianza editorial.

Fraser, Nancy (1997). *Iustitia Interrupta. Reflexiones críticas desde la posición "postsocialista"*. Santafé de Bogotá (Colombia): Siglo del Hombre Editores/ Universidad de los Andes.

Fraser, Nancy y Gordon, Linda (2006). "Una genealogía de la 'dependencia'. Rastreando una palabra clave del Estado benefactor en los Estados Unidos". En: Fraser, Nancy. *Iustitia Interrupta. Reflexiones críticas desde la posición 'postsocialista'*. Santafé de Bogotá (Colombia): Siglo del Hombre Editores/ Universidad de los Andes.

Fraser, Nancy (2006). "¿Redistribución o reconocimiento?" En: Fraser, Nancy y Honneth, Axel. ¿Redistribución o reconocimiento? Madrid: Ediciones Morata-Fundación Paideia Galiza.

Fraser, Nancy (2008). *Escalas de justicia*. Herder: Barcelona.

Guerra, María José (2009). "Nancy Fraser: la justicia como reconocimiento, redistribución y representación". En: Maíz, Ramón. (ed.). *Teorías políticas contemporáneas*. Valencia: Tirant lo Blanch.

Honneth, Axel (2006). "Redistribución como reconocimiento: respuesta a Nancy Fraser". En: Fraser, Nancy y Honneth, Axel. ¿Redistribución o reconocimiento? Madrid: Ediciones Morata-Fundación Paideia Galiza.

Pateman, Carole (1995). *El contrato sexual*. Barcelona: Anthropos.

Mohanty Talpade, Ch. (2008). "De vuelta a "Bajo los ojos de Occidente": la solidaridad feminista a través de las luchas anticapitalistas". En: Suárez Navaz, Liliana y Hernández, Rosalva A. (eds.). *Descolonizando el feminismo. Teorías y prácticas desde los márgenes*. Madrid: Ediciones Cátedra.

Sassen, Saskia (2007). *Una sociología de la globalización*. Buenos Aires: Katz Editores, Buenos Aires, 2007.

CAPÍTULO 2

Dilemas de justicia política en Argentina: ¿representación, libertad?[1]

SILVIA LEVÍN

Introducción

Un interrogante nos ha servido de horizonte: ¿qué tan hospitalaria puede ser la sociedad argentina para la justicia política de género en democracia? Esta pregunta no sólo interpela la teoría, sino también la práctica política. Intenta clarificar y organizar las diferentes aristas de problemas que comprenden el análisis de la justicia política y de las confrontaciones por justicia política de género de los movimientos sociales, en particular del movimiento feminista. El punto crítico es la brecha existente entre la retórica de la igualdad y de la justicia de género, y la realidad de las desigualdades y las injusticias políticas de género en este país en la actualidad.

A la luz de ese horizonte, nos proponemos discutir la noción de *justicia política* de la teoría tridimensional de la justicia de Nancy Fraser, en contraste con otras teorías de la justicia (Heller, 1998, 1990), con la finalidad de que el nivel de la reflexión analítica pueda lograr una comunicación productiva con el nivel de la práctica política, y viceversa, que, como bien advierte Fraser, no deben plegarse uno a otro sino complementarse para esclarecer y comprender las aspiraciones de la época.

---

1. El texto se propone respetar el lenguaje no sexista. Sin embargo, a fin de facilitar la lectura, no se utilizaron recursos específicos y se adoptó el masculino solo en casos inevitables.

Fraser concibe a la justicia en general, como paridad de participación, es decir requiere de acuerdos sociales que permitan a todos participar como pares en la vida social (Fraser, 2008:39). En ese marco, distingue a los efectos analíticos las dimensiones constitutivas de la justicia (y de la injusticia), entre ellas la dimensión política, circunscripta a la idea de *representación*, que es nuestro objeto de interés crítico. Obviamente esa diferenciación analítica no se traslada a la práctica porque las esferas no son autónomas, sino que interactúan, una dimensión precisa necesariamente de las otras para garantizar la vida en sociedad. De la misma manera, las formas de revertir las injusticias políticas, económicas, sociales y culturales tampoco son totalmente independientes unas de otras, sino que los mecanismos para enfrentarlas y aún para revertirlas están implicados entre sí.

El objetivo principal es señalar las dificultades que presenta esa noción de justicia política tanto para reconocer la verdadera sustancia de la injusticia política –obstáculo de justicia política– como para interpretar, a nivel de las prácticas políticas, el significado y alcance que tienen las principales demandas y cuestionamientos de justicia de actores y/o movimientos sociales involucrados en la lucha por la igualdad de género en Argentina en las dos últimas décadas. Todo ello en un espacio territorial nacional (Argentina) y en un marco regional (América Latina), estructuralmente desigual, no sólo en el orden económico y en el cultural, sino también en el orden político.

Interesa de manera particular demarcar las posibilidades y limitaciones que tiene la concepción de justicia política como representación, no solo en términos teóricos sino también sustantivos, a la luz del sistema de género que estructura y rige las relaciones sociales en este país en la actualidad.

Nos anima al debate la evidencia reunida[2] en torno al conflicto político por el reconocimiento y ejercicio de los derechos humanos sexuales y reproductivos en Argentina, promovidos por el movimiento feminista desde la década de los noventa y rechazados por el catolicismo conservador, la cual nos permitió identificar que el núcleo duro de la disputa por justicia es, desde hace más de dos décadas, la libertad del cuerpo de las mujeres. Esa libertad es, a la vez, la que exige el feminismo y la que combaten las fuerzas conservadoras

---

2. El referente empírico en que nos apoyamos y los aportes teóricos producidos son el resultado del trabajo de investigación científico realizado en el marco de la Tesis Doctoral sobre el alcance de los derechos de ciudadanía sexuales y reproductivos de las mujeres en Argentina en perspectiva de género (1990-2006), así como también de otros estudios posteriores.

políticas y religiosas, dada su presencia extendida, en toda América Latina (Fernández Ramil y Oliva Espinosa, 2012:132), lo cual constituye el mayor obstáculo para la concreción de políticas de equidad de género en la región. Pero ese bloqueo a la libertad del cuerpo, no sólo constituye *injusticias políticas,* sino también y, al mismo tiempo, *injusticias económicas* (desigualdades de bienestar) e *injusticias culturales (*irrespeto, ausencia de reconocimiento) en la vida de las mujeres, y, de manera crítica, en las que son pobres y/o vulnerables como veremos.

Las disputas expresan cuestionamientos a los criterios de justicia aplicados, a las normas y leyes utilizadas para su regulación y catalogadas de injustas y al mismo Estado que también produce injusticias. En definitiva, el movimiento feminista, en esa lucha sostenida que continúa aún hoy con la exigencia del derecho al aborto, logra debilitar la cualidad de aquellos criterios en los que "las normas y reglas se dan por sentadas" ("justicia estática"), los cuestiona por injustos y propone otras normas alternativas capaces de ser verificadas ("justicia dinámica") (Heller, 1998:202).

La libertad, entendida como una idea valor, fue universalizada desde la modernidad a todas las personas y a todos los grupos de personas que integran la humanidad porque merecen el mismo reconocimiento derivado de ese carácter humano. El movimiento feminista exige que las mujeres dispongan de la libertad del cuerpo, exige *"la misma cantidad de libertad"* que los varones, proclama, entonces, una exigencia de justicia política (Heller, 1998:205).

En ese proceso político conflictivo nos vamos a detener, por un lado, en el análisis crítico de los criterios de justicia restrictivos de la libertad de las mujeres que se aplican en Argentina en la resolución de temas centrales de la agenda de género internacional, como los vinculados a los derechos humanos sexuales y reproductivos, en las dos últimas décadas. Por otro lado, vamos a examinar los cuestionamientos de injusticia y las demandas permanentes de justicia del movimiento feminista en torno al ejercicio pleno de la libertad del cuerpo de las mujeres. Por último, discutimos, el nuevo criterio de justicia política que se pone de manifiesto en un reciente fallo de la Corte Suprema de Justicia de la Nación que autoriza el aborto por violación. Con este cierre, la intención es mostrar hasta qué punto y cómo la justicia política en Argentina "politiza" el cuerpo y la libertad de las mujeres de modo tal que, aunque constituya un avance más feminista que patriarcal, no quedan dudas que todavía la *representación* no ocupa tanto la lucha política como la *libertad.*

Nuestra hipótesis principal es que la complejidad de condicionamientos y circunstancias que atraviesan a las sociedades contemporáneas, por su grado de diferenciación y constante cambio, exige ejercitar la facultad de juicio (simetrías/asimetrías) en coyunturas distintas. En Argentina, a partir de la Reforma de la Constitución Nacional en 1994, se introduce un nuevo patrón constitucional que amplía considerablemente el elenco de derechos al otorgar estatus constitucional al plexo normativo de los Derechos Humanos, así como también consolida a la justicia como una instancia de contralor del aparato administrativo del Estado en la esfera social. Se instala una lógica de reclamo, colectivo o individual, desde la sociedad hacia el Estado que tiene receptividad por parte de la justicia al oficiar de contralor de los restantes poderes. Se produce lo que se denomina *"activismo judicial"* o *"judicialización de las políticas sociales"* que describen procesos particulares que revitalizan el rol de la justicia para garantizar el efectivo ejercicio de derechos que se alimenta de una interacción: el reclamo de justicia y las respuestas de la justicia a esos reclamos.

De manera propositiva, y como contrapunto para el debate, vamos a fundamentar la validez teórica (referente ideal interpretativo de justicia política para poder captar la injusticia política) y práctica (reivindicaciones de la lucha política de movimientos sociales en Argentina) de otras nociones de justicia política, como la de "igualdad de libertades" de Agnes Heller, para poder reconocer cuáles son los obstáculos a esta justicia en Argentina e interpretar cómo y con qué finalidad actúan como tales en el sistema de género.

Las demandas del movimiento feminista por el reconocimiento de la sexualidad y de la reproducción como derechos, que comprende la disputa por el aborto pero lo trasciende, inscriptas en un proceso de transformación de la ciudadanía de la mujer, que transcurre en Argentina desde los años noventa y se mantiene en la actualidad, procura completar un cambio radical en la organización política y social de las relaciones de género a través de un quiebre de la tradición hegemónica de la cultura patriarcal por la cual viene luchando el feminismo desde hace largo tiempo. Con esa finalidad, se propone construir un nuevo orden en el que las mujeres no sólo sean sujetos "con derecho a tener derechos" sino que ese status las constituya en "individuos políticos" (Amorós, 2007: 60).

El desafío de esos tiempos fue "desordenar" el "orden" patriarcal, católico conservador, para acelerar la instauración de uno nuevo que, inspirado en la libertad del cuerpo, se encamine al logro del equilibrio de géneros mediante la adquisición política de ciudadanía plena para las mujeres. El feminismo se propone, con estos derechos, alcanzar ese estatuto de *individuo político*[3] de la mujer como sujeto autónomo, en el que la maternidad y la adscripción a la vida familiar sean elecciones individuales de libertad y no imposiciones sociales de subordinación (bloqueo de poder), a la que adhiera la comunidad política de ciudadanos y ciudadanas. En Argentina la maternidad no es tanto un derecho sino casi un deber: las mujeres son "esencialmente" madres antes que ciudadanas, no están plenamente incluidas en la comunidad política. Entonces ¿cuál es la razón de la injusticia política: representación o libertad? O, en otros términos ¿puede haber paridad en la representación política si hay disparidades en la inclusión política a través de bloqueos de poder a la libertad de decidir?

La argumentación que, entre otras, sostiene la polémica sobre la noción de justicia política se va a desarrollar en torno a un hilo principal conductor del debate que identificamos como punto crítico de la teoría en cuestión. Este se centra en el uso que se hace de la idea "política de en-marque", considerando las dos dimensiones de su formulación (teórica y práctica), para interpretar los cambios acontecidos en la "gramática de las reivindicaciones de justicia" que alimentan las luchas políticas de los movimientos sociales. En esta dirección, y a tono con la hipótesis anterior, vamos a sostener la tesis de que el marco estándar de las luchas políticas por la justicia, denominado marco westfaliano o "doméstico nacional" por Fraser, aún es hegemónico en algunos países, como el nuestro, donde las condiciones políticas de "en-marque" de las injusticias –desigualdades– tienen carácter estructural y no coyuntural[4]. Por otra parte, y como segunda tesis, intentaremos mostrar que en ese marco la sustancia de la

---

3. Tomamos la concepción de *individuo* de Celia Amorós según la cual el estatuto de *individuo* habilita a que cada mujer marque su lugar diferencial, delimite su propio espacio y ejerza su propio poder.

4. El modelo de desarrollo de América Latina es afectado por múltiples crisis (alimentaria, climática, energética y financiera) que generan desigualdades y mayores riesgos, principalmente en las poblaciones pobres, donde hay más mujeres que hombres: una de cada tres mujeres en América Latina no tiene ingresos propios; las mujeres tienen la mayor carga del trabajo doméstico que los varones en los 17 países de la región; las mujeres rurales son las principales productoras agrícolas, son las que trabajan más y ganan menos, el 38% de ellas no tienen ingresos propios; las mujeres poseen menos del 20% de la tierra que los varones; el trabajo de autoconsumo no remunerado está a cargo de las mujeres, en Ecuador y Guatemala el 61,8% y 43,7% de las mujeres rurales se dedican a ello comparado con el 47,8% y 31,7% de los hombres. Fuente: CEPAL (2012). La sostenibilidad del Desarrollo a 20 Años de la Cumbre para la Tierra: avances, brechas y lineamientos estratégicos para América Latina y el Caribe. Publicación de las Naciones Unidas LC/L.3346/Rev.1. Por otra parte el 30,4% de la población es pobre, lo que equivale a 174 millones de personas de las cuales 73 millones viven en condiciones de pobreza extrema (12,8%). Fuente: CEPAL (2011). Panorama Social de América Latina.

justicia política es aún la libertad y no necesariamente la representación. En síntesis, sostenemos que el movimiento feminista en Argentina al experimentar y ponderar las injusticias producidas en la estructura social básica de la comunidad política –al negar la libertad del cuerpo a las mujeres y reconocer esa libertad a los varones– le asigna contenido real, no abstracto, a la noción de justicia política. Nos apoyamos aquí en la afirmación de Fraser acerca de que la justicia nunca se experimenta directamente, sino indirectamente a través de la injusticia de modo tal que la justicia pasa a ser entendida como la superación de la injusticia (2012: 39).

América Latina es la región más desigual del mundo (CEPAL, 2012). Las "capas de desigualdades", económicas y sociales, que van de la mano con las desigualdades de género, de etnia, de raza y territoriales, han construido "estructuras de desventajas" que se refuerzan entre sí, están presentes en los distintos ciclos de vida de las personas, se trasmiten generacionalmente como "cadenas de desventajas" y no sólo restringen las oportunidades de vida individuales y familiares, sino también impiden el cumplimiento de los objetivos de desarrollo de la región (PNUD, 2005). Aún en el marco de un capitalismo transnacional o global, existen condiciones estructurales promovidas y profundizadas por quienes ejercen el poder político y económico de gobierno que son quienes toman decisiones políticas, de políticas públicas, cuyos efectos impactan en la estructura social y determinan la calidad de vida de la población.

En estos encuadres, entonces, las reivindicaciones de justicia se dirigen hacia quienes asumieron la responsabilidad política y el poder para gobernar: sean gobiernos nacionales, sub-nacionales o locales. Por tanto, la naturaleza de las reivindicaciones y las diversas condiciones políticas de "en-marque" determinan también marcos diferentes de la lucha política por justicia. Esta afirmación se propone re-situar las denominadas "reivindicaciones transfronterizas" de justicia en la teoría de Fraser y, en todo caso, advertir que en Argentina, en el marco de América Latina, pueden convivir con las "reivindicaciones domésticas" o nacionales, pero no las desplazan ni las tornan menos prioritarias, el peso de unas y otras, dependerá de las particularidades de la "política de en-marque". Desde esta perspectiva, nos guían los siguientes interrogantes ¿en qué circunstancias y en qué condiciones surgen los cuestionamientos a la noción de justicia política aplicada al tratamiento de los problemas de género en las últimas décadas en Argentina?, ¿cuáles son los patrones normativos de género que socialmente se disputan en los criterios de justicia política de las decisiones judiciales y cuáles son las reivindicaciones de ese tipo de justicia constitutivas de la lucha política del feminismo?

1. Las condiciones y circunstancias de las reivindicaciones de justicia política

En este apartado vamos a argumentar, apoyándonos en evidencia empírica, que en Argentina, y en el marco de América Latina, en las últimas dos décadas las reivindicaciones de justicia política del movimiento feminista hacen foco en la *libertad* y no necesariamente en la *representación*. No ponemos aquí el énfasis en aspectos conceptuales, los que serán tratados en apartados siguientes, sino en recursos empíricos que describen el contexto de producción de los conflictos políticos por justicia, quiénes son los contrincantes (actores), cuáles son los patrones normativos de género que se disputan, qué temas sostienen la lucha y cómo logran su resolución.

A partir de la recuperación de la democracia en Argentina en 1985 se ha producido una apertura a la cuestión de género en el ámbito del Estado, acompañado de una conciencia crítica de la sociedad sobre el problema de la igualdad de género y la vigencia de la igualdad jurídica proclamada por gran parte de nuestra normativa. Desde ese momento logra visibilidad pública al ser considerada en la agenda política. Por iniciativa del Estado nacional, una parte importante de las disposiciones discriminatorias respecto de las mujeres fueron eliminadas y se democratizó la regulación del derecho de familia[5]. Fueron definidas reformas orientadas a ampliar la esfera de atribuciones de la mujer más que a consolidar un espacio institucional de incorporación del equilibrio entre géneros en el proceso de transición democrática, lo cual constituyó, no obstante, el comienzo del tránsito en esa dirección. Desde 1994 la igualdad de género y las políticas de ese orden adquirieron rango constitucional como problema de Derechos Humanos. Forman parte de la agenda pública y de la agenda de

---

5. En 1985 se sancionaron las leyes de patria potestad y filiación. La Ley de Filiación equipara a los hijos nacidos dentro y fuera del matrimonio y permite a las madres representar a sus hijos para reclamar que sean reconocidos por sus padres. Se pone de manifiesto por primera vez en nuestra legislación que no sólo existe el concepto de familia matrimonial sino otros modelos de organización social legitimados jurídicamente. La ley de matrimonio civil N° 23515 consagra la igualdad jurídica entre ambos cónyuges, establece el divorcio vincular y la facultad de ambos cónyuges de decidir sobre situaciones comunes, por ejemplo: la fijación del domicilio, hasta entonces ejercida sólo por el marido. La Ley 18248 otorga a la mujer la opción de usar o no el apellido de su marido precedido de la preposición *de*. En el mismo sentido, la ley de violencia doméstica y la llamada "ley de cupo", que establece como obligatoria la representación de mujeres en las listas para cargos representativos, logran instalar en la misma década y con una importante legitimidad en la sociedad el tema de género.

gobierno y encaminan un proceso de institucionalización, con distintos ritmos y niveles de desarrollo, impulsadas por el movimiento feminista junto a sectores progresistas de la sociedad.

En este marco, uno de los problemas principales que condicionó, y condiciona aún, en toda América Latina el desarrollo pleno de la ciudadanía de las mujeres y su alcance es el de la libertad plena para tomar decisiones sexuales y reproductivas, la libertad para decidir sobre el cuerpo. Si bien en la actualidad se han concretado importantes avances en términos de reconocimiento y ejercicio de derechos, los condicionamientos políticos a la autodeterminación plena de las mujeres sobre sus cuerpos aún persisten en atribuciones sustanciales: las mujeres de América Latina no pueden ejercitar la libertad de interrumpir voluntariamente embarazos no deseados o que ponen en riesgo sus vidas o su salud. Es decir, se les impide el control de sus propios cuerpos lo cual coarta su "autonomía física" y esa restricción incide directamente en las otras dimensiones de la autonomía (económica y en la toma de decisiones). Sin el control sobre el propio cuerpo y sobre una vida libre de violencia poco se puede hacer en el ámbito laboral (autonomía económica) para generar ingresos propios y disponer de tiempo y poder de decisión respecto al uso de esos ingresos. De la misma manera, poco se puede influir y actuar en el ámbito político de la toma de decisiones, es decir en el plano de la representación política, mediante la participación para el cambio de leyes, prácticas, usos y costumbres en la sociedad sobre temas centrales para la autonomía femenina como, por ejemplo, resolver los problemas vinculados a la actual crisis del cuidado (CEPAL 2012: 12). Es esta la más cruel de las injusticias que soportan las mujeres de la región.

Los derechos sexuales y los derechos reproductivos son derechos humanos, con rango constitucional en Argentina a partir de 1994, y desde el año 2002 son garantizados a través de la política pública como derechos de salud que brindan beneficios y prestaciones en materia de anticoncepción reversible e irreversible, y salud pública para garantizar una maternidad sana y segura; pero no reconocen ni garantizan libertades ni salud pública para tomar decisiones de interrupción voluntaria de embarazos no deseados o que pongan en riesgo la vida o la salud de las mujeres[6].

---

6. La muerte de la joven Acevedo en 2007, de algún modo simboliza todas las muertes injustas de mujeres y niñas por la arbitrariedad y discrecionalidad de negarles el trato de personas con derecho al aborto. En aquéllas circunstancias, sectores mayoritarios del poder judicial, junto a sectores de otros poderes del Estado e incluso parte de la sociedad, asumían una posición

En este país el aborto constituye un delito, salvo en casos excepcionales previstos exhaustivamente[7] en el Código Penal y que recientemente fueron ampliados a través de un Fallo de la Corte Suprema de Justicia de la Nación[8]. Esta decisión de la justicia constituye un logro político de la lucha feminista por el ejercicio del derecho humano al aborto en Argentina. Ese Tribunal, en su rol de garante supremo de los Derechos Humanos y ante la necesidad de fijar pautas, en clave interpretativa, que expresen los nuevos criterios de justicia que regirán, de ahora en más, para que sean aplicados a casos análogos al que motivó el fallo, construyó una argumentación basada en la armonización de la totalidad del cuerpo normativo que nos rige[9]. En función de ello, el fallo interpreta el aborto no punible del art. 86, inc.2, en sentido amplio, para todos los casos de violación y no sólo cuando la víctima fuera una mujer "idiota o demente", no supeditado a ningún trámite judicial. No obstante su trascendencia jurídica y política nacional, e incluso regional, no ha sido acompañado hasta la fecha de ningún pronunciamiento público del Poder Ejecutivo ni de las máximas autoridades de la política sanitaria del país, es decir el Ministerio de Salud de la Nación[10].

---

extrema respecto a lo que se entendía por "tener derecho a la vida" respecto al feto y el razonamiento era "no hacer nada" en relación a la mujer, lo que equivalía a no matarla directamente, para no asumir el costo del homicidio, pero sí "dejarla morir" para proteger la vida del feto.

7. El aborto constituye en Argentina un delito contra la vida y las personas, tipificado así en el Código penal, y castiga con reclusión o prisión a quien lo efectúa y a la mujer que se causara o consintiera esa práctica. El art. 86 prevé excepciones en las que el aborto no es punible cuando es practicado por un médico diplomado con el consentimiento de la mujer embarazada: 1) "si el aborto se ha hecho con el fin de evitar un peligro para la vida o la salud de la madre y si este peligro no puede ser evitado por otros medios" y 2) "si el embarazo proviene de una violación o de un atentado al pudor cometido sobre una mujer idiota o demente. En este caso, el consentimiento de su representante legal deberá ser requerido para realizar el aborto".

8. F.259.XLVI. "F.A.L. s/medida autosatisfactiva". 13/03/2012.

9. *a)* del invocado como vulnerado (disposiciones constitucionales, convencionales y de derecho común); b) de otras normas y principios de igual jerarquía; c) de los pronunciamientos de distintos organismos internacionales cuyos dictámenes generan al Estado argentino responsabilidades internacionales y d) de los principios hermenéuticos de interpretación sentados por la Corte.

10. Algunas organizaciones sociales requirieron al Ministro que se expida sobre el fallo y que convoque a una reunión del Consejo Federal de Salud (COFESA) para acordar lineamientos de la medida con los Ministros de Salud provinciales, pero no obtuvieron ninguna respuesta. Por otra parte, varios gobernadores y ministros provinciales expusieron sus dudas, públicamente, respecto a la adhesión que deben hacer (por ejemplo, Salta, Mendoza y La Pampa). Salta en particular, agregó mediante Decreto 1170/12 dispositivos procesales que obstaculizan y demoran el acceso a la práctica como lo es la intervención del Defensor Oficial y de Menores en la

El bloqueo político a la libertad del cuerpo de las mujeres se inscribe en el marco de un sistema capitalista con exclusión estructural, no coyuntural, donde las "desigualdades entrecruzadas" (de clase, de sexo, de etnia, de status, de respeto, etc.) constituyen el drama de este siglo. En palabras de Fraser (1997: 26-37), se pone en evidencia que la *injusticia social* (ausencia/insuficiencia de redistribución)y la *injusticia cultural* (ausencia/insuficiencia de reconocimiento), a la que agregamos también la *injusticia política* (bloqueo a la libertad del cuerpo de las mujeres), se refuerzan y entrecruzan dialécticamente porque existen normas culturales institucionalizadas que favorecen a ciertos grupos a costa de perjudicar a otros, no solo en estima y respeto sino también en redistribución de recursos, valorados social y económicamente, y bloqueo de libertades.

El aborto es un *derecho humano personalísimo*. El fundamento de esta facultad de las mujeres, es la autodeterminación de los cuerpos, la legítima libertad de decidir que el derecho reconoce a todas las personas, varones y mujeres, en ejercicio pleno de sus libertades. Ese derecho genera al Estado la obligación pública de asumir responsabilidades jurídicas, políticas y sociales para garantizarlo conforme al sistema de Derechos Humanos al cual adscribe. Las exigencias de reconocimiento y satisfacción de nuestros deseos son temas constitutivos de la libertad (Heller,1991:116). No se trata de entender la libertad solo como un "estado" al que se aspira alcanzar, sino como una actividad capaz de concretar las posibilidades y expectativas que cada persona busca en la vida (Dahrendorf, 2005:10). Sin embargo, las mujeres no pueden ejercitar esa libertad, como consecuencia de controles políticos, socioculturales y religiosos, que les restringen absolutamente ese derecho, para retenerlas en la condición *"esencialmente materna"* de sus vidas, según dicta la concepción patriarcal.

El proceso de transformación de la ciudadanía de las mujeres de toda América Latina logra desenvolverse, de manera sostenida, a partir de la lucha política impulsada por el movimiento feminista en torno al reconocimiento de

---

solicitud, requisito expresamente vedado por la Corte Suprema. Chubut y Santa Fe cuentan con protocolos sanitarios que se ajustan a los lineamientos del Fallo. La ciudad de Buenos Aires, la Provincia de Buenos Aires y Neuquén mantienen los Protocolos que permiten el aborto pero de manera restrictiva (Comunicación Conjunta para el Examen Periódico Universal-EPU, 2012:8/9). El EPU es un mecanismo cooperativo creado en 2006 por Resolución de la Asamblea General de Naciones Unidas, que tiene por finalidad complementar, la labor de los órganos establecidos en virtud de los Tratados de DDHH a través de la participación de organizaciones y/o movimientos sociales en la elaboración de Informes de control y monitoreo de los DDHH.

los derechos sexuales y los derechos reproductivos asentados en la libertad de decidir en ambas esferas de actividades. Se trató de una aspiración de cambio estructural, de ruptura de la organización política y social de las relaciones de género impuesta por la concepción hegemónica patriarcal, de base católica conservadora, que determinó la identidad y la forma de inserción de las mujeres en el mundo en función de su condición biológica natural (procreadora/ cuidadora/ doméstica). Para esa cultura, el cuerpo de las mujeres es quien porta, como objeto de interés político despojado de derechos, una determinación natural a la reproducción y a la afectividad materna. Para el feminismo, en cambio, el cuerpo de las mujeres es la "esencia de la libertad femenina". Obviamente que esta situación encuentra sentido y significado en el devenir histórico en el cual el cuerpo de las mujeres siempre ha sido un espacio conflictivo, objeto de apropiación social: sometido a discursos, prácticas médicas, reglas morales, normas, controles religiosos, disputas políticas, intereses económicos. Es "objeto de derecho" y de "derechos de otros" como si no fuera autónomo, sometido y regulado por poderes heterónomos (Ferrajoli, 2003:11-17).

En efecto, la ausencia de reconocimiento de libertades plenas inherentes a la sexualidad y a la reproducción como derechos de salud, constituye para las mujeres un verdadero impedimento para alcanzar la ciudadanía plena, es decir, para lograr su independencia no sólo como sujeto de derechos sino como "individuo político". El "orden" patriarcal, pretende negarles ese estatuto público para retenerlas en el estatuto privado de las "idénticas o indiscernibles". El problema, por su envergadura, adquirió el carácter de conflicto político, puso en riesgo la estabilidad y el orden público, no fue ni es un mero conflicto social y aún persiste.

Resolver, entonces, las atribuciones jurídicas y políticas de la sexualidad y de la reproducción como esferas de ciudadanía, exige revisar todo el orden social –político y cultural– reinante, en el cual se desenvuelven las relaciones sociales de género. Instalar en el espacio público esas atribuciones de ciudadanía con sentido pleno requiere trascender la consideración particular de los aspectos propios de esos ámbitos de vida e inscribirse en los parámetros generales que rigen el orden patriarcal para remover allí los obstáculos que bloquean la libertad del cuerpo de las mujeres. Si la sexualidad y la reproducción se tornan derechos de libertad, con beneficios de salud pública, no sólo la libertad es reconocida sino también garantizada como valor político, de alcance social, de un nuevo orden encaminado a la igualdad.

Desde el campo del feminismo, se intenta profundizar la ruptura de ese orden para instalar parámetros igualitarios de organización de las relaciones sociales asentados en el equilibrio entre géneros, en la multiplicidad de identidades y adscripciones de *status* (Fraser, 2010:146). En esa meta se inscribe la demanda de reconocimiento de la sexualidad y la reproducción como derechos de libertad del individuo. El nuevo orden, entonces, deberá garantizar la vigencia de la justicia política –libertad–, la justicia social –redistribución– y la justicia cultural –reconocimiento– para que varones y mujeres puedan incluirse plenamente en el universo de la democracia de paridad.

Las relaciones de género, como resultado de varios sistemas de opresión que funcionan de manera "entrecruzada", han sometido y excluido en forma sistemática a colectivos de personas (entre ellos principalmente a las mujeres) hasta adquirir un carácter estructural en la sociedad. Por otra parte, también la vulnerabilidad y la exclusión son "estados estructurales" resultantes del sistema económico y social que, a pesar del extraordinario nivel de crecimiento de la economía y del gasto social, casi no ha logrado cambiar esas condiciones de marginalidad y de dualización que aún hoy se mantienen en la sociedad (Barómetro de la Deuda Social Argentina, 2011: 33)[11]. Estas condiciones entrecruzadas impiden, a buena parte de nuestra población, acceder a los recursos y oportunidades básicas del bienestar (alimentación, educación, salud, vivienda, trabajo, información), que otros sectores, de la misma sociedad, sí pueden usufructuar.

Este es el escenario en que debemos situar el problema del bloqueo a la libertad, por ejemplo al aborto, y advertir que éste no es un problema individual, sino un grave problema político y social, provocado por la vulnerabilidad estructural en las condiciones de vida a las que el sistema somete, principalmente a las mujeres pobres, y ese déficit es de naturaleza pública y genera responsabilidades políticas al Estado. Los datos oficiales son contundentes[12] y testimonian la cruel

---

11. Salvia Agustín (Editor), Barómetro de la Deuda Social Argentina, Serie del Bicentenario 2010-2016, Estado de situación del Desarrollo Humano y Social, Barreras estructurales y dualidades de la sociedad argentina en el primer año del Bicentenario, UCA, Buenos Aires, 2011.

12. Según datos del Ministerio de Salud de la Nación, año 2010, la tasa de mortalidad materna fue de 44 x 100.000 NV; es decir 331 mujeres perdieron la vida ese año muy por encima de otros países de América Latina como Chile (18,2/16) y Uruguay (15/20). Los abortos practicados de manera insegura causaron el 20,5% de las muertes maternas. Según las estadísticas oficiales el número de mujeres fallecidas por abortos inseguros en el período 2006/2010 asciende a 384 mujeres lo que implica un promedio de 77 fallecidas por año por esta causa. Desde hace 20 años el aborto inseguro es la primera causa directa de mortalidad materna y representa un cuarto de estas muertes que se registran mayoritariamente en mujeres de escasos recursos y muy jóvenes. En los hospitales públicos de todo el país se registran casi 60.000 internaciones por abortos inseguros al año. Del total alrededor del 15% corresponden a adolescentes y niñas

realidad que padecen, solas, las mujeres de sectores sociales vulnerables: se enferman o mueren a causa de abortos clandestinos; las niñas y adolescentes se embarazan poniendo en riesgo su vida y su integridad psicofísica; los abortos inseguros aumentan considerablemente en relación a los nacimientos; las niñas o adolescentes embarazadas por violación deben continuar sus embarazos aún no queriendo o no pudiendo maternizar, etc.

Ante el conflicto político que transitamos en torno al aborto sabemos que el Estado y un sector de la sociedad argentina es parte (de), y acepta, una cruel paradoja de injusticia: las mujeres vulnerabilizadas por la misma sociedad a la cual pertenecen, obligadas a ejercitar las actividades humanas de sexualidad y de reproducción en las mismas condiciones vulnerables en que viven (embarazos con riesgos de vida o salud, abortos clandestinos, embarazos en niñas y adolescentes, carencias educativas y de información, etc.) son también castigadas negándoles salud pública, a modo de ajuste de responsabilidades individuales no cumplidas, por las consecuencias de esa situación. Ahora bien ¿cómo se las puede hacer individualmente responsables si se las privó socialmente de la dignidad y de la libertad necesarias para decidir? Sin embargo, otras mujeres, incluidas en la sociedad y con garantías de acceso a los recursos de bienestar, sí pueden ejercitar la sexualidad y la reproducción plenamente, con casi ningún riesgo, y si los tienen (aborto) pueden enfrentarlos con garantías de salud privada. El aborto, entonces, es un problema de clase, de género y de control político de la libertad.

---

menores de 20 años, y alrededor del 50% a mujeres entre 20/29 años. En la última década la mortalidad por aborto aumentó en las mujeres menores de 15 años, y las mujeres muertas por esa causa fueron más jóvenes que quienes fallecieron por otras causas vinculadas a la maternidad. Fuentes: Boletín Informativo del Ministerio de Salud de la Nación, 2010; Ministerio de Salud. Dirección de Estadísticas e Información de Salud. Estadísticas vitales. Información básica www.deis.gov.ar 29/03/2012; OSSyR, Sala de situación, egresos de establecimientos oficiales por diagnóstico publicados por la Dirección de Estadísticas e Información de Salud, Ministerio de Salud de la Nación www.ossyr.org.ar 29/03/2010; Comunicación Conjunta para Examen Periódico Universal-Consejo de DDHH, Argentina, Sesión 14. 2012, "Los derechos sexuales y los derechos reproductivos" Informe elaborado por: Asociación por los Derechos Civiles (ADC); Católicas por el Derecho a Decidir Argentina(CDD); Centro de Estudios de Estado y Sociedad (CEDES); Centro de Estudios Legales y Sociales (CELS); Comité de América Latina y el Caribe para la Defensa de los Derechos de la Mujer(CLADEM); Equipo Latinoamericano de Justicia y Género (ELA); Foro Ciudadano de Participación por la Justicia y los Derechos Humanos(FOCO); Foro por los Derechos Reproductivos (Foro DDRR); Fundación para Estudio e Investigación de la Mujer (FEIM) e Instituto de Género, Derecho y Desarrollo (INSGENAR),pág.9.

La evidencia sobre la lucha política del movimiento feminista en las últimas décadas nos permite afirmar que hay una sustancia compartida de justicia política: la necesidad de libertad, la libertad del cuerpo (Levín, 2010: 188)[13]. Estas demandas de justicia política no desplazan a las de justicia social ni a las de justicia cultural sino que, como todas transportan desigualdades, se refuerzan y conviven entrecruzadas. En esta realidad espacial, nacional y regional, la estructura de clases, el orden de estatus y las restricciones a la libertad del cuerpo se reflejan, y se miden, recíprocamente con nitidez e interactúan causalmente y no poseen autonomía una de otra. Acordamos con Fraser en que sólo una teoría que abarque redistribución y reconocimiento, nosotros agregamos *libertad*, puede suministrar los niveles de complejidad necesarios para el análisis teórico-social y filosófico-moral.

Cuando la sexualidad y la reproducción son instituidas con el *status* de derechos humanos por consenso universal, la entidad del problema ya había sido legitimada como cuestión social lo cual le otorga validez internacional y fundamento ético a su consideración y, al mismo tiempo, compromete a los Estados a asumir un compromiso público en términos de responsabilidades políticas. No se pone en duda, entonces, la importancia del tema; lo que se discute en cada sociedad y en cada país es la naturaleza y el contenido que se atribuyen a esos derechos y de esas decisiones dependerá el alcance del compromiso y de la responsabilidad pública que asuman los Estados mediante la forma de políticas de gobierno. En suma, la definición y el alcance de los derechos de sexualidad y reproducción como esferas de ciudadanía van a exhibir la capacidad de la sociedad y sus gobernantes para procesar los conflictos mediante el establecimiento de acuerdos sociales y el encauce político de las transformaciones esperadas.

La producción normativa que se va desenvolviendo en las distintas provincias argentinas toma como fuente de inspiración intelectual y fundamento de acción política las disposiciones internacionales de Derechos Humanos de los derechos sexuales y reproductivos. Se parte, entonces, de ese consenso cultural "universal" –que es a la vez un consenso político– que exhibe en esas normas los valores y creencias atribuidos a la sexualidad y a la reproducción y que determinan las exclusiones y/o inclusiones de alcance social: la sexualidad y la reproducción son derechos de salud. Esa postura internacional instituyó

---

13. Para mayor información consultar *Derechos al revés: ¿Salud Sexual y Salud Reproductiva sin libertad?*, Buenos Aires: Editorial Espacio. Publicación que sintetiza la evidencia reunida en la Tesis Doctoral de la autora.

el estereotipo de estos derechos y su cosmovisión tiene anclaje en cada país a través de las decisiones políticas implementadas.

En la década de los noventa, a nivel internacional el clima producido por la CEDAW y los consensos logrados en las Conferencias Mundiales de Naciones Unidas permitieron definir y articular la agenda sobre los derechos de la mujer. Se llevan a cabo, entonces, las Cumbres sobre Desarrollo de El Cairo (1994) y la Convención sobre la Mujer en Beijing (1995). En nuestro país, la Reforma Constitucional de 1994 recepta el espíritu de cambio y nuevo posicionamiento jurídico en la problemática de género, y sus disposiciones acompañan y se comprometen con esa voluntad política internacional.

En 1991, la aprobación de la Ley de Cupo femenino[14] en nuestro país a instancias del movimiento feminista, denominada Ley Malharro, establece la obligación de incluir el 30% de mujeres en las listas de cargos electivos de los partidos políticos –a nivel nacional, provincial y municipal– y busca promover la participación y el protagonismo en las instancias de decisión política. Constituyó un hecho político sumamente significativo, no sólo en términos de representación política, sino también de incidencia de género en la agenda pública. No obstante este avance normativo significativo en 1991, recién en 2002 producirá una incidencia política de envergadura en términos de género, como veremos más adelante, al hacer valer la representación política como recurso para construir alianzas de poder en el Congreso de la Nación.

El momento social propició en 1995, en consonancia con la apertura y desarrollo universal existente sobre sexualidad y reproducción, la presentación de proyectos de ley al Congreso de la Nación que reconocieran el status de derechos a la sexualidad y a la reproducción. Entre 1995 y 1999 se presentaron doce proyectos de ley al Congreso[15]. Esta primera etapa de iniciativa parlamentaria

---

14. Para mayor información sobre el tema ver Marx, Borner y Caminotti (2007) *Las legisladoras. Cupos de género y política en Argentina y Brasil,* Buenos Aires: Siglo XXI, Editora Iberoamericana.

15. De los doce proyectos presentados, sólo dos han sido considerados y aprobados, es decir han sido objeto de debate parlamentario en el Congreso de la Nación. El denominado Programa Nacional de Procreación Responsable, presentado en 1995 a iniciativa del Diputado Nacional Carlos Alberto Alvarez y de la Diputada Graciela Fernández Meijide, pertenecientes al Frente Grande, tuvo origen en la Cámara de Diputados de la Nación, fue aprobado en dicha Cámara el 2/11/95 y luego pasó al Senado, pero al no tener tratamiento parlamentario caducó conforme a lo prescripto por la Ley 13640 y sus modificatorias (Expte. 0251-D-94, considerado conjuntamente con los expedientes 2902-D-94, 3262-D-94, 4118-D-95 y 4175-D-95). El otro proyecto que tuvo tratamiento, denominado Programa Nacional de Salud Reproductiva y presentado

–entre 1995 y 1998– tuvo un particular significado en el proceso de construcción de estos derechos, puesto que constituyó un punto de inflexión a nivel nacional al ingresar el tema al espacio público e instalarse en la agenda del Estado a través de la actuación fundamental de uno de sus poderes, el Poder Legislativo. El Parlamento no sólo se constituyó en un actor público principal que condujo el proceso de transformación sino que, además, funcionó como caja de resonancia social, como espejo del clima social.

Los debates parlamentarios de esa primera etapa exhiben sin tapujos la esencia del sentido del tratamiento y reconocimiento de la sexualidad y la reproducción como derechos de ciudadanía. En este momento el problema de la libertad de la mujer impulsado por el feminismo tuvo poco apoyo de legisladores y legisladoras. El consenso político internacional ya había manifestado la base del acuerdo universal al inscribir el problema en el campo de la salud. Al mismo tiempo que el tema se presenta, los conflictos que suscita entre los sectores opositores del catolicismo conservador también adquieren mayor envergadura.

Este primer ejercicio público de trabajo a nivel parlamentario, acompañado activamente por diversos sectores de la sociedad –tanto a favor como en contra de la problemática– y el movimiento feminista en particular, mostró que la madurez social y política no era suficiente para concretar, en esa oportunidad, las aspiraciones institucionales de sanción legislativa. Nos arriesgamos a afirmar que ni los sectores que propiciaban la sanción de una ley sobre el tema ni los que no lo propiciaban –esto es, ni el acuerdo ni el desacuerdo o la oposición– habían adquirido aún la fortaleza argumentativa (posición y actitud) y la solidez política (alianzas de grupo para instalar posiciones) para sostenerse en sí mismos y a la vez poder confrontar para imponer su visión sin diluirse en la lucha. Tanto es así, que la propuesta legislativa aprobada por la Cámara de Diputados[16], en noviembre de 1995, fue elevada luego al Senado de la Nación, no logró obtener consenso para su discusión y tratamiento, y posteriormente caducó.

---

en 1999 a iniciativa de las Diputadas Elisa Carrió y Miriam Belen Curletti, pertenecientes a la Unión Cívica Radical distrito Chaco, fue convertido con posterioridad en Ley Nacional –en el año 2002– como lo veremos oportunamente (Expte. 1196-D-99 considerado juntamente con los expedientes: 3420-D-99, 4195-D-99, 0098-D-00, 00718-D-00, 1131-D-00 y 2257-D-00). Fuente: Dirección de Información Parlamentaria del Congreso de la Nación, Departamento de Asuntos Parlamentarios.

16. El Primer Proyecto de Ley presentado por los diputados Alvarez, Zuccardi y Fernández Meijide fue sobre paternidad responsable, como resultado de un acuerdo logrado entre la Unión Cívica Radical, el Frepaso y el Justicialismo, que fue luego remitido para su tratamiento a la Cámara de Senadores, pero caducó porque no fue considerado.

Por otra parte, la voluntad política del gobierno nacional en ese momento era totalmente contraria a este reconocimiento. El Presidente Menem, encolumnado en una estrategia regional de la Iglesia Católica para impedir la incorporación del tema en la agenda pública de los distintos países de América Latina[17], promovió y creó el Plan Nacional de Acción a favor de la Madre y del Niño en 1991 y más adelante instituyó en el calendario nacional el 25 de marzo como el "Día del niño por nacer"[18]. Estos hechos expresan la posición política oficial que es coincidente con las creencias católicas conservadoras. Mientras los hechos legislativos ocupaban la atención nacional, en varias provincias se avanzaba en el trabajo normativo y se sancionaban Leyes que creaban programas sobre salud sexual y reproductiva. En Córdoba (abril de 1996), Chaco (abril de 1996), Corrientes (diciembre de 1996) y Río Negro (diciembre 1996)[19].

En 1997 transitó otro tramo de esa etapa parlamentaria que, a nuestro modo de ver, se sostuvo hasta inicios del 2000. Su característica fundamental fue que el tema de la sexualidad y de la reproducción logró comprometer a determinados sectores de la sociedad y comenzó a trascender, a partir de la demanda persistente del movimiento de mujeres y de la presión de los organismos internacionales por el cumplimiento de las disposiciones que ya habían sido incorporadas a la Constitución Nacional luego de la reforma de 1994 y habían adquirido, por tanto, igual jerarquía. Este posicionamiento normativo otorgó al mismo tiempo a los derechos sexuales y reproductivos el rango de derechos humanos. A partir de este momento adquirieron mayor despliegue en la agenda pública a pesar de los conflictos que suscitó su reconocimiento y su ejercicio. La incidencia de esta coyuntura se manifestó con la sanción de sucesivas leyes provinciales. En este período se sancionaron normas Provinciales en Neuquén (1997), Misiones (1998[20]), Jujuy (1999), Chubut (1999), Mendoza (2000), Corrientes (2000)[21].

---

17. El Día del Niño por nacer fue instituido también en Costa Rica, Guatemala, Nicaragua, Perú, República Dominicana y Venezuela. Están aún en tratamiento las iniciativas en otros cuatro países de la región.

18. El 25 de marzo es la fecha en que la Iglesia Católica conmemora la Fiesta de la Anunciación, día en que Jesucristo fue concebido en el seno de María.

19. La provincia de Río Negro dicta su primera ley en el año 1996 –Ley N° 3059– y luego, en el año 2000, la reemplaza por la Ley N° 3450.

20. La provincia de Misiones es la única del país que crea por Decreto –N° 92/98– el Programa Provincial de Planificación Familiar Integral.

21. La provincia de Corrientes crea por Ley N° 5146 el Programa a favor de la Salud de la Mujer y el Niño. Dada sus limitaciones conceptuales y de contenido en términos de derechos sexuales

Por su parte, la ciudad de Rosario puso en marcha en 1997 el Programa de Procreación Responsable.

La problemática, a fines del año 2000, había alcanzado un anclaje suficiente como para reclamar al Estado Nacional la sanción de una Ley Nacional y la creación de un programa sobre sexualidad y reproducción para todo el país. Es decir, se podía exigir al Estado que definiera una política pública sobre sexualidad y reproducción de alcance nacional. La demanda no sólo provenía del movimiento feminista y de los organismos internacionales, sino también de asociaciones profesionales, centros de estudio e investigación, profesionales de la salud, legisladores, etc. Paralelamente, también los datos estadísticos oficiales del año 2002, provenientes del Ministerio de Salud de la Nación, que reflejaban la realidad social sanitaria de Argentina entre 2000 y 2001[22], situaron la problemática en el centro del debate. El problema, que aparecía en muchos sectores sociales y políticos, enquistado en los parámetros de las creencias y de la moral, comienza a ser denunciado con énfasis desde el campo del conocimiento científico como causa central de atención pública para detener el deterioro de la calidad de vida y la muerte de la población pobre, en particular de mujeres, mujeres-niñas y adolescentes, niños y niñas.

En el año 2000, por Decreto Nº1246/2000, el presidente De La Rúa, amplía la aplicación de la Ley de Cupo 24012 y establece la incorporación efectiva de candidatas mujeres al Senado de la Nación. El resultado de esa decisión política fue rápidamente constatada en las elecciones legislativas de 2001: se logró la incorporación femenina efectiva a la actividad política y a los procesos de toma de decisión. La representación femenina estaba garantizada en ambas Cámaras del Poder Legislativo Nacional. En ese año 2001, por otra parte, por primera vez las elecciones de senadores se realizaron de forma directa por disposición de la Reforma Constitucional de 1994.

---

y reproductivos, por ejemplo, al no contemplar la anticoncepción como recurso de planificación familiar, fue ampliada en el año 2004 mediante la Ley Nº 5601.

22. Un tercio de las muertes maternas tuvieron como causa un aborto practicado por un embarazo no deseado; la sexta parte de las mujeres madres tenían entre 10 y 19 años; en cinco años crecieron un 46% las hospitalizaciones por complicaciones de abortos que en algunas provincias como La Rioja y San Luis ascendían del 46% al 148% y 143% respectivamente por condiciones socioeconómicas escasas; muchas adolescentes perdieron el útero y los ovarios debido a la gravedad de los cuadros; se produjeron más de 500.000 abortos anuales provocados; dos tercios de los casos de SIDA notificados se contagiaron por relaciones sexuales sin protección, etc.

Uno de los impactos más significativos de los cambios que la Ley de Cupo imprimió al mapa de la representación política en Argentina fue la aprobación en el año 2002 de la Ley Nacional que crea el Programa Nacional de Salud Sexual y Procreación Responsable. La labor parlamentaria desarrollada por las legisladoras durante el período 2000/2002, marcó un punto de inflexión en la participación política de género en el escenario nacional. La alianza de poder y de influencia política de género que lograron construir las legisladoras, atravesando partidos e ideologías disímiles, sumando legisladores a sus intereses políticos, hasta la fecha no tiene parangón. En este sentido, cabe aclarar que los avances en la representación política de género no son directamente equivalentes a avances de género, tal como lo reafirman recientes estudios sobre calidad de la democracia e igualdad de género en América Latina (Fernández Ramil y Oliva Espinosa, 2012).

Los mismos evidencian que, a pesar de la Ley de Cupo y de que la presidencia del Ejecutivo está a cargo de una mujer (Cristina Fernández de Kirchner), los avances en igualdad de género son débiles[23]. Por un lado, se advierte el déficit de institucionalización de las políticas de género actuales que, al igual que en períodos anteriores ponen más el acento en la retórica de la igualdad que en decisiones para efectivizarla, tales como garantías de derechos y recursos suficientes. Por otro lado, si bien la institucionalidad de los partidos políticos es débil, este atributo no fue lo suficientemente potenciado como para que la representación femenina pueda ejercer presión e influencia para instalar demandas de género (Fernández Ramil y Oliva Espinosa, 2012:129).

Desde 2001 hasta 2003 transcurre la maduración de la problemática. La sociedad –aquellos sectores involucrados que participan y comprometen posiciones– ya no discute si se debe o no contemplar este aspecto en la agenda pública en el marco de las políticas de Estado; lo que se cuestiona es, en todo caso cómo se debe concebir y regular esa esfera de derechos; qué contenidos debe comprender; qué aspectos involucra; a quién o a quiénes debe beneficiar, etcétera. El hecho de que la sexualidad y la reproducción constituyeran temas de Estado requirió, entonces, armonizar esfera pública y esfera privada. Es decir,

---

23. Cabe destacar, la importancia de la aprobación de leyes recientes con impacto de género como por ej: la Ley de Matrimonio civil igualitario (Ley N° 26.618 de 2010), La Ley de Identidad de género (N° 26.743 de 2012) y la Ley de Protección Integral para Prevenir, Sancionar y Erradicar la violencia contra las mujeres en los ámbitos en que desarrollen sus relaciones interpersonales (Ley n° 26485 de 2009). No obstante, en este último caso no se cuenta con presupuesto para su aplicación.

establecer qué asuntos comprendían esas esferas y cuáles involucraban al Estado en responsabilidades y acciones legítimas y cuáles se reservaban al ámbito privado. Las manifestaciones sociales de respuesta al clima de apertura pública y de exigencia respecto de la efectiva realización de estos derechos fueron casi inmediatas y comenzaron a producirse de manera sistemática interpelando a otro de los poderes del Estado: el Poder Judicial.

El Poder Ejecutivo tiene facultades constitucionales de veto –total o parcial– de una ley durante su tratamiento parlamentario antes de su sanción, a fin de producir las observaciones y/o modificaciones que considere necesarias (veto parcial) o bien enviar a la legislatura un nuevo proyecto de ley en caso de que el veto sea total. Ninguna de esas atribuciones fueron ejercitadas por el Poder Ejecutivo mientras se desarrollaba el procedimiento legislativo; fue más fácil y operativo a los efectos políticos acudir al ejercicio de acciones de hecho que a acciones políticas institucionales a costa de violar la organización constitucional de la democracia y la voluntad legítima de sus representantes[24].

Estas demandas de reconocimiento de derechos al Estado constituyen, por un lado, un hecho político en tanto se utilizan mecanismos de interpelación pública a través del ejercicio de acciones judiciales –ya no sólo legislativas en el Congreso de la Nación– ante el Poder Judicial para llenar vacíos legales de otorgamiento de derechos y efectos inmediatos de realización. Por otro lado, los reclamos también están mostrando la complejidad de contenido a la que aluden tanto la sexualidad como la reproducción de manera directa o indirecta.

---

24. En realidad no ha sido el único hecho político realizado por funcionarios de gobierno que viole el orden constitucional al actuar en relación con este tema, ya sea para concretar aspiraciones políticas partidarias o bien para imponer sus creencias religiosas impidiendo la concreción como política pública. A modo de ilustración de éste último caso, el Secretario de Culto de la Nación, Esteban Caselli (mano derecha del Canciller Carlos Ruckauf y vinculado estrechamente con el Vaticano), ordenó por escrito –mediante un Memo reservado– a los representantes argentinos ante la Comisión de Derechos Humanos de la ONU, que sesionó en Ginebra en septiembre de 2003, oponerse en foros internacionales a cualquier declaración que avance a favor de los derechos sexuales y reproductivos. Los diplomáticos argentinos, en cumplimiento de las instrucciones recibidas, votaron en la ONU rechazando una resolución de ese organismo contra la discriminación por orientación sexual junto a los países musulmanes. El resto de los países lo hizo favorablemente. El secretario de Culto, arrogándose facultades en política exterior que la Ley de Ministerios no le otorga a su secretaría, actúa por vías políticas directas –ya que acciones institucionales no hubiesen tenido cabida según las normas vigentes– mediante actos discrecionales de abuso de autoridad para concretar sus aspiraciones personales. "El Secretario de Culto ataca los derechos sexuales y reproductivos", *Página 12*, 13/09/2003.

Se trata de expectativas ciudadanas –capacidades necesarias– que a manera de índice surgen indicando la gama de facultades que la sociedad precisa que sean reconocidas como derechos: salud y libertad. Por último, el debate adquiere otras dimensiones que superan los alcances y contenidos considerados durante el proceso de producción normativa nacional o provincial hasta el momento. En efecto, las acciones judiciales ciudadanas no sustentan sus pretensiones principales en el derecho a la salud sexual y a la salud reproductiva. No son razones de salud las que fundamentan la esencia del reconocimiento de estas demandas de derechos, sino la libertad sexual y la libertad reproductiva. Esas libertades garantizarán, además del ejercicio del derecho al aborto, el cambio de identidad sexual, uniones civiles de personas del mismo sexo, beneficios sociales a parejas homosexuales y también salud sexual y salud reproductiva.

El debate se reinstala y se mantuvo latente en determinados sectores de la sociedad –movimientos feministas, legisladoras y legisladores, asociaciones profesionales, representantes de la comunidad médica, centros de estudio e investigación, algunos funcionarios de gobierno–. Esta etapa se inicia formalmente con el ingreso al Congreso de la Nación del Proyecto de Ley que fue luego Ley Nacional –N° 25673– en el año 2002, que crea el Programa Nacional de Salud Sexual y Procreación Responsable reglamentado por el Decreto N° 1282 del mismo año. La característica central de esta etapa fue la construcción de consensos para la aprobación de la ley nacional. El consenso político universal en el campo de los derechos humanos constituyó la base, el piso, de un acuerdo: el reconocimiento del derecho a la planificación familiar, en torno a la sexualidad y a la reproducción, en el campo de la salud.

En esa oportunidad, a través del debate, se pudo tomar conciencia política acerca de lo que era posible –no exactamente lo que era deseable para el movimiento feminista y sectores progresistas de la sociedad– consensuar política y jurídicamente: la sexualidad y la reproducción eran asuntos inherentes al ámbito de la salud pública y su alcance protege la planificación familiar y la maternidad sana y segura. No hubo reconocimientos del orden de la libertad.

El año 2002 tuvo connotaciones muy particulares en el país derivadas de un proceso de crisis política, social y económica. Tanto el presidente, Eduardo Duhalde, como el ministro de Salud y Ambiente de la Nación, Dr. Ginés González García, asumieron un compromiso público y activo frente a la problemática de la sexualidad y la reproducción. Impulsaron la temática y construyeron a nivel de gobierno el consenso necesario no sólo para instalarla sino también para sostenerla y consolidarla en la agenda pública. Paralelamente el ministro, produjo un importante nexo científico-académico desde el Ministerio al rodearse de un núcleo de investigadores/as y especialistas en el tema –pertenecientes a Centros de Estudios e Investigación; Asociaciones y Sociedades profesionales del área salud y disciplinas afines; organizaciones internacionales como OPS y OMS; organizaciones, instituciones y foros del movimiento feminista, etcétera–, que lograron fortalecer su línea de política pública en sexualidad y reproducción. Este fortalecimiento no fue sólo hacia dentro del Ministerio de Salud y Ambiente de la Nación sino que, por el contrario, la estrategia incluyó también el crecimiento paulatino, consciente e informado de la sociedad. Así, las campañas publicitarias informativas; la producción y oficialización sistemática de datos estadísticos de salud relevantes y elocuentes; las declaraciones públicas de funcionarios nacionales y provinciales de gobierno de diferente jerarquía; los eventos académicos, políticos y sociales; la producción de informes y publicaciones específicas; las declaraciones públicas de representantes y/o funcionarios de organizaciones internacionales (OPS-OMS-PNUD), y las declaraciones de legisladores estuvieron presentes a lo largo y a lo ancho del país.

Otro dato significativo fue que el Ministro de salud, logró afianzar sus vínculos políticos con algunas organizaciones internacionales que desempeñaron un rol esencial en el impulso y el desarrollo de la problemática en toda América Latina, como la Organización Panamericana de la Salud y la Organización Mundial de la Salud. En este sentido, por ejemplo, el Ministro ha desempeñado un papel clave al apoyar y promocionar la candidatura de la argentina Mirta Roses como Directora de la Organización Panamericana de la Salud en Washington quien fue electa presidenta en el mes de septiembre de 2002. No es este un hecho menor, si consideramos el peso político y simbólico que tiene la institución en nuestro país y en toda América Latina y, además, la posición y el compromiso público asumidos por la funcionaria respecto de la problemática, así como sus expresas declaraciones en este sentido ante los medios de comunicación nacionales e internacionales a los que ya hemos hecho referencia en páginas anteriores.

En esta coyuntura política favorable –y luego de un arduo y minucioso trabajo político conjunto de algunos legisladores y legisladoras, organizaciones sociales y profesionales diversas, tanto feministas como no feministas, algunos funcionarios de gobierno, algunos medios de comunicación, algunos miembros del Poder Judicial–, se logra aprobar la Ley Nacional 25673 en octubre de 2002. Esto significa que, a pesar de haber transcurrido siete años desde la propuesta inicial de instalar el tema en la esfera pública, recién se pudo concretar cuando existió una verdadera voluntad política oficial de instaurarla, coincidente con la expectativa de importantes sectores de la sociedad. En mayo de 2003, Ginés González García fue ratificado en el cargo de Ministro por el presidente de la Nación, Néstor Kirchner, quien en declaraciones públicas avaló el Programa Nacional[25]. El Programa Nacional de Salud Sexual y Procreación Responsable recibió la adhesión de la mayoría de las provincias del país y se implementa en casi todo el país.

No obstante haber ganado la batalla de su aprobación, la embestida continuó después durante todo el proceso de reglamentación y aun en su implementación a nivel de la Nación y de las provincias. Las presentaciones judiciales realizadas por los sectores católicos conservadores opositores a la ley –entre ellos la Fundación Mujeres por la vida (Córdoba), Fundación 25 de Marzo (Córdoba)[26], la entidad Pro Vida y otras asociaciones civiles ancladas en diversas provincias– ante tribunales provinciales y nacionales, ordinarios, terminaron en su mayoría siendo resueltas por las instancias supremas, Corte Suprema de Justicia de la Nación y Cortes provinciales. Las causas de las presentaciones se fundaban en la inconstitucionalidad de la ley por violar derechos supremos como la vida, la intimidad, etcétera. Incluso uno de los fallos –el de la Jueza Federal de Córdoba, Garzón de Lazcano– prohibiendo la venta y distribución de anticonceptivos en todo el país no sólo fue revocado por la Corte sino que dio lugar al repudio público de altos funcionarios de gobierno de la Nación quienes advirtieron sobre la falta de fundamentos científicos del fallo y pusieron en evidencia su intencionalidad política basada en creencias religiosas. Como consecuencia del repudio oficial y también de sectores de la sociedad, se anunció el pedido de remoción de la Jueza ante el Consejo de la Magistratura con sustento en la Constitución Nacional. Los tribunales superiores ratificaron en todos los casos la ley.

Pero, al mismo tiempo que se recibían embates, proliferaban las manifestaciones públicas de apoyo de diferentes sectores de la sociedad. El movimiento de mujeres tuvo un rol clave en este proceso a través de su presencia militante permanente. Las campañas informativas, foros de discusión, Congresos nacionales e internacionales, producción de libros e informes, asesoramiento a legisladores y

---

25. El Presidente de la Nación dio su aval al Programa Nacional de Salud Sexual y Procreación Responsable y ordenó al Ministro de Salud el diseño de una política a cuatro años de reparto de anticonceptivos. También lo apoyó en las estrategias para eliminar las acechanzas al programa provenientes de diversos sectores. "Kirchner avaló la distribución de anticonceptivos en todo el país", *Página 12*, 13/9/2003.

26. Su titular es el sacerdote y abogado Fernando Altamira.

legisladoras, trabajo comunitario, conformación de redes nacionales y latinoamericanas en torno a la sexualidad y a la reproducción, fueron algunas de las
actividades concretas producidas en defensa de los derechos sexuales y reproductivos. Las deudas son de libertad y los temas demandados, desde aquélla
coyuntura hasta la actualidad, la despenalización del aborto o la legalización
del aborto[27].

Si la libertad es aún un déficit de género de la democracia Argentina en el
Siglo XXI que impide la paridad en la inclusión política, económica, social y
cultural de las mujeres, ¿cuál es la sustancia de la justicia política representación
o libertad? o, formulado de otra manera, ¿puede haber paridad de representación
sin paridad de libertad?

2. La Justicia política como representación

La *balanza* y el *mapa* (Fraser, 2008), imágenes que utiliza Fraser para
representar aspectos de fondo de su teoría de la justicia –sustancia y espacio
respectivamente–, nos permiten situar los dos puntos críticos en los que vamos
a focalizar nuestra discusión. La *balanza* simboliza la imparcialidad, el equilibrio moral con que un juez debe establecer los pros y los contra de las reivindicaciones en conflicto. Alude a la sustancia de la justicia, a los puntos de vista
conflictivos que se presentan cuando no hay una comprensión compartida entre
los movimientos sociales actuales. Comprende aquéllos asuntos sustanciales que
se ubican en los de *primer orden* en su teoría. Se trata del *qué* de la justicia, para
el cual propuso, inicialmente, una interpretación bidimensional: redistribución
(económica) y reconocimiento (cultural), a la cual agrega con posterioridad una
tercera dimensión (política), la representación. Aunque nuestro debate se va a
centrar exclusivamente en la *representación*, es decir, en la dimensión política de
la teoría de la justicia de Fraser, vamos a repasar algunos de los otros postulados
de su visión tridimensional a los fines de nuestra argumentación.

---

27. En tal sentido el movimiento feminista de la región ha instituido el 28 de septiembre como el
"Día por la Legalización del Aborto en América Latina y El Caribe". Feministas argentinas, del
Foro por los Derechos Reproductivos, informaron que "Anticonceptivos para no abortar, aborto
legal para no morir" sería la consigna de los defensores y las defensoras de la legalización
del aborto. Participaron de la Campaña innumerables instituciones y organizaciones sociales
feministas y no feministas de toda América Latina y El Caribe. Esta Campaña aún concentra el
contenido y el procedimiento de la lucha política del feminismo a favor del aborto en la región.

La *redistribución*, comprende reivindicaciones de orden socioeconómico arraigadas en la estructura política-económica de la sociedad y constituye injusticias socio-económicas. Este tipo de injusticia se puede manifestar mediante la explotación (apropiación del usufructo del trabajo propio en beneficio de otros) la marginación económica (trabajos mal remunerados o indeseables o imposibilidad de acceder al trabajo remunerado) o la privación de bienes materiales indispensables (Fraser, 1997: 21). El *reconocimiento* constituye injusticias culturales o simbólicas, arraigadas en patrones socio-culturales de interpretación, comunicación y representación. Se puede manifestar a partir de la dominación cultural, el no reconocimiento y el irrespeto (ser calumniado o menospreciado en representaciones culturales públicas estereotipadas o en interacciones cotidianas). En la práctica, estas dos injusticias se entrecruzan, están entrelazadas y se refuerzan de manera dialéctica, la diferenciación es de orden analítico (Fraser, 1997:23). Son estas injusticias las que en América Latina constituyen, junto a otras, las "desigualdades cruzadas" a las que nos hemos referido en apartados anteriores de este texto.

La justicia, entendida como paridad de participación según Fraser, requiere de acuerdos sociales que permitan a todos participar en calidad de pares en la vida en sociedad. La *injusticia,* por el contrario, supone desmantelar los obstáculos institucionalizados que impiden a algunos participar a la par de otros, como socios con pleno derecho en la interacción social (Fraser, 2008: 39). Por un lado, habrá *injusticia distributiva* cuando las estructuras económicas impiden a las personas participar porque les niegan los recursos que necesitan para interactuar en la vida social con los demás como pares. Por otro lado, habrá *injusticia cultural o* "reconocimiento fallido" (Fraser, 2000) cuando las personas ven afectadas su vidas plenas en sociedad por jerarquías institucionalizadas del valor cultural que les niegan una posición social o no les reconocen una posición social. La injusticia distributiva, comprende la dimensión económica de la justicia, y el problema es la estructura de clases de la sociedad. La injusticia cultural, refiere al orden de estatus que hace a la dimensión cultural de la justicia. Estas dos dimensiones de la justicia fueron las dos únicas que contempló la autora mientras las controversias se situaban en el marco territorial del Estado nacional, lo que denomina marco westfaliano-keynesiano[28] (Fraser, 2008: 32).

---

28. Fraser aclara que utiliza este término para referirse al marco nacional-territorial de los debates de la justicia que se dieron en el apogeo del Estado de bienestar democrático de posguerra (1945-1970). El término "westfaliano" se refiere al Tratado de 1648 que estableció algunos

El *mapa*, por su parte, es la imagen que representa situaciones y relaciones espaciales. Alude al marco en el cual los conflictos por la justica se producen y re-dibuja los límites a una escala más amplia que la nacional o territorial. La redistribución y el reconocimiento constituían las únicas dimensiones de la justicia mientras prevalecía el marco westfaliano-keynesiano, pero Fraser lo comienza a cuestionar en la medida que, por ejemplo, los movimientos de derechos humanos y el movimiento feminista internacional plantean controversias y reivindicaciones de justicia que, según la autora, superan las fronteras nacionales. Surge una pluralidad de marcos, de en-marques, para resolver los conflictos de justicia y allí plantea el interrogante acerca de cuál es la escala de justicia realmente justa.

Considera que hoy la cartografía westfaliana del espacio político ya no se sostiene, la soberanía estatal indivisa y exclusiva ya no es plausible dado el régimen extendido de derechos humanos, por un lado, y las redes cada vez más amplias de gobierno global por otro (Fraser, 2008:20). A partir de esta afirmación, respecto a *quién* cuenta como sujeto de la justicia, pone en cuestión el carácter territorial como base única para reclamar y crear obligaciones de justicia dado el carácter transterritorial de los problemas. La problemática del en-marque, entonces, ya no puede darse por supuesta, los interesados en demandar justicia tienen dudas acerca de cuál es el espacio político de la justicia y ante *quién* demandar justicia. Es este aspecto del marco de la justicia, en el cual lo transnacional de un mundo globalizado parece devaluar lo nacional, el segundo tema que queremos debatir de la teoría de la justicia de Fraser, situándonos en la realidad Argentina y en las coordenadas de América Latina.

La *representación*, como dimensión política de la justicia, aparece en Fraser como una necesidad teórica y práctica de clarificar las confrontaciones actuales sobre la globalización. Entiende que le sirve para explicar las "injusticias en el plano de la política ordinaria", las que surgen internamente, dentro de sociedades políticas delimitadas, cuando hay reglas sesgadas de decisión que privan de voz política a personas que ya cuentan como miembros, perjudicándolos en su capacidad de participar como pares en la interacción social (Fraser, 2008:22). Lo político, remite a la naturaleza de la jurisdicción del Estado y a las reglas de decisión con las que se estructura la confrontación. Suministra el

---

rasgos del sistema estatal internacional moderno. Aquí lo utiliza como un símbolo dl imaginario político que trazó el mapa del mundo como un sistema de Estados soberanos territoriales que se reconocieron mutuamente.

escenario en donde se desenvuelven las luchas por la distribución y por el reconocimiento. Establece los criterios de pertenencia social, determina quién cuenta como miembro, nos dice quién está incluido y quién está excluido de la órbita de los que tienen derecho a una justa distribución y al reconocimiento mutuo.

Al establecer estas reglas de decisión política, la *representación* establece también los procedimientos para resolver los conflictos de redistribución y de reconocimiento, esto es, nos dice cómo se deben plantear y arbitrarse esas reivindicaciones (Fraser, 2008: 42). En un primer nivel, relativo a los límites de lo político, se ocupa de cuestiones de pertenencia social y, en un segundo nivel, relativo a las reglas de decisión, se ocupa de los procedimientos que estructuran los procesos públicos de confrontación.

Esta tercera dimensión de la justicia le permitirá, por un lado, visualizar las desigualdades enraizadas en la constitución política de la sociedad que son distintas a las de la estructura económica y a las de jerarquía de estatus. Por otro lado, también es valiosa para entender y explicar las "injusticias en el plano metapolítico", aquellas que se producen a causa de controversias de primen orden (redistribución, reconocimiento, representación) pero que son enmarcadas injustamente como asuntos nacionales, en sociedades políticas delimitadas presuponiendo que son las únicas unidades dentro de las cuales se puede aplicar la justicia, cuando en realidad son injusticias transnacionales. El *quién* de la justicia, en este caso, está definido, según Fraser, injustamente porque se excluye de toda consideración a afectados que no son ciudadanos (Fraser, 2008:23). Surge, entonces, lo que denomina la "representación falllida" o "des-enmarque" o injusta asignación de marco, que permite entender la configuración del mapa del espacio político desde el punto de vista de la justicia; es decir capacita para determinar el *quién*.

Si lo político es una dimensión de la justicia conceptualmente distinta a lo económico y a lo cultural implica también que puede dar origen a una injusticia conceptualmente distinta. La paridad participativa como idea de justicia, puede tener obstáculos políticos específicos pero siempre entretejidos con la dimensión económica y cultural. Esos obstáculos surgen de la constitución política de la sociedad, fundados en un modo de ordenación social específicamente político pero que comprende en una teoría, conjuntamente, representación con redistribución y reconocimiento. La *injusticia política* es la "representación fallida", que se da cuando los límites políticos y/o las reglas de decisión funcionan injustamente al negar a determinadas personas la posibilidad de participar en paridad con otras en la interacción social (Fraser, 2008: 43). Esa injusticia política se produce en general como consecuencia de la injusticia económica y de la injusticia cultural entrelazadas.

La representación fallida puede asumir dos formas distintas. La que Fraser denomina "representación fallida político-ordinaria", se produce cuando las reglas de decisión política niegan injustamente a individuos que pertenecen a la comunidad la oportunidad de participar plenamente como pares. Por otro lado, un segunda forma de representación fallida es la que denomina "desenmarque", aquí la injusticia política se produce cuando alguien queda injustamente excluido de la posibilidad de participar en las confrontaciones sobre justicia que le competen por una mala delimitación de las fronteras, una injusta delimitación del marco. La distinción entre ambas, puede ser situada a nuestro entender, en el registro de las imágenes de la justicia: la primera, corresponde al primer orden de problemas, de la *balanza* (sustancia*)* y la segunda al segundo orden, al *mapa* (enmarque o marco espacial). Cuando las injusticias políticas son de segundo orden, Fraser las denomina *metainjusticias*, porque impiden que se expresen las injusticias de primer orden en una comunidad política.

En el siguiente apartado, vamos a discutir la noción de *representación* como justicia política, es decir como *sustancia política* de la interpretación tridimensional de la justicia, pero desde el punto de vista conceptual, contraponiéndola con la noción de *"igualdad de libertades"*. En esta discusión tomamos la imagen de la *balanza,* pero exclusivamente en su costado político. En el apartado anterior sostuvimos con evidencia empírica la tesis que en Argentina, y en el marco de América Latina, las reivindicaciones de justicia política hacen foco en la libertad y no necesariamente en la representación.

3. La justicia política como libertad

La polémica conceptual que presentamos, acerca de lo que entendemos por justicia política a diferencia de Fraser, no pretende tanto decir de qué manera deben resolverse las cuestiones de su ámbito y descartar completamente otras, sino proporcionar un elenco interpretativo más propicio para entender las razones y alcances de la justicia política de género que rige la vida en sociedad y de los cuestionamientos de injusticias de género que hacen a esos postulados las organizaciones sociales y movimientos feministas en Argentina, apostados en la lucha política hacia la igualdad.

Vamos a argumentar que en Argentina la dimensión política de la justicia es la *libertad,* la igualdad de libertad, "*la misma cantidad de libertad*" para todos los miembros de la comunidad política, que merecen el mismo reconocimiento del carácter de individuos políticos en virtud de pertenecer a esa comunidad. La igualdad de libertad, la misma "cantidad de libertad", centraliza la mayor parte de las confrontaciones del movimiento feminista en toda América Latina y esta demanda por la libertad del cuerpo está asociada, directamente, no sólo a reivindicaciones por la legalización y/o despenalización del aborto sino también por la no violencia de género. Los dos tipos de reivindicaciones manifiestan los sesgos del *cautiverio de la autonomía:* desigualdades de poder y sometimiento del cuerpo de las mujeres a intereses públicos.

Cualquier concepción de justicia, o de tipos de justicia, admite una fórmula general y abstracta como punto de partida aunque no de llegada: "las normas y reglas que constituyen un grupo humano deben ser aplicadas de manera consistente y continua a todos y cada uno de los miembros de dicho grupo" (Heller, 1998:198). Es decir, hay una concepción pública de justicia que deriva de una sociedad política en la que cada cual acepta, y sabe que todos los demás aceptan, la misma concepción y principios de justicia. Este conocimiento es reconocido mutuamente, es decir se sabe públicamente que la estructura básica de la sociedad satisface esos principios de justicia. También supone que los ciudadanos y las ciudadanas tienen un sentido, normalmente efectivo, de la justicia que los capacita para entender y aplicar los principios públicamente reconocidos de justica y para actuar, en buena parte, según lo exige su posición social, sus deberes y obligaciones. Es decir, la concepción de justicia es una construcción pública que proporciona un punto de vista mutuamente reconocido y a partir del cual se arbitran las exigencias de derecho político a instituciones o a lo que cada cual reclame al otro u otra (Rawls, 2004: 31-32).

Tanto la justicia como la injusticia sólo pueden atribuirse a una acción o a acciones que se realicen de acuerdo a ciertas normas o reglas. Del mismo modo, las acciones son justas o injustas si pueden ser comparadas. Lo único, no puede ser comparado ni puede ser justo o injusto, tampoco las instituciones únicas pueden ser iguales o desiguales. Por eso la *igualdad* y la *desigualdad* son valores constitutivos de la justicia y se establecen también por normas y reglas (Heller, 1998:199).

Las disputas expresan cuestionamientos a los criterios de justicia aplicados así como también a las normas y leyes utilizadas, y catalogadas de injustas. El movimiento feminista, en su lucha sostenida, que continúa aún hoy con el aborto, intenta, y logra, debilitar la cualidad de aquellos criterios en los que "las normas y reglas se dan por sentadas" ("justicia estática"), los cuestiona por injustos y propone otras normas alternativas capaces de ser verificadas ("justicia dinámica") (Heller, 1998:202).

La libertad es entendida como una idea valor cuyo opuesto (la esclavitud) no es considerado valor. El valor de la libertad, es decir su *utilidad* (Rawls, 2004: 201), se ha universalizado desde la modernidad a todas las personas y a todos los grupos de personas que integran la humanidad porque merecen el mismo reconocimiento derivado de ese carácter humano. Las libertades políticas iguales, según Rawls, capacitan a los ciudadanos para participar en la vida pública, de ahí que esas libertades deben ser equitativas. El movimiento feminista exige que las mujeres dispongan de la libertad del cuerpo, exige *"la misma cantidad de libertad"* que el resto de la ciudadanía, proclama, entonces, una exigencia de justicia política (Heller, 1998:205). Exigencia que, por otra parte, deriva no solo del carácter político de la libertad, como recurso político y como derecho fundamental, sino también de un parámetro, general, de justicia que requiere aplicar reglas consistentes y continuas para todos y cada uno de sus miembros. El movimiento feminista rechaza por injustas las normas y reglas que coartan la libertad del cuerpo de las mujeres, como por ejemplo las del código penal (derecho interno) que tipifican al aborto como un delito, y exige como justas las normas y reglas del código civil (derecho interno) que reconocen a la libertad del cuerpo como un derecho personalísimo[29]. No basta, por supuesto, solo con la institucionalización de las normas justas como es el caso de los derechos personalísimos que están previstos en el Código Civil, en sí mismas no son suficientes, sino también es necesaria su aplicación justa, es decir consecuente y contínua para todas y cada una de las personas.

Cuando las normas y las reglas son cuestionadas, desde el punto de vista de la libertad, las contestaciones sobre los tipos de justicia son primordialmente políticas (Heller, 1998: 207). Ahora bien, la justicia política como igualdad de libertades, como sostiene Rawls, tiene prioridad sobre cualquier otro tipo de justicia. De hecho, algunas sociedades de países autoritarios o totalitarios que han podido igualar a la población en las condiciones de vida, esa situación no tuvo ningún impacto en sus libertades políticas[30]. Esto es así, porque los derechos y

---

29. Los fallos judiciales que han autorizado el aborto en Argentina han fundado sus decisiones en las normas que regulan los derechos personalísimos de nuestro Código Civil.

30. Por ejemplo, señala Heller, el caso de Camboya cuando gobernaban los Jeremes Rojos, el partido político que lideró la llamada Kampuchea Democrática de ideología maoísta entre 1975 y 1979 con una concepción extremista de revolución. Durante el tiempo del gobierno

las libertades políticas son justas no solo porque la sociedad o las instituciones de la sociedad sean justas, sino porque la igualdad en derechos políticos y libertades políticas incluye también los derechos de las contestaciones tanto políticas como sociales, y esos derechos están garantizados para todos (Heller, 1998: 208). Hay, entonces, una conexión entre justicia política y justicia social, si aumentan las libertades aumentan las posibilidades de que mejoren las condiciones de vida en una sociedad. Una vez lograda la libertad política es más probable que las luchas por la justicia social y por la justicia cultural se desarrollen y se sostengan en el tiempo. Cuanto mejores sean las condiciones de vida mejor será el nivel de desarrollo de las libertades políticas y de los derechos políticos.

La injusticia política de género en Argentina, y en América Latina, es del orden de la exclusión política, de la no pertenencia plena, del no ser miembro pleno por no tener pleno derecho a la autodeterminación y, en consecuencia, por estar exento también del elenco de los que tienen una justa distribución y un justo reconocimiento. Tener o no tener derecho al aborto en Argentina y en América Latina es también una cuestión de clase y de etnia, además de ser una cuestión política. Las mujeres que tienen ingresos económicos pueden decidir, pueden recurrir a la salud privada y abortar clandestinamente pagando la prestación; las mujeres que no tienen ingresos suficientes o no tienen reconocimiento (mujeres de comunidades indígenas) dependen absolutamente de la salud pública para poder concretar sus decisiones reproductivas o bien arriesgan su salud, y hasta sus vidas, al improvisar muchas veces estrategias domésticas para poder abortar.

Si la representación fallida, como injusticia política, describe a personas que cuentan como miembros pero ven privada su voz política, o perjudicada su capacidad de participar como pares en la interacción social; la *desigual cantidad de libertad*, como injusticia política, describe a mujeres que no cuentan como miembros plenos, están excluidas o casi excluidas de la interacción social, no solo no tienen voz política, sino que no pueden autodeterminarse en el plano físico, político, socio económico y cultural.

La justicia política, como *igual cantidad de libertad*, permite visualizar la injusticia de la *desigual cantidad de libertad*, entre varones y mujeres, que está enquistada en la constitución política de la sociedad y funciona como patrón

---

de los Jemeres Rojos desaparecieron entre dos y tres millones de personas, conocido como el genocidio camboyano, por lo cual se constituyó en 2006 un Tribunal Internacional para llevar a cabo luego el Juicio a los Jeremes Rojos en 2007.

garantista del sistema androcéntrico, católico conservador, en la interacción social. En este nivel, de contenido, esta noción de justicia/injusticia política estaría marcando límites de orden político respecto a la autonomía y al status limitado de ciudadanía de las mujeres. En otro nivel, de procedimiento, se ocupa de regular y controlar la confrontación en torno a las demandas de libertad para "manejar" el cuerpo de las mujeres.

Veamos ahora cuál es el procedimiento y cómo opera. El cuerpo de las mujeres es "naturalmente inmune" a la libertad individual porque es fuente de creación divina. Este "orden" suspende la donación de la libertad del cuerpo para preservarla "inmune" a la naturaleza de la vida. Si Dios les dona a las mujeres la libertad de su cuerpo, como lo hace con los hombres, la cosmovisión del mundo dejaría de ser trascendental para ser finita. En este pensamiento, la acción de donar la libertad del cuerpo femenina es en sí misma "anti-natural" porque crea condiciones para disponer de la decisión de dar o no dar vida.

Pero, por otro lado, la sociedad patriarcal completa la *"inmunidad natural"* y, al mismo tiempo, la seculariza al crear una *"inmunidad inducida"*. Para garantizar la preservación de ese *status* originario "natural sagrado" se construye una inmunidad que refuerza el dominio maternal pero mediante un mecanismo de compensación que desplaza el ritual de la trascendencia. Se generan las condiciones sociales, políticas, jurídicas y culturales necesarias para prevenir cualquier intento individual de las mujeres de alterar su destino natural.

El derecho a la salud pública sexual y reproductiva busca compensar el no reconocimiento del derecho a la libertad del cuerpo para decidir. Funciona como una reacción, no como acción, que impide que otra situación se manifieste como generalidad. El deber "ser madre" ya no proviene, entonces, de un ritual trascendental, sino de una construcción producida por la misma sociedad: la *"inmunidad inducida"* institucionaliza "mujeres madres" para que no se extienda la posibilidad de "no ser madres". El mecanismo de la *inmunidad maternal inducida* (Levín, 2010: 88)*,* vigente, produce antinomias de ciudadanía: inclusiones (derechos a la salud sexual y a la salud reproductiva para ser madres) por exclusión (privación del derecho a la libertad para decidir no ser madres) o, a la inversa, exclusiones (del derecho a la libertad de decidir) por inclusión (derechos a la salud sexual y a la salud reproductiva para ser madres). Se protege explícitamente la salud sexual y la salud reproductiva de la "maternidad" para poder negar, implícitamente, el derecho a la libertad del cuerpo de las mujeres para decidir la "no maternidad".

El derecho es funcional al mecanismo inmunitario, como también lo es la política entre otras disciplinas (Espósito, 2005:25). Permite producir en su orden reglas que conservan la "mujer madre" y restringen el libre desarrollo de la "mujer no madre". Esto se logra porque retiene a la "mujer madre" en el umbral compensatorio, de la salud sexual y salud reproductiva, al que se accede ante el intento de reclamar el reconocimiento del derecho a "no ser madre" inherente a la libertad del cuerpo. Entonces, la *"inmunidad maternal inducida"* expresa una construcción compleja de alianzas para manejar la protección de un *objeto de interés político*: el cuerpo de las mujeres. Esto es posible porque el propio sistema de dominación patriarcal es el que crea el prototipo "mujer", le da pertenencia, y a la vez lo socializa con sus parámetros de sometimiento y de explotación. Las mujeres conocen la sociedad en que viven, no necesariamente conocen otras, por tanto muchas aceptan esas pautas como normales y naturales (Fraser, 2012:40).

Así como en la idea de *representación* los obstáculos políticos a la justicia, es decir la injusticia política, siempre están entretejidos con la redistribución y el reconocimiento, también en la idea de *igual cantidad de libertades* los obstáculos políticos a la justicia se entrecruzan con la dimensión económica y cultural. Lo político, lo económico y lo cultural participan de una teoría y operan en una lógica conjunta. Ahora bien, la libertad es en sí misma un valor incondicional de la modernidad. La igualdad, por el contrario, es condicional, es decir necesita relacionarse para tener un significado, sea éste positivo, por ejemplo la igualdad de libertades, o negativo, la igualdad de pobreza. De algún modo, el derecho (que incluye el sistema de Derechos Humanos), los principios de justicia y los valores de libertad e igualdad cohesionan la sociedad, no solo normativamente sino también políticamente, como "sociedad política" (Rawls, 2004:53). Es decir, como sociedad centrada en un sistema de cooperación entre generaciones, atenta a garantías de bienestar, a respeto por sus derechos y protección de sus miembros. Si esto es así, y siempre fieles a nuestro horizonte, repreguntamos ¿es la sociedad argentina una sociedad política?

La *desigual cantidad de libertad* entre varones y mujeres, como injusticia política de género, impide la autodeterminación plena de unas y otorga la autodeterminación plena a otros. Esa autodeterminación la posibilita la libertad positiva[31] (Berlin, 1988:191), la libertad de "hacer" entendida como posibilidad de orientar la voluntad hacia un objetivo propio y tomar determinaciones en esa

---

31. Ver también Bobbio (1993). *Igualdad y libertad,* Barcelona: Paidós, pág. 97.

dirección sin condicionamientos externos. La libertad negativa, por su parte, alude al "no hacer", a la opción de obrar o no obrar sin ser obligado a ello o sin que otros sujetos lo impidan. La libertad tiene dos caras, pero una necesita de la otra. Cada una concede una parte de libertad, las dos, y *solo las dos*, la libertad plena. Pero veamos cómo funcionan estas "partes" de libertad al trazar su secuencia de efectos pero no en abstracto, sino en términos de la realidad de vida de todas las mujeres.

La libertad de las mujeres es una libertad positiva, les otorga la posibilidad de autodeterminarse, de expresar sus propias voluntades. Pero esa libertad es positiva en la medida en que previamente se les reconozca también la posibilidad de obrar o no obrar sin que sean obligadas a ello o sin que se los impidan otros sujetos (libertad negativa). La autodeterminación de "ser madre", es una libertad positiva. La autodeterminación de "no ser madre" antes que una libertad de abortar (libertad positiva) implica una liberación de la servidumbre personal (libertad negativa) a la que se ven sometidas las mujeres cuando se sienten en la obligación de "ser madres" y la instrumentalización de sus cuerpos para lograr una finalidad que no es la suya, porque no la han querido ni decidido. En este caso, la libertad del cuerpo de las mujeres es de *utilidad social* (valor social), de perpetuación de la especie, fue apropiado su valor individual. Es cercenada la condición de sujetos de derecho, y de derechos, para ser tratadas como objetos (Ferrajoli, 2003). En síntesis, las mujeres que *no desean ser madres* en América Latina al no poder ejercitar su libertad positiva (abortar) pierden también su libertad negativa (no ser madres) y por tanto *son esclavas de la maternidad*, no por autodeterminación individual, sino por imposición social.

La imposición social de la maternidad en América Latina, entonces, sustenta la *injusticia política* de *desigual cantidad de la libertad*, de restricción a la autonomía individual, de "servidumbre personal" a que están sometidos los cuerpos de las mujeres, es decir sus vidas. La libertad política de las mujeres *pierde su utilidad*, contrariamente a lo que afirma Rawls, porque aún siendo un bien básico y primario en las sociedades de América Latina no se garantiza su *valor equitativo* (Rawls, 2004: 201). Las mujeres no gozan de la misma *cantidad de libertad* que los varones. Vayamos ahora a las razones de la argumentación por la cual afirmamos, en disidencia con la teoría de Rawls, que en América Latina no se garantizan las libertades políticas con *valor equitativo* para varones y mujeres.

La garantía del valor equitativo de las libertades políticas para ciudadanos y ciudadanas, está dada, según Rawls, por la igualdad de oportunidades. Las libertades políticas iguales deben tener un valor equitativo porque son las que capacitan a los ciudadanos para participar en la vida pública. Distingue entre las libertades básicas, iguales para todos, y el valor de esas libertades, en el sentido de utilidad, que es estimada mediante un índice de bienes primarios y esto no es igual para todos. El modo de igualar es a través de oportunidades iguales, asentada en la concepción de "igualdad de oportunidades" y esa visión se sustenta solamente en la no discriminación (en el mérito individual). No se consideran, entonces, las diferencias existentes en la posición económica, social y/o cultural de cada persona como trabas sociales, impuestas por el propio sistema, a cualquier posibilidad de participación política y social. Por el contrario, se exige que todas las personas tengan una *oportunidad equitativa,* sin discriminación, de ocupar un cargo público y de influir en las decisiones políticas.

Ahora bien, la sola oportunidad no es suficiente para garantizar la efectiva realización de la participación política y social porque vivimos impregnados de desigualdades de carácter estructural. La imposibilidad de ejercitar decisiones y el exceso de responsabilidades que tienen las mujeres en la vida privada, como la relativa a la maternidad o a la crisis del cuidado por ejemplo, les impide ejercitar decisiones y asumir responsabilidades en la vida pública aunque las oportunidades existan, porque resultan inalcanzables. Si las mujeres no tienen autonomía para decidir sobre su vida reproductiva, poco pueden decidir sobre las otras esferas de sus vidas, ese impedimento se traslada como "efecto dominó" a todas las posiciones que ocupan en sociedad –sean laborales, sociales, educativas, recreativas, de participación política– todas estarán condicionadas, en mayor o menor medida, y limitadas a esa coerción inicial.

La visión de la igualdad de oportunidades, no considera ni se ocupa de las desigualdades sustantivas, de posición, entre varones y mujeres (económicas, sociales, culturales y políticas) que impiden acceder a las oportunidades, porque el sistema desigual institucionalizado opera como un control restrictivo político y social (Levín, 2012: 10). En consecuencia, aunque existan oportunidades porque no se discrimina, no todas las mujeres van a poder tener igual bienestar e igual cantidad de libertad. Por ejemplo, en este modelo de oportunidades, no se pone el acento en transformar las jerarquías y desigualdades que existen entre varones y mujeres (en las actividades profesionales, en los ingresos, en la división sexual del trabajo, en las libertades) sino que las mujeres tengan igual presencia en todas las posiciones o "lugares" sociales. Compromete siempre mucho más la responsabilidad de cada individuo que la de toda la sociedad, porque es el mérito propio el que puede garantizar el acceso las oportunidades y optimizar las oportunidades. Cabe interrogarnos ¿qué oportunidades pueden tener las mujeres de participar en la vida política e influir en la toma de decisiones sino pueden gestionar sus propias vidas?

La igualdad de oportunidades no es suficientemente equitativa para garantizar la igualdad de género porque si bien se ocupa de la discriminación al agotar allí sus propósitos, normativos y políticos, no actúa sobre las desigualdades de poder y sobre el sometimiento social que priva absolutamente la vida plena de las mujeres. La *igual cantidad de libertad*, tampoco es garantizada solamente con la igualdad de oportunidades, por el contrario, esta concepción refuerza, reproduce y contribuye a retener a las mujeres en el umbral esencial de la maternidad. El control político sobre la libertad del cuerpo se afianza, con las oportunidades, hace individualmente responsables a las mujeres no solo de la maternidad (por la ausencia de políticas públicas que permitan el aborto, garanticen los cuidados, la distribución equitativa de tiempos, la no violencia de género, entre otras) sino también del déficit de méritos para participar en la vida pública. Pero para mayor claridad en la argumentación, utilicemos el lenguaje de la teoría de la igualdad de oportunidades: si todas las mujeres, o la mayoría, no acceden a cargos públicos o no tienen voz pública, según esa matriz, es porque sus méritos son insuficientes, porque las "oportunidades" están disponibles para todos y todas sin discriminación. Son, entonces, muchas más arbitrariedades de poder que razones legítimas las que constituyen la justicia política y la injusticia política de género.

Con estas reflexiones nos acercamos mucho más a los varios argumentos de nuestra posición que enfatizan que la justicia política es más "*igual cantidad de libertades*" que *representación*. Sin considerar el déficit de igual cantidad de libertad de las mujeres como déficit de justicia política muy poco podría entenderse acerca del importante déficit de representación política. A tal punto, que para que la idea de justicia política como representación pueda ser verificada en Argentina es imprescindible conocer y dimensionar el alcance de las restricciones a la libertad del cuerpo como problema de justicia/injusticia de género pero también como deuda de derechos humanos. La *representación* no constituye en estas latitudes, a nuestro entender, la sustancia de la justicia política porque las condiciones previas de déficit de libertad plena le impiden aún constituirse y manifestarse en un primer lugar.

4. La revitalización del marco westfaliano-keynesiano: la judicialización de lo social

La imagen del *mapa* en la teoría de Fraser, alude a la polémica del enmarque relativa al *quién* de la justicia. Particularmente, esa representación simboliza la reconfiguración de los límites del espacio y de los sujetos y, en esa trazabilidad, nuestra argumentación enfatiza el rol relevante que adquiere la justicia nacional en Argentina y más aún, el protagonismo y la revitalización que ha desarrollado en las últimas décadas denominado *"activismo judicial"* o *"judicialización de lo social"*. Comprende el uso estratégico de la justicia por parte de movimientos y organizaciones que litigan asuntos de interés público así como también de ciudadanos y ciudadanas para canalizar demandas al Estado Nacional, en particular, relativas al ejercicio efectivo de los derechos humanos económicos, sociales y culturales. Vamos a sostener la tesis que las *injusticias entrecruzadas* de América Latina han jerarquizado el rol de la justicia en el territorio nacional, Estado nacional, en la esfera social como sujeto a quién exigir justicia aún en un escenario globalizado. Esto parece indicar que el cambio en el *mapa* de la gramática de las luchas por la justicia no es un sesgo que esté presente de manera destacable en la región como política de en-marque. O dicho en términos de Fraser, en estas latitudes el Estado territorial resulta axiomático para muchos y, más aún, inevitable porque es el propio Estado quien comete injusticias. No obstante, ello no quiere decir que la justicia transnacional no tenga presencia y no canalice reivindicaciones, pero en todo caso no parecen prioritarias ni llegan a reconfigurar el *quién* de la justicia en los términos que plantea la teoría tridimensional de la justicia.

Señalamos en páginas anteriores que la *revitalización* de la justicia nacional aparece como resultado de un proceso de interacción entre ciudadanos y ciudadanas que reclaman de manera individual o colectiva y la justicia que responde a esos reclamos. Entonces, por un lado, se da un uso estratégico de la justicia por parte de organizaciones de contralor del Estado, representativas de los intereses de ciudadanos y ciudadanas, dedicadas al litigio de interés público (por ejemplo Defensorías del Pueblo, el Instituto Nacional contra la Discriminación, la Xenofobia y el Racismo, Organizaciones de Defensa de los derechos del consumidor, Oficinas de Violencia de Género, etc.); organizaciones sociales y movimientos sociales (organizaciones feministas, movimientos y organizaciones de derechos humanos) así como también mayor exigencia de ciudadanos y ciudadanas por el cumplimiento efectivo de derechos, en particular derechos económicos, sociales y culturales (DESC). Estas organizaciones y movimientos reclaman derechos nuevos y también controlan y exigen el efectivo cumplimiento de los vigentes. Por ejemplo, el movimiento feminista ejerce el control y monitoreo del cumplimiento de los Derechos Humanos en nuestro país a través de las organizaciones sociales que participan del Examen Periódico Universal (EPU) del Consejo de Derechos Humanos[32].

Por otro lado, el *"activismo judicial"* connota una mayor disposición de la justicia a involucrarse en estos asuntos, fiscalizar políticas públicas y /o reestablecer equilibrios en las relaciones contractuales entre particulares (Abramovich y Pautassi, 2009:1). En definitiva, el marco nacional –westfaliano-keynesiano– tiene prioridad en Argentina frente a las injusticias de todo orden y ha reanimado el rol de la justicia como un canal que permite no solo reclamar sino concretar aspiraciones democráticas y justas.

Este papel de la justicia, en el proceso de *activismo judicial* o *judicialización,* como garantía de ejercicio de derechos y de realización de demandas, fue resultado de un importante cambio institucional que se dio a partir de la Reforma de la Constitución Nacional de 1994. En primer lugar, como ya lo advertimos, se instaura un nuevo patrón constitucional que amplió el abanico de derechos y reconoció, de manera directa, nuevos derechos sociales (derechos de los pueblos indígenas, derecho a la protección del ambiente sano, derechos de los usuarios y consumidores de servicios) y, de manera indirecta, a través de una batería de Tratados internacionales de Derechos Humanos. En segundo lugar, esa reforma instala también una nueva noción de *igualdad sustantiva* (también denominada igualdad material o igualdad estructural) que supera la noción de "igualdad de oportunidades" y obliga a adoptar acciones positivas de protección de grupos subordinados para influir en las desigualdades de posiciones sociales entre varones y mujeres. Y, por último, en tercer lugar, la Constitución incorporó mecanismos colectivos de acceso a la justicia así como instituciones públicas con capacidad de representación de esos intereses en la esfera judicial (ejemplo:

---

32. El Examen Periódico Universal (EPU) es un nuevo mecanismo de derechos humanos (DDHH), establecido por Resolución de la Asamblea General del año 2006, por el cual el Consejo de Derechos Humanos (integrado por 47 Estados Miembros) revisa periódicamente(en ciclos de cuatro años) el cumplimiento de las obligaciones y compromisos de esos derechos en cada uno de los 192 Estados Miembros de las Naciones Unidas. El EPU es un mecanismo cooperativo, que tiene por finalidad complementar, la labor de los órganos establecidos en virtud de los Tratados de DDHH. Para más información consultar: http://www.idhc.org/esp/181111_EPU. asp; http://www2.ohchr.org/spanish/bodies/hrcouncil/

la Defensoría del Pueblo). Lo interesante de este proceso es que el nuevo texto constitucional no solo constituyó un mandato para los jueces sino también un marco conceptual para la formulación de las políticas públicas en las áreas sociales (Abramovich y Pautassi, 2009: II).

Pero este mismo proceso que, por un lado, revitaliza a la justicia, por otro, también interpela a los otros poderes (ejecutivo y legislativo) respecto a su papel en la definición y ejecución de políticas, los que con frecuencia han mostrado una actitud reticente a modificar posturas a raíz de decisiones judiciales. Estos hechos evidencian claramente que el cambio de patrón constitucional se ha traducido, en estos tiempos, en un cambio de patrón en las prácticas políticas estratégicas de confrontación. Varios ejemplos pueden ilustrar esta situación[33], pero nos vamos a detener en uno de los más significativos y más reciente, vinculado directamente al orden de la justicia política/injusticia política que nos ocupa. El reciente Fallo de la Corte Suprema de Justicia de la Nación (13/03/2012) sobre abortos despenalizados, previstos en nuestro Código Penal (art. 86, inc.2)[34], que autoriza el aborto en casos de violación, constituye un logro político importante, aunque no suficiente, de la lucha feminista en el camino hacia el ejercicio del derecho humano al aborto en Argentina. Esta intervención judicial, de carácter político, surge para prever la regulación de causas futuras frente a los sistemáticos impedimentos, de los agentes de salud pública, de realización de abortos autorizados legalmente, como son los casos del art. 86 del Código Penal. La Corte no se expide sobre el aborto por violación a causa de un pedido actual, presente en la justicia, sino que toma un reclamo anterior sobre ese tema y, en base a ese antecedente y sus consideraciones, se pronuncia para un futuro.

Los argumentos de esa intervención fueron, por un lado, la urgencia y prioridad que tienen esos reclamos que la mayoría de las veces no son resueltos

---

33. Para mayor información sobre casos que describen experiencias concretas producidas en Argentina sobre el proceso de judicialización de lo social o activismo judicial, remitimos a Abramovich y Pautassi (2009) *La revisión judicial de las Políticas sociales. Estudio de casos,* Buenos Aires: Ediciones del Puerto.

34. El aborto constituye en Argentina un delito contra la vida y las personas, tipificado así en el Código penal, y castiga con reclusión o prisión a quien lo efectúa y a la mujer que se causara o consintiera esa práctica. El art. 86 prevé excepciones en las que el aborto no es punible cuando es practicado por un médico diplomado con el consentimiento de la mujer embarazada: 1) "si el aborto se ha hecho con el fin de evitar un peligro para la vida o la salud de la madre y si este peligro no puede ser evitado por otros medios" y 2) "si el embarazo proviene de una violación o de un atentado al pudor cometido sobre una mujer idiota o demente. En este caso, el consentimiento de su representante legal deberá ser requerido para realizar el aborto".

por la justicia con la premura y oportunidad que exigen las circunstancias y, por tanto, se considera justo un pronunciamiento preventivo de fondo. Más aún, cuando han muerto mujeres a causa de la inacción y desidia política y consecuente reclamo judicial. Por otro lado, la intimación que recibió el Estado argentino de los organismos de contralor de los Derechos Humanos acerca de la falta de cumplimiento y de aplicación de normativas en esta dirección. La máxima autoridad política en materia de salud, el Ministro de Salud de la Nación, del actual gobierno, no ha tomado cartas en el asunto ni ha asumido las responsabilidades que le caben, políticamente y jurídicamente, en materia de Derechos Humanos y de políticas públicas de salud para dar respuestas a las demandas de salud pública en casos de abortos despenalizados. Incluso, cuando el Fallo adquiere estado público, esto es trascendencia jurídica y política nacional e incluso regional, no ha sido acompañado de ningún pronunciamiento público de ningún miembro del Poder Ejecutivo ni de directivas de las máximas autoridades de la política sanitaria del país[35]. En síntesis, si la justicia no se expedía autorizando el aborto por violación, ante los insistentes reclamos del movimiento feminista y del sistema de Derechos Humanos, hoy no constituiría un derecho con posibilidades de realización.

Aunque el plexo de normas que integra el Sistema de Derechos Humanos tiene jerarquía constitucional en nuestro país desde 1994 (art. 75, inc.2 CN) y garantiza a las mujeres su ejercicio, como el acceso al derecho al aborto no punible, tuvimos que transitar un largo y doloroso proceso, de reiteradas injusticias, ante el impedimento político de su efectiva realización en instituciones de salud pública –con graves consecuencias para la vida, la salud, la integridad personal y hasta llegar a la muerte– y recién este año (2012) se administró justicia a su favor. En efecto, el fallo obliga a los gobernantes y a los profesionales a producir y apli-

---

35. Algunas organizaciones sociales requirieron al Ministro de salud de la Nación, Dr. Juan Luis Manzur, que se expida sobre el fallo y que convoque a una reunión del Consejo Federal de Salud (COFESA) para acordar lineamientos de la medida con los Ministros de Salud provinciales, pero no obtuvieron ninguna respuesta. Por otra parte, varios gobernadores y ministros provinciales expusieron sus dudas, públicamente, respecto a la adhesión que deben hacer (por ejemplo, Salta, Mendoza y La Pampa). Salta en particular, agregó mediante Decreto 1170/12 dispositivos procesales que obstaculizan y demoran el acceso a la práctica como lo es la intervención del Defensor Oficial y de Menores en la solicitud, requisito expresamente vedado por la Corte Suprema. Chubut y Santa Fe cuentan con protocolos sanitarios que se ajustan a los lineamientos del Fallo. La ciudad de Buenos Aires, la Provincia de Buenos Aires y Neuquén mantienen los Protocolos que permiten el aborto pero de manera restrictiva (Comunicación Conjunta para EPU, 2012:8/9).

car, respectivamente, políticas públicas que garanticen el derecho de las mujeres a acceder a los abortos despenalizados en nuestro Código Penal, con base fundamental en los postulados de los Derechos Humanos y en las responsabilidades internacionales que pesan sobre nuestro país por incumplimiento de las exigencias de los organismos de monitoreo y control de cumplimiento de esos derechos en los diferentes países que se comprometieron a su respeto y aplicación.

Ese Tribunal, en su rol de garante supremo de los Derechos Humanos y ante la necesidad de fijar pautas, en clave interpretativa, que expresen los *nuevos criterios de justicia* que regirán, de ahora en más, para que sean aplicados a casos análogos al que motivó el fallo, construyó una argumentación basada en la *armonización de la totalidad del cuerpo normativo que nos rige*[36]. En función de ello, el fallo interpreta el aborto no punible del art. 86, inc.2, en *sentido amplio*, para todos los casos de violación y no sólo cuando la víctima fuera una mujer "idiota o demente", y no supeditado a ningún trámite judicial. Nos ocupamos en particular de este fallo en el apartado siguiente.

En definitiva, este proceso político e institucional ha llevado a algunos autores a afirmar que la combinación de nuevos derechos sociales, con un nuevo concepto de igualdad (igualdad sustantiva) y mejores mecanismos de acción colectiva para actuar en la esfera judicial constituyen un cambio constitucional sustancial que contribuye a establecer que esos patrones forman parte de un Estado social de Derecho (Abramovich y Pautassi, 2009: 5). El poder constitucional que se otorga a la justicia es amplio, con respecto al poder legislativo y al poder ejecutivo, ya que a través de obligaciones positivas y obligaciones negativas, puede influir, y de hecho lo hace, en el campo de la actividad política y social. Al mismo tiempo, la justicia al interpretar la Constitución Nacional no sólo puede invalidar decisiones legislativas contrarias a los principios y normas constitucionales sino que también puede obligar al legislador y al gobierno a asegurar el cumplimiento de las disposiciones constitucionales por vía de acciones positivas. A partir del año 2001, comienzan a aplicarse los nuevos criterios constitucionales y, concretamente en el año 2003, cuando se cambia la composición de la Corte Suprema de Justicia de la Nación se consolida este proceso de cambio que introduce la Constitución.

---

36. a) del invocado como vulnerado (disposiciones constitucionales, convencionales y de derecho común); b) de otras normas y principios de igual jerarquía; c) de los pronunciamientos de distintos organismos internacionales cuyos dictámenes generan al Estado argentino responsabilidades internacionales y d) de los principios hermenéuticos de interpretación sentados por la Corte.

5. Un nuevo criterio de justicia política en Argentina

El criterio de justicia que prevalecía antes del Fallo sobre aborto por violación, derivaba de una necesidad social que justificaba la restricción a la libertad de decidir de las mujeres apoyándose en una aceptación (consenso) casi generalizada de un orden coactivo, estatal y jurídico, de carácter patriarcal (católico conservador), que consideraba que esa restricción era ventajosa para toda la sociedad. Esa justificación y esa aceptación casi generalizada establecieron una especie de *contrato social patriarcal*. A través de ese contrato se producía un verdadero intercambio público, intersubjetivo, basado en intereses trascendentales. Sin duda esa regulación de la vida en común fue posible por su alto grado de estabilidad normativa que tan sólo el derecho, como mecanismo institucionalizado de regulación de conflictos, puede proveer (Höffe, 2003: 22/23). Pero no todo derecho es aceptable, sino sólo aquél que satisface un riguroso criterio de justicia que pueda ser aceptado por cada uno como ventajoso para todos (Höffe, 2003: 24). El criterio de justicia provenía de premisas exclusivamente masculinas del contrato social patriarcal que invisibilizaban a las mujeres, no consideraba sus necesidades e intereses. El parámetro de humanidad era absolutamente masculino.

El feminismo instala asimetrías en ese contrato social, no acepta restricciones a la libertad de las mujeres conforme lo establece el sistema de Derechos Humanos que nos rige, y cuestiona el criterio de justicia imperante. Pone de manifiesto las desventajas que produce, denuncia las injusticias y apela al registro jurídico de consenso político universal de los Derechos Humanos para justificar su pretensión. Este marco, otorga legitimidad y poder internacional con capacidad de incidir para un quiebre del contrato patriarcal y, en consecuencia, del criterio de justicia nacional que lo sostenía.

Un nuevo criterio de justicia se impone en la actualidad, las necesidades sociales son otras, una parte de la sociedad argentina no acepta las restricciones a la libertad de decidir de las mujeres, exige derechos acordes a los intereses de vida de este siglo. En este camino se sitúa el Fallo y su actual criterio de justicia da señales que intentan captar y, a la vez, representar algunos aspectos de esas necesidades, no todas, pero sí pone en evidencia que el contrato social patriarcal ya no constituye una ventaja para toda la sociedad argentina, no tiene una aceptación hegemónica como antes y, por tanto, su estabilidad normativa se ha debilitado.

Con esa decisión política, más allá de su naturaleza jurídica, la Corte logró resignificar la vida democrática y posicionarse acompañando, en parte, los cambios que viene impulsando el movimiento feminista en las últimas tres décadas en Argentina (1990/2012), y también en la región, en torno a la demanda política por el reconocimiento y ejercicio de la sexualidad y de la reproducción como derechos humanos que se efectivizó en el año 2002 con la aprobación del Programa Nacional de Salud Sexual y Procreación Responsable. Decimos en parte, porque el feminismo se propone con estos derechos transformaciones estructurales de los patrones patriarcales, propósitos que no pretende encaminar directamente el Fallo. Por tanto, su contribución si bien no es de carácter estructural como veremos, es igualmente significativa porque busca instalar en el orden social vigente pautas claras y efectivas de avances en el ejercicio del *status* jurídico de persona con derechos de las mujeres y dar curso político a cuestiones de regulación y funcionamiento acordes a las exigencias del sistema internacional de Derechos Humanos. Este ajuste de derechos es también un ajuste de poder en las relaciones sociales de género.

Esas transformaciones se producen, como se advierte, en el marco de un proceso histórico, político y cultural de cambios conflictivos en los patrones de género que se inicia en los años ochenta y por el cual estamos transitando. La decisión del máximo tribunal de justicia se inscribe en ese recorrido, es valorada como un logro importante, aunque no suficiente, un paso más en el camino que se suma a las conquistas junto a los obstáculos y desafíos pendientes de alcanzar.

El campo de derechos y de prácticas de la sexualidad y de la reproducción, en el que se sitúa el aborto como uno de sus temas de tratamiento (conjuntamente con el acceso a métodos anticonceptivos, a la anticoncepción quirúrgica y a la educación sexual), es regulado por un marco normativo e institucional que determina el contenido, alcance e impacto de los beneficios, políticas y servicios que se brindan en esa área conforme a los estándares de promoción y protección de los derechos humanos involucrados.

5.1. Importancia del nuevo criterio de justicia: lo que incluyó

El fallo, sin dudas, se ubica en el plano de los logros del feminismo en la lucha histórica por conquistar la libertad de las mujeres para decidir sobre su cuerpo. Amplió *el derecho al aborto a todos los casos de violación*, sobre la base de argumentos que derivan del marco interpretativo armonizado del Sistema de Derechos

Humanos (SDDHH) con otras normas constitucionales, del derecho común y de la propia Corte. Los argumentos se desarrollan sobre la base de determinaciones que tienen la particularidad de potenciar el *status* de *sujeto de derechos de la mujer*, de *individuo* con derechos, más allá de sus roles sociales, y hacerlo valer como tal frente a los conflictos de intereses existentes en torno a la temática: esto es, entre la madre y el feto en gestación y entre el cuerpo de la mujer y los intereses sociales pro-maternales. No se escapa al análisis la situación de ilícito, violación, en la que la Corte sustenta su argumentación favorable al aborto del art. 86 con una interpretación amplia.

Ahora bien, en esa tarea de armonización normativa establece, de manera fundada, pronunciamientos de diverso tipo que, si bien constituyen criterios interpretativos, con connotaciones jurídicas trascendentes, tienen un fuerte impacto político, decisorio, a nivel nacional e internacional en términos de institucionalización de patrones de género. En esta línea, podemos distinguir en el fallo distintos tipos de pronunciamientos: 1) *de orden conceptual* (definiciones y precisiones de contenido); 2) *de orden sustantivo* (en términos de alcances y tipos de servicios y beneficios) y 3) *de orden instructivo* (en términos de instrucciones sobre acciones de políticas y responsabilidades de los actores). Todos ellos se proponen hacer efectivo el derecho al aborto por violación (de niñas, adolescentes y mujeres) previsto en el Código Penal, para que las víctimas tengan la certeza de contar con prácticas y beneficios de salud pública accesibles, rápidos y seguros, sin barreras médicas o judiciales.

Nos centraremos solamente en las formulaciones conceptuales del fallo, las que, a nuestro modo de ver, constituyen los núcleos argumentativos centrales que insinúan avances en dirección a cambios en los criterios de justicia, como pueden ser la despenalización y/o legalización del derecho al aborto en general y que trascienden las causas de violación de que se ocupan. Por otra parte, contribuyen en dirección a nuestra polémica sobre la noción de justicia política[37] y las confrontaciones por injusticia.

La primera afirmación de peso es que *"el derecho a la vida no es absoluto"*, sino que reconoce límites como el principio de dignidad, el principio de razonabilidad de trato y el principio de inviolabilidad de las personas. Por otra parte, toda consideración sobre la vida debe remitir a una valoración integral sobre el conflicto de intereses de protección existente entre las partes (derecho

---

37. Para un análisis completo del Fallo ver Levín (2012). "El derecho al aborto en la política judicial Argentina", mimeo.

de la madre al aborto para proteger su salud y su vida y el derecho a la vida del feto) en base a un mismo esquema de valores[38]. Los límites al derecho a la vida están en la protección de la propia vida: debe existir un equilibrio entre las pretensiones y las consecuencias de la decisión pero para ambas partes del conflicto.

Una segunda definición es la "*distinción irrazonable de trato*", que se produce cuando se generan desigualdades en el trato sin una razón suficiente que justifique la distinción y ello la torna arbitraria. Para nuestra ley "igualdad de trato" significa tratar igual a aquéllas personas que se encuentren en igualdad de circunstancias y no significa tratar igual a todos los individuos como si fueran lo mismo (Saba, 2005: 126/127). Según nuestra Constitución Nacional (art.14), las leyes que regulan el ejercicio de los derechos, siempre establecen "tratos diferentes" a las personas, lo importante es poder identificar cuáles son los criterios constitucionales permitidos para diferenciar.

El principio que fundamenta esas distinciones es la "razonabilidad", esto es, una relación de funcionalidad entre el fin buscado por la norma al diferenciar y el criterio o categoría elegido para justificar el trato diferente. Al principio "igualdad de trato en igualdad de circunstancias" debemos anexarle un segundo estándar "que esas circunstancias sean razonables". Frente a un mismo ilícito, violación, no se puede recibir un trato jurídico diferente derivado de atributos sobre la persona, ser o no ser demente, porque ese criterio de distinción es "irrazonable", no guarda relación con la finalidad que persigue la norma al autorizar el aborto (proteger la vida de la mujer embarazada víctima de violación). Esos atributos tienen un lugar secundario en la consideración y valoración del ilícito en sí mismo. El principio de inviolabilidad de las personas, junto al de dignidad, impide exigir a toda víctima de un delito sexual llevar a término un embarazo que es la consecuencia de un ataque contra sus derechos fundamentales.

El trato "*utilitario*" de las mujeres, en tercer lugar, define aquéllas situaciones por las cuales se les exige la realización de hechos o prácticas en beneficio de otros. Se fundamenta en el principio de inviolabilidad de las personas que impide sean sometidas a exigencias desproporcionadas que las afecten en su vida o integridad personal y que las realicen en beneficio de un bien colectivo o

---

38. La Dra. C. Argibay advierte de manera enfática en el fallo, la subestimación del valor de la vida de la madre frente a la exaltación del valor de la vida del feto de manera absolutamente irrazonable y discriminatoria en la argumentación del impugnante:" la intensidad de la afectación de los derechos de la madre (…)es en realidad menor de lo que la norma presupone y el daño(…)puede repararse a través de medidas alternativas (asistencia psicológica a la madre y a su entorno familiar durante el embarazo)" Fallo CSJN 2012: 41.

de otros sujetos o bien que impliquen "sacrificios de envergadura imposible de conmensurar" (Fallo CSJN,2012: 15/16).

La decisión de la sociedad sobre el aborto por violación es de carácter política y el Fallo la expresa. Sus fundamentos no provienen de la aplicación de normas nuevas sino de una armonización de todo el cuerpo normativo que venía regulando la vida social del país. El Derecho es productor de patrones de género y su accionar no se limita a los aspectos estrictamente normativos de la ley, sino que participa en la configuración del "estereotipo mujer", como discurso social y como legitimador de poder a través de las palabras de la ley.

El catolicismo conservador[39] es el principal actor opositor al reconocimiento del derecho al aborto y a la mayoría de los derechos vinculados a la sexualidad y a la reproducción. Protagonizó una verdadera "cruzada" contra el reconocimiento de los derechos sexuales y los derechos reproductivos en toda América Latina. Actúa como actor político, y no como actor religioso, da muestras de que el régimen político no puede sostener la democracia sin violar el Estado de Derecho para instalar sus intereses de poder, a pesar de que la democracia en Argentina es un régimen laico no ateo.

Esto implica que, en primer lugar, cuando se define la política social de salud la sociedad interviene sobre sí misma (Andrenacci, 2005:45)[40], el Estado no es un agente externo a esa sociedad sino que forma parte de ella. En términos de posiciones políticas y estrategias de acción, el Estado, en sus intervenciones públicas, puede actuar como actor homogéneo (unidad de posiciones en su interior y frente a los otros actores); heterogéneo (diversidad de posiciones en su interior y se buscan alianzas diversas con los otros actores), autónomo (poder propio mayoritario para instalar sus posiciones en el ámbito público frente a los otros actores) o heterónomo (es coptado por otros actores con poder y responde más a intereses de ese/os otro/s actor/es que a los suyos propios).

En segundo lugar, cuando se pauta *el proceso de integración social,* se definen los modos en que la población va a formar parte de la sociedad mediante

---

39. Utilizamos el término catolicismo conservador para aludir al conjunto de creencias religiosas que trascienden a la Iglesia Católica como institución oficial, que circulan en toda la sociedad a través de las personas que las comparten y las plasman en roles, posturas, actitudes, discursos que se despliegan en la vida cotidiana.

40. Andrenacci y Soldano (2005) "Aproximación a las teorías de la política social a partir del caso argentino" en Andrenacci, Luciano (Compilador) (2005). *Problemas de política social en la Argentina contemporánea,* Editorial Prometeo, Universidad Nacional General Sarmiento, Buenos Aires.

intervenciones públicas que regulan la *reproducción y la socialización* (sobre-vivencia física, inscripción laboral y en espacios socioculturales) como así tam-bién *la protección* prevista ante situaciones de riesgo o de efectos no deseados en ese proceso. Todas esas intervenciones instalan *patrones de género* que regirán las relaciones sociales que las atraviesan. En tercer lugar, la política social se inscribe en un sistema político y socioeconómico capitalista, lo cual significa que funciona con *desigualdades* (entrecruzadas) que en nuestro país, desde hace más de dos décadas constituyen condicionantes estructurales.

Lo desarrollado hasta aquí nos permite entender, y reafirmar, el carácter político de la decisión de la sociedad sobre el aborto y en este escenario se ins-cribe la decisión de la Corte, más allá de la naturaleza jurídica del Fallo, en la medida que sus fundamentos provienen no de la aplicación de normas nuevas, sino de una armonización de todo el cuerpo normativo que regula y ordena la vida social del país. Las normas, el Derecho, tienen sin duda una naturaleza jurídica pero su utilización, como la interpretación armónica aludida, constituye una decisión política y en esa decisión, intervienen valores, creencias, posturas éticas de la sociedad incluido el Estado

Para comprender el conflicto político sobre el aborto es necesario conocer los rasgos principales de la esencia del pensamiento que sustenta los principios de unos y otros contrincantes: los que se mueven en el *"orden"* dominante, patriarcal y católico conservador y los que provocan su *"desorden"*, el feminismo y sectores progresistas de la sociedad. Estos protagonistas son quienes exhiben las razones y la lógica que los motiva y sostiene en la lucha. Por tanto, en la medida en que podamos establecer qué se busca defender y qué se busca combatir, también sabre-mos por qué se defiende y por qué se combate en cada dirección.

El *"orden"*, ve en las facultades sexuales y reproductivas una amenaza a los parámetros de organización y regulación natural de la vida y la sociedad que sostienen su doctrina y su magisterio. En ese orden, la familia "constituye el lugar natural y el instrumento más efectivo de humanización y personalización de la sociedad: colabora de manera eficaz y profunda con la construcción del mundo, haciendo posible una vida propiamente humana, en particular trasmi-tiendo las virtudes y los valores" (Juan Pablo II: *Familiaris consortio*). Es un "único sujeto comunitario", que se caracteriza por la unidad e indisolubilidad, está determinada naturalmente a perdurar, no por voluntad individual, sino por designio divino. Al ser "el santuario de la vida", servidora de la vida, anida en ella la base de todos los derechos humanos: "el derecho a la vida".

En ese santuario doméstico la vocación de la mujer es la "de madre, defensora de la vida y educadora del hogar". Las mujeres son quienes, en la familia y en diversas organizaciones sociales, más comunican, sostienen y promueven los valores, la vida y la fe. Ellas han sido durante siglos "el ángel custodio del alma cristiana del continente" (Juan Pablo II, Homilía en Santo Domingo). Son quienes dan y defienden la vida. Por tanto, la sexualidad es condición natural y la identidad sexual deviene de la objetividad del sexo. La procreación es una actividad que en su desenvolvimiento natural realiza al matrimonio en el amor y trasciende a Dios en su voluntad. El deseo es pecado. La normatividad del catolicismo construye y sostiene el orden patriarcal. La libertad individual no es inherente a la persona, sino que le pertenece a Dios y es él quien determina la posibilidad y el límite de la libertad. La libertad es una donación divina, es donada a los hombres pero no a las mujeres.

El tipo de vínculo que ha prevalecido en Argentina, entre Iglesia y Estado ha generado una relación de interacción y entrecruzamiento de esferas de competencias que adopta una forma "clientelar" y constituye a la Iglesia Católica en actor político –no en actor religioso– de la democracia. Esta modalidad de relación, que tiene como móvil el intercambio de beneficios políticos, se configura sobre la base de una mixtura de componentes patrimonialistas y corporativos. Por un lado, el Estado busca legitimar sus acciones de gobierno a través de la Iglesia y, por otro, la Iglesia pretende incidir en el Estado para lograr decisiones políticas afines a su doctrina. Los componentes patrimonialistas son visibles en las relaciones personales que establecen los miembros de la jerarquía católica con funcionarios del gobierno de turno (nacional, provincial o municipal) o de Poderes del Estado (Legislativo, Judicial) o con la clase política. El vínculo se afianza en la persona que ocupa el cargo eclesiástico más que en la función que le atribuye el cargo[41].

Si la Iglesia persiste como actor político no es porque la democracia secular no permite captar totalmente la complejidad religiosa actual (formas de relaciones nuevas entre Iglesia, activismos religiosos y Estado) sino porque muchos gobernantes junto a determinados sectores de la sociedad, no pueden sostener la democracia sin violentar el Estado de Derecho para instalar sus intereses de poder, a pesar de que la democracia es un régimen laico no ateo.

---

41. Ver evidencias concretas en Levín (2010) *Derechos al revés. ¿Salud Sexual y Salud Reproductiva sin libertad?* Rosario: Homo Sapiens Ediciones, pág 153 a 155 y ots.

5.2. Importancia del nuevo criterio de justicia: lo que excluyó

En nuestra línea argumental, el problema del aborto constituye un conflicto político, una puja de poder, entre el *orden* patriarcal, católico conservador, y el *desorden* provocado por el movimiento feminista y sectores progresistas de la sociedad. El móvil de la disputa es un objeto de interés político: el cuerpo de las mujeres.

Los derechos, sin duda, otorgan poder individual y poder social y operan no sólo como límite a los abusos o arbitrariedades sino también como herramientas de acción política para demandar transformaciones, en este caso, de género. Si esto es así ¿cómo podemos interpretar la última decisión del máximo Tribunal Supremo de Justicia de la Nación, en el marco del conflicto político, favorable a los intereses del movimiento feminista al reconocer como derecho el aborto por violación? A nuestro entender, el poder universal que gesta el movimiento feminista en torno al ámbito de los Derechos Humanos, junto a otros actores propios de ese espacio, y que trasciende lo estrictamente normativo del reconocimiento de los derechos y comprende también los aspectos políticos relativos a su efectivo cumplimiento (monitoreo, seguimiento, control y sanción de los Estados) está dando muestras de su efectividad normativa y política.

La Corte, expresamente advierte que el Estado argentino está siendo censurado, de manera reiterada, por sus incumplimientos en materia de Derechos Humanos. Pone de manifiesto, a lo largo de todo su pronunciamiento, el déficit de responsabilidad política y las consecuencias que pueden acarrearle ante los compromisos asumidos, y aún no cumplidos, en el plano internacional. Como Tribunal Supremo de Justicia de la Nación, máximo garante del cumplimiento de esos derechos por parte del Poder ejecutivo, se siente en la obligación de manifestarlo. Esta actitud contundente del Tribunal se evidencia no sólo en los avances conceptuales que formula, sino también en los aspectos sustantivos y más aún, en los aspectos instructivos que contempla. En realidad, llega a asumir, por momentos, hasta funciones de gobierno cuando, por ejemplo, enuncia medidas concretas que hacen a la implementación de una política de salud pública, como ya lo analizamos en otro apartado, y que corresponderían ser previstas e instruidas por las autoridades a cargo de la rectoría de esa política, como lo es el Ministro de Salud de la Nación o de sus equivalentes en jurisdicciones subnacionales, o municipales cuando así corresponda.

Ahora bien, si retomamos los aspectos que hemos señalado como avances conceptuales en materia de aborto por violación, podemos identificar allí razones de fondo a partir de las cuales, a nuestro entender, se puede anticipar una argumentación también favorable al aborto en general. En definitiva, vamos a sostener, en lo que sigue, que los argumentos normativos y filosóficos que fundamentaron la decisión de fondo que autorizó la interrupción del embarazo por violación pueden ser favorables, y extensivos, al ejercicio del derecho al aborto en general. Esta afirmación vuelve a ratificar, una vez más, nuestra posición sobre el carácter político de la decisión, más allá de la naturaleza jurídica de las prescripciones, que augura cambios en el *contrato social patriarcal*. Vayamos al análisis específico de las dos nociones centrales que sustentan la decisión judicial y esbozan un nuevo criterio de justicia.

A. *"El derecho a la vida no es absoluto"*

Se reconoce que el derecho a la vida tiene límites y se sustenta en los principios de dignidad, de inviolabilidad de las personas y de razonabilidad de trato. Los tres principios se orientan a garantizar la integridad de la persona y sus derechos humanos fundamentales, como la vida, y evitar que sean sometidas a exigencias desproporcionadas que las afecten en esos derechos o que las realicen en beneficio de un bien colectivo o de otros sujetos o bien que impliquen "sacrificios de envergadura imposible de conmensurar" (Fallo CSJN 2012: 15/16). Lo que justifica la decisión a autorizar el aborto es la condición de "persona con derechos" de la mujer, al margen del origen del embarazo (proveniente de un ilícito o no). La vigencia y jerarquía de esos principios se manifiestan ante el *status* de sujeto de derecho y no cambian por la naturaleza del embarazo que constituye un dato secundario según se desprende de la argumentación. No permitir el aborto, o dicho de otra manera, obligar a continuar el embarazo, implicaría quebrantar la integridad personal de la mujer y violar sus derechos fundamentales. Este razonamiento, avala el aborto ante cualquier situación de embarazo que atente contra la integridad, como por ejemplo llevar adelante un embarazo no deseado, que implica en sí mismo una exigencia desproporcionada que afecta derechos de libertad y de autodeterminación de la propia vida.

Por otra parte, la argumentación que desarrolla la jueza Argibay, se funda en el equilibrio de intereses y de valores en que debe sustentarse toda decisión justa para considerar el conflicto de derechos que se presenta entre la protección del derecho a la vida de "la madre" y la protección del derecho a la vida "del feto". Los argumentos aquí vertidos también son válidos para reconocer el derecho al aborto en cualquier situación. Si las "medidas secundarias" (apoyo psicológico y familiar) no son suficientes para garantizar el derecho a la vida de la madre, y por esa razón debe acceder al aborto, esa consideración no cambia ante el origen del embarazo, puesto que se trata de un bien menor (dato secundario) frente al riesgo de vida que constituye un bien mayor.

Proponemos hacer un ejercicio de reflexión inverso, y considerar la razonabilidad de la decisión de excepción tomada por la Corte (aborto en casos de violación) y sus alcances, pero desde el punto de vista de la protección del derecho a la vida del feto. La defensa del derecho a la vida del feto es uno de los argumentos principales que esgrime el patriarcado contra el aborto en tanto le otorga, erróneamente (Habermas, J., 2004: 53), el *status* de persona desde la concepción[42]. El hilo de la reflexión nos lleva a afirmar que: el feto producto de un embarazo por violación no tiene derecho a la vida y, en cambio, el feto producto de un embarazo que no sea por violación sí tiene derecho a la vida. Entonces, tal como está planteada la situación jurídica sobre el aborto actualmente ¿tiene más derecho a vivir el feto concebido sin violación que el feto concebido por violación?[43]. Desde esta perspectiva, la excepción del fallo no tiene razonabilidad jurídica, porque el criterio utilizado para diferenciar (embarazo por violación) no guarda relación con la finalidad de la norma, ya sea que se pretenda proteger el derecho a la vida del feto o el derecho a la vida de la madre.

Pareciera que, desde una lectura del conflicto político que nos ocupa, resultó posible, y preferible, decidir de manera explícita, sobre la base de una excepción (aborto por violación) para no enfrentar todavía la regla (aborto en general). Al mismo tiempo, la incongruencia de la argumentación del fallo podría reflejar las posiciones encontradas, a favor del "orden" y a favor del "desorden", en la composición misma del Tribunal y el resultado fue, probablemente, la necesidad de lograr consenso, no necesariamente el deseado por cada uno de los contrincantes.

Tales presunciones derivan, en nuestra opinión, de que en todo el cuerpo argumentativo circulan, de manera implícita, dos tesis: 1) el feto es persona

---

42. Habermas sostiene que el ser genéticamente individuado en el seno materno no es, como ejemplar de una sociedad procreadora, "ya" persona. Solo adquiere tal carácter al nacer, cuando se hace público su "estar" en una sociedad hablante en la cual se convierte a la vez en individuo y persona dotada de razón.

43. En este argumento seguimos la posición de Jarvis Thomson (1992) "Una defensa del aborto" en Finnis John et al , *Debates sobre el aborto. Cinco ensayos de filosofía moral,* Madrid: Ediciones Cátedra, pág.11/32.

desde la concepción, toda persona tiene derecho a la vida, el feto tiene derecho a la vida y 2) la madre es persona, tiene derecho a la vida y a no verse privada de ella para dársela a otro (el feto). Ninguna de las dos tesis permite sostener, razonablemente, una excepción: en la primera el aborto, en sí mismo, no tiene cabida porque contraría la pretensión de garantizar "el derecho a la vida del feto". Menos aún la segunda, que pone el acento en "el derecho a la vida de la madre" por tanto siempre, no a veces, ante un embarazo no deseado o de riesgo, la mujer podrá abortar. En ningún momento se hace mención a la libertad para decidir porque, obviamente, implicaría una manifestación expresa a favor del aborto en general, sino que para fundamentar la decisión se utiliza la segunda tesis que contiene en sí misma esa libertad, pero de manera controlada (solo por violación), sin aludir expresamente a ella.

El consenso judicial alcanzado constituye, tanto un avance "parcial" del feminismo como una derrota "parcial" del patriarcado. Los dos contrincantes cedieron parte de sus aspiraciones para cerrar un pacto: aborto sí, pero solo por violación.

B. *"Distinción irrazonable de trato"*

La concepción de *igualdad* ante la ley en que se sustenta la "distinción irrazonable de trato" nos arroja luz respecto al aborto en general. El SDDHH y la Constitución Nacional conceptualizan y regulan la igualdad ante la ley y las interpretaciones y posiciones que derivan de su aplicación se vinculan a la concepción de igualdad que se adopte. La que predomina en nuestro país es la *liberal*, de carácter individualista, que consiste en la "no discriminación y trato igual en las mismas circunstancias", pero la que incorpora la reforma constitucional de 1994 es la de *igualdad sustantiva,* o igualdad material, o también denominada *"igualdad estructural"* (Saba, 2005: 125/126) que entiende la igualdad como no sometimiento o no exclusión.

La *"igualdad estructural"*, si bien reconoce a las personas como fin en sí mismas y valiosas en términos individuales igual que la visión liberal, parte de la idea que el derecho no puede ser "ciego" a las relaciones sociales existentes en una comunidad, a las tramas de poder y de jerarquía, entre diferentes grupos o colectivos de personas que instalan desigualdades, los desplazan de los ámbitos de decisión y del desarrollo socioeconómico. Toma como elemento de juicio no sólo la relación de funcionalidad o congruencia entre la categoría seleccionada para hacer diferencias y la actividad que se pretende regular, sino también la situación de la persona individualmente considerada, pero como miembro integrante de un colectivo sistemáticamente excluido (Saba, 2005: 126).

El fallo advierte que si aplicamos lo previsto en el Código Penal sin interpretarlo de manera amplia (aborto sólo en caso de violación si la mujer fuere idiota o demente) habría discriminación y trato desigual porque lo que la ley busca proteger es el derecho de la mujer a defender su propia vida ante un embarazo producto de una violación. Los principios que fundamentan esta decisión judicial son el de dignidad, el de inviolabilidad de las personas y el que impide el trato utilitario y todos se sustentan en el valor de la persona en sí misma, en su carácter de sujeto de derechos e impiden exigirles hechos o actos a beneficio de otros (Fallo CSJN 2012: 165/16).

En este mismo sentido, y con el mismo razonamiento y fundamentos del caso anterior, podríamos afirmar que también habría una "distinción irrazonable de trato" cuando el criterio que se usa para distinguir (quién tiene derecho al aborto y quién no tiene derecho al aborto) es el carácter delictivo del hecho que provoca el embarazo. Los mismos argumentos nos permiten afirmar que también es "irrazonable el trato" que reciben las mujeres que portan embarazos no deseados frente a las que portan embarazos no deseados a causa de violación. Todas las mujeres embarazadas son sujetos de derechos y para todas rigen los principios de derechos humanos.

El elemento de juicio favorable al aborto es el derecho de la madre a defender su propia vida, y que no sea obligada a entregarla a favor de otros, y este derecho lo tienen todas las mujeres (personas), al margen de que el embarazo sea o no producto de una violación. Ese ilícito no constituye un criterio razonable de diferenciación favorable a la "desigualdad de trato" como tampoco lo fue frente a los casos en que una mujer fuese "demente o idiota". Por tanto, si solo las mujeres embarazadas por violación tienen derecho a defender su propia vida y a abortar y las mujeres embarazadas por otras razones no tienen esos derechos habría discriminación y trato irrazonable. La *distinción irrazonable de trato*" constituye uno de los fundamentos de justicia a favor del aborto por violación y, al mismo tiempo, un fundamento de injusticia frente al no reconocimiento del derecho al aborto en general. Se producen paradojas de injusticias políticas (desiguales libertades) que crean inclusiones y exclusiones de ciudadanía con relación al derecho al aborto.

Por otra parte, el fallo no se apoyó en la noción de igualdad sustantiva porque no se pronuncia sobre la posición social de la madre en relación a su colectivo de pertenencia, que podría haberla afectado e incluso constituido en sujeto vulnerable. Su construcción argumental se sitúa, claramente, en la visión de igualdad liberal que predomina en la doctrina y jurisprudencia de nuestro país. La "no discriminación y la igualdad de trato" en materia de género garantizan igualdad en el acceso a la justicia pero no en la administración de justicia, porque para que ello ocurra el criterio de justicia debe valorar los condicionantes estructurales, de sometimiento y de dominación, que constituyen la razón social que muchas veces fundamenta el hecho y no una ciega imputación individual.

Ahora bien, vale la pena destacar las implicancias sustantivas, ya no solo teóricas, que la aplicación de una u otra noción de igualdad, como criterio de justicia, pueden tener en la vida real de las mujeres. La Corte Suprema de Justicia de la Provincia de Santa Fe (CSJSFE), particularmente a través de la opinión fundada de la Ministra Gastaldi, aplica la concepción de igualdad sustantiva en la resolución de sus casos[44]. En uno de los pleitos el tema en cuestión es la arbitrariedad en la que incurre la justicia (primera instancia y Cámara de Apelaciones) al imputar homicidio calificado por el vínculo a una mujer, condenándola a prisión perpetua, por "no haber evitado" la muerte de su hija ("comisión por omisión") producida por su pareja a golpes, siendo que "es mujer" y, como toda mujer, por "instinto natural" es madre y su deber es de protección ("posición de garante")[45].

La arbitrariedad de los sentenciantes que condenan a prisión perpetua a la madre, advierte Gastaldi, deviene a que se limitaron "a aludir a criterios doctrinarios y sin efectiva conexión con los hechos en juzgamiento" (pág. 6). Los razonamientos desplegados fueron "para convalidar una responsabilidad a la madre por no haber evitado el resultado" en tanto dejaron de analizar pruebas concretas respecto a la posibilidad real de que la mujer pudiera haber evitado el resultado (pág. 6). Así, afirma, "la Cámara entendió que el carácter de madre resultaba por sí solo decisivo para atribuir responsabilidad a Páez por la no evitación de la muerte de su hija" (Fallo CSJ 2006:7).

---

44. Se toma como ejemplo, "Páez, Marta S. –homicidio calificado– sobre Recurso de Inconstitucionalidad" (Expte. CSJ. N° 386, año 2006), 4 de julio de 2007.

45. Marta Páez vivía en condiciones de pobreza estructural, fue abusada sexualmente por su padrastro del cual tiene dos hijos y se va de esa casa para vivir con Pérez, su pareja. Este es un hombre violento, golpeador, que reiteradamente atacó a Páez con un cuchillo, incluso estando embarazada, y a su hija. Las encierra en una habitación pequeña con cadena y candado, con una ventana muy chica y sin baño. Era abusada sistemáticamente y amenazada de muerte tanto ella como su hijita. La abuela de Pérez le llevaba la comida a la habitación y volvía a colocar la cadena y el candado.

Los patrones de razonabilidad que incorporó Gastaldi para fundar su juicio permitieron garantizar la libertad de la mujer por haber actuado "como persona", bajo condiciones de sometimiento estructural socio-familiar, extrema pobreza y de violencia sistemática de género, y desestimar, por injusta y arbitraria, la condena de pérdida perpetua de su libertad por no haber actuado "como madre". Afirma la Ministra: " (…) conforme los estudios sobre violencia (..) ante las situaciones de vulnerabilidad y desamparo, la reiteración de agresiones provoca la disminución de respuesta y se comienza a actuar pasiva y sumisamente en una suerte de "parálisis psicológica" debilitando su capacidad cognoscitiva para percibir los hechos. Pues estas personas no pueden ver una salida para influir ni lograr que se detenga la violencia en su contra, ni pueden pensar en alternativas sobre cómo cambiar la situación. Por el contrario, la Cámara en lugar de reparar en el contexto brutal del trágico suceso, y la situación de concreta amenaza y violencia de la inculpada y la posibilidad real de impedir el resultado, le achacó pasividad (…). Tampoco alcanza a comprenderse a qué criterio de pasividad pudiera haber referido la Cámara, si se repara que en la misma sentencia se señala "Pérez la encerraba con cadena y candado sin que la misma opusiera resistencia(..)" (Fallo CSJ SFE,2006: 8).

El criterio de justicia de algunos de los jueces, ciegos al androcentrismo pero no por ello neutrales, se asentó en condenar la actitud de la "mujer madre" (por pasividad, negligencia y omisión) anulando el estatus jurídico de "mujer persona". La negación de las implicancias de sometimiento, violencia y estratificación social en la producción de desigualdades, hizo que estas se reprodujeran en un criterio de injusticia: culpabilizar a la víctima haciéndola individualmente responsable de resultados provocados por el sistema.

El avance judicial sobre el derecho al aborto no se propone producir cambios estructurales en los patrones de igualdad de la política de género patriarcal a la que aspira el feminismo, sino cambios de funcionamiento en esos mismos patrones. Aquí se pone de manifiesto que esa concepción de igualdad de tendencia liberal, que predomina en el campo judicial y en el campo político en general, es insuficiente para garantizar el ejercicio efectivo de los derechos humanos involucrados en el aborto, porque no garantiza la libertad de decidir de las mujeres sino que la controla (aborto sólo por violación). Pero, por otro lado, esa visión no sólo no resuelve la demanda justa de las mujeres (libertad de decidir) sino que refuerza las condiciones de sometimiento y dominación del patriarcado, porque la negación de la realidad reproduce las injusticias y fortalece los patrones androcéntricos que utilizan el cuerpo de las mujeres para fines que no son propios.

El derecho humano al aborto es aún un desafío. Pero la diferencia entre antes y después de este Fallo es que el máximo Tribunal de justicia revisó su criterio de justicia (contrato social patriarcal) respecto a la libertad de las mujeres: discutió en su seno el aborto. Por tanto, las inconsistencias de la razonabilidad jurídica aplicada insinúan dos cuestiones importantes: en primer lugar, el "orden" está discutiendo el tema en la agenda judicial, no solo en la legislativa y en la de la sociedad; y, en segundo lugar, en la decisión final se percibe la complejidad de la disputa, lo cual anticipa un escenario favorable al tratamiento y reconocimiento del derecho humano al aborto (despenalización o legalización) por parte de algunos sectores, con peso político, de la Corte Suprema de Justicia de la Nación.

Si a partir de este avance, miramos hacia atrás solo unos pocos años, y recordamos el caso Acevedo[46] en la Provincia de Santa Fe podemos afirmar que hemos adelantado muchísimos pasos en ese camino. En aquéllas circunstancias, sectores mayoritarios del poder judicial, junto a sectores de otros poderes del Estado e incluso parte de la sociedad, asumieron una posición injusta, violatoria de los derechos humanos, respecto a lo que se entendía por "tener derecho a proteger la propia vida" respecto al feto y el razonamiento fue "no hacer nada" en relación a la mujer, lo que equivalía a no matarla directamente para no asumir el costo del homicidio, pero sí "dejarla morir" para proteger la vida del feto.

El aborto es un derecho humano personalísimo, y, su ejercicio garantizaría un verdadero cambio en el orden patriarcal que, por otra parte, es incompatible con el sistema de Derechos Humanos de carácter constitucional. El conflicto político que transitamos, de logros y desafíos, es un conflicto de poder de carácter estructural. El reciente Fallo de la Corte Suprema de Justicia de la Nación se inscribe en ese marco y desnuda el alcance y contenido que adquiere esa disputa en ese ámbito judicial que, sumado a las otras disputas en otros poderes del Estado y en espacios diversos de la sociedad, advierte sobre su innegable carácter público y constitutivo de la agenda política, aunque aún no lo sea de la agenda del gobierno nacional.

---

46. Ana María Acevedo, de 20 años, murió en 2007, después de tener una beba de 22 semanas de gestación que no sobrevivió. Padecía cáncer maxilar, los médicos se negaron a efectuarle un aborto terapéutico solicitado por ella y sus padres. De condición muy humilde, falleció dolorida y deformada, luego de haber sido intervenida quirúrgicamente en estado *pre-mortem* para que dé a luz. Los profesionales intervinientes, procesados después, no le iniciaron el tratamiento indicado contra el cáncer ni contra el dolor para proteger la vida de la persona por nacer.

6. De la injusticia a la justicia: libertad y representación

A modo de cierre. La sociedad argentina no ha logrado aún consolidar una vida democrática. Es decir, una democracia que además de ser formal, en cuanto a procedimiento electoral y representación de la mayoría, sea también *sustantiva*. El componente formal de la democracia es necesario pero no suficiente, porque lo que califica a un sistema político como democrático, y como democrático constitucional, es la integración de los componentes formales con los *límites y vínculos sustanciales* o de contenido, es decir con los *derechos fundamentales* que son los que definen qué es lícito decidir o no decidir. Es decir los poderes, tanto legislativos como de gobierno, y la voluntad de la mayoría, están limitados no solo respecto a las formas de la democracia sino también respecto a la sustancia de su ejercicio. Los vincula el respeto y la actuación de tales derechos, de modo que su violación genera *antinomias* (Ferrajoli, 2011:41).

La esfera de los derechos de libertad (denominada *esfera de lo indecidible*) prohíbe y considera inválidas las decisiones que la contradicen. La esfera de los derechos sociales (*esfera de lo no decidible que no*), impone decisiones dirigidas a satisfacer esos derechos (Ferrajoli, 2011: 29). La libertad del cuerpo es un derecho fundamental, de la esfera de lo indecidible, sin embargo los poderes y la voluntad de la mayoría lo aceptan para los varones pero no para las mujeres. La democracia argentina, genera la antinomia de sostener leyes y políticas restrictivas del derecho a la libertad del cuerpo de las mujeres, es decir de la autonomía. Por tanto, la injusticia política de la desigual cantidad de libertad es mucho más hospitalaria que la justicia política de igual cantidad de libertad para varones y mujeres. Pero lo más grave de esta afirmación, es que se pone en evidencia un problema de fondo que involucra a toda la sociedad, y no sólo a las mujeres, y es que la injusticia política revela insuficientes garantías de democracia sustantiva. La noción de igualdad de oportunidades, ciega a las diferencias jerárquicas y de poder, que prevalece en las acciones políticas, en las decisiones legislativas y en las decisiones judiciales que no es la que promueve la Constitución Nacional, es una prueba de ello. Esta injusticia, es tanto un síntoma de deconstitucionalización del sistema político (Ferrajoli, 2011) como de perpetuación de sistemas de sometimiento y de jerarquías de unos sobre otros; sean de clase, de género, de raza o de etnia o bien producto de un entrecruzamiento de ellos.

Una paradoja resulta un tanto clarificadora de esta complejidad: mientras que los derechos se acrecientan y en buena parte de los países democráticos de América Latina las constituciones nacionales se jerarquizan incorporando a sus plexos normativos el sistema internacional de los Derechos Humanos, las mujeres latinoamericanas siguen muriendo porque se les niegan políticas que les permitan ejercitar el derecho humano a la libertad reproductiva. Podemos deducir, entonces, que en una democracia la justicia política, no sólo como noción teórica sino también como realidad de vida, no puede garantizarse por la representación o por el reconocimiento formal de la libertad sino que involucra a ambos supuestos en una práctica colectiva, no sólo individual, en la cual sus protagonistas, sin diferencias jerárquicas ni de sometimiento, gocen de un mismo estatus de reglas básicas de y en la comunidad política. Tal vez, como afirma Fraser, sea más importante "afinar el sentido de la injusticia" para realizar justicia que preocuparnos por lo que es la justicia (2012:45). La injusticia de la restricción a la libertad del cuerpo de las mujeres en América Latina que "indigna" al movimiento feminista es razón de justicia política de género pero aún no "indigna" lo suficiente a toda la sociedad.

Bibliografía

ABRAMOVICH, V. y PAUTASSI, L. (Comp.) (2009). *La revisión judicial de las políticas sociales. Estudio de casos,* Buenos Aires: Editores del Puerto.

AMORÓS, CELIA (2007). *La gran diferencia y sus pequeñas consecuencias… Para la lucha de las mujeres,* Universitat de València, Madrid: Ediciones Cátedra, Colección Feminismos.

ANDRENACCI, L. y SOLDANO, D. (2005) "Aproximación a las teorías de la política social a partir del caso argentino". En: ANDRENACCI, LUCIANO (Compilador) (2005). *Problemas de política social en la Argentina contemporánea,* Universidad Nacional General Sarmiento. Buenos Aires: Editorial Prometeo.

AVENDAÑO, M. (2009). Reseña Fraser Nancy *Escalas de Justicia.* En: *Enra Honar Quaderns de Filosofía,* N°43, Universitat de Barcelona, Barcelona, España, p. 241-243.

BOBBIO, NORBERTO (1993). *Igualdad y libertad,* Barcelona: Paidós

CEPAL (2011). *Panorama Social de América Latina,* Santiago de Chile.

——— (2012). *El Estado frente a la autonomía de las Mujeres,* Santiago de Chile, julio.

——— (2012). La sostenibilidad del Desarrollo a 20 Años de la Cumbre para la Tierra: avances, brechas y lineamientos estratégicos para América Latina y el Caribe. Publicación de las Naciones Unidas LC/L.3346/Rev.1. Santiago de Chile

Dahl, Robert A. (2008). *La igualdad política,* México: Fondo de Cultura Económica, Colección Política y Derecho.

Dahrendorf, R.(2005). *En busca de un nuevo orden. Una política de la libertad para el Siglo XXI.* Barcelona: Editorial Paidós, Colección Estado y Sociedad.

Espósito, R. (2005). *Inmunitas. Protección y negación de la vida.* Buenos Aires: Amorrortu editores, Buenos Aires.

——— (2009). *Tercera persona. Política de la vida y filosofía de lo impersonal,* Buenos Aires: Amorrortu editores.

Fernández Ramil, M.A y Oliva Espinosa, D. (2012). "Presidentas latinoamericanas e Igualdad de género: un camino sinuoso" en Revista *Nueva Sociedad,* Nº240, Julio-Agosto, Buenos Aires.

Ferrajoli, L. (2009). *Los fundamentos de los derechos fundamentales,* Madrid: Trotta Editorial

——— (2010). *Entre la libertad y la igualdad.* Madrid: Trotta Editorial

——— (2011). *Poderes salvajes. La crisis de la democracia constitucional,* Madrid: Trotta Editorial.

Fraser, Nancy (1997). *Iustitia Interrupta: Reflexiones críticas desde la posición "postsocialista",* Universidad de los Andes, Santa Fé de Bogotá, Colombia: Siglo del Hombre Editores.

——— (2000). "Rethinking Recongnition: Overcoming Displacement and Reification in Cultural Politics", *New Left Review,* Nº3, Mayo-Junio, Madrid: Ediciones Akal.

——— (2008). *Escalas de Justicia,* Barcelona: Herder Editorial.

——— (2012). "Sobre la justicia. Lecciones de Platón, Rawls e Ishiguro". En: *New Left Review,* Nº 74, Mayo-Junio, Madrid: Ediciones Akal.

Heller, Agnes (1990). *Más allá de la Justicia.* Barcelona: Editorial Crítica.

——— (1998). "La justicia social y sus principios" en Heller A. y Fehér F. *Políticas de la postmodernidad. Ensayos de crítica cultural.* Barcelona: Ediciones Península, Colección Historia, Ciencia, Sociedad.

Heller, Agnes y Fehér, Ferenc (1998). *Políticas de la postmodernidad. Ensayos de crítica cultural.* Barcelona: Ediciones Península, Colección Historia, Ciencia, Sociedad.

Höffe, Otfried (2003). *Justicia política. Fundamentos para una filosofía crítica del derecho y del Estado,* Editorial Paidós, Barcelona.

Lema, Añón C. (1999). *Reproducción, poder y derecho. Ensayo filosófico-jurídico sobre las técnicas de reproducción asistida.* Madrid: Trotta Editorial.

Levín, Silvia (2010). *Derechos al revés ¿Salud sexual y Salud reproductiva sin libertad?*, Buenos Aires: Espacio Editorial.

——— (2012 a.) "Política Social, democracia y desarrollo. Los desafíos de la igualdad de género y de derechos ante la desigualdad", ponencia presentada al X Congreso Nacional y III Internacional sobre Democracia "La democracia como proyecto abierto: nuevo orden mundial y desafíos del SXXI", 3 al 6 de septiembre, Facultad de Ciencia Política y RR.II de la Universidad Nacional de Rosario, Rosario.

——— (2012 b.) "Un nuevo criterio de justicia en Argentina: aborto por violación". En: *Iconos* Revista de Ciencias Sociales, FLACSO Ecuador, N°45, (en evaluación).

Marx, J., Borner, J. y Caminotti, M. (2007) *Las legisladoras. Cupos de género y política en Argentina y Brasil,* Buenos Aires: Siglo XXI, Editora Iberoamericana.

ONU (2012). Conferencia de las Naciones Unidas sobre Desarrollo Sostenible, Rio + 20. Río de Janeiro, Brasil, 20/22 de junio.

Pitch, Tamar (2003). *Un derecho para dos. La construcción jurídica de género, sexo y sexualidad,* Madrid: Trotta Editorial. Prólogo de Luigi Ferrajoli.

PNUD (2005). *Informe sobre Desarrollo Humano.*

Rawls, John (2004). *La justicia como equidad. Una reformulación,* Barcelona: Editorial Paidós, Colección Estado y Sociedad.

Vazquez, Rodolfo (2010). *Entre la libertad y la igualdad. Introducción a la Filosofía del Derecho,* Madrid: Trotta Editorial

Doblemente colonizadas: sobre infrareconocimiento y maladistribución en las mujeres cuidadoras latinoamericanas en Mallorca (España)

María Antonia Carbonero Gamundí

1. Introducción

Nany Fraser plantea una visión de la justicia basada en la participación en tanto que pares de los individuos en la vida social. La injusticia tiene lugar cuando por diversos mecanismos se dificulta dicha participación, el mal reconocimiento (dimensión cultural), la mala distribución (la dimensión económica) y la falta de representación (la dimensión política) son los tres ejes que articulan la injusticia social. Estas dimensiones pueden ser analíticamente diferenciadas pero en la práctica no actúan independientemente una de otra por lo que los remedios a la injusticia no pueden basarse en la consideración aislada de una de ellas.

Para remediar la injusticia de género se necesita avanzar hacia una ciudadanía en la que el cuidado y no el trabajo remunerado sea el eje fundacional. Toda persona necesita recibir y dar cuidado a lo largo de su vida, el cuidado representa la esencia de nuestra condición de seres sociales, seres en continua interrelación, pero sin embargo la reproducción social se ha reservado al espacio privado, ámbito de actuación de las mujeres y no se ha considerado central en la ciudadanía. Para remediar esta injusticia se han de trastocar los valores androcéntricos por los que se rige la consideración del trabajo (entendido de forma general, remunerado y no remunerado) a través de políticas que incidan en los mecanismos institucionales que aseguran la reproducción de estos valores.

Sin embargo todo apunta a que la extensión hoy en día del cuidado como empleo a nivel transnacional implica una profundización de estos valores androcéntricos y por lo tanto es un factor de profundización de la subordinación de género.

En este texto se relaciona la visión multidimensional de Nancy Fraser con las teorías sobre el colonialismo y la domesticidad en la injusticia de género, para aplicarlas a un caso empírico, el de las mujeres inmigrantes cuidadoras en Mallorca (España). Más concretamente se analizan cómo a través del colonizar y domesticar a las trabajadoras cuidadoras se hace efectivo su infrareconocimiento y su desventaja económica/distributiva.

2. Los referentes teóricos

2.1. Sobre reconocimiento y distribución

La teoría de Nancy Fraser ha supuesto dos aportaciones centrales al pensamiento crítico, por una parte su visión multidimensional del injusticia, y por otra su perspectiva del reconocimiento de estatus. Por lo que respecta a su visión multidimensional nos basaremos en lo que Fraser denomina en sus textos de los años noventa el "dualismo de la perspectiva", es decir la consideración de cómo se articulan las dimensiones del reconocimiento y de la distribución en la injusticia social. En este planteamiento Fraser se inspira en la distinción analítica de las dimensiones cultural y económica y en el paradigma weberiano de estatus y clase.

Fraser entiende por malreconocimiento cuando la no participación como iguales obedece a patrones institucionalizados que le constituyen a uno como no merecedor de respuesta o estima (Fraser, 2011a: 277) mientras que la mala distribución se identifica con las dificultades de participación en tanto que pares derivadas del desigual acceso a los recursos económicos. Este planteamiento ha sido debatido por la autora en diversos textos, tanto en el sentido de qué entiende por reconocimiento como la idea de cómo pueden diferenciarse las injusticias de reconocimiento y de distribución en particular por lo que se refiere a la inequidad de sexo/género. Lo que interesa en particular en el contexto de nuestro estudio es la pertinencia o utilidad analítica de esta distinción entre reconocimiento y distribución. En debates con otros autores, en particular con Axel Honneth y Judith Butler[1] Nancy Fraser (2011a: 289) defiende que esta distinción no es ontológica

---

1. Ver al respecto Fraser y Honneth (2003); Fraser (2011a) y Butler (2011).

sino socioteórica porque su objetivo es poner de manifiesto la conexión oculta entre ambas dimensiones en el capitalismo actual, lo cual no sería posible si se consideraran en total simbiosis.

Fraser argumenta que en el capitalismo, a diferencia de los sistemas pre-capitalistas, hay un relativo desacoplamiento de la esfera económica de la esfera cultural. Las injusticias de distribución y reconocimiento están articuladas pero de forma que "ninguna de estas injusticias es un mero efecto indirecto de la otra, sino que cada una ejerce un peso independiente" (Fraser, 2011a:279). En particular las problemáticas de género y raza son dos tipos de categorías "ambivalentes", en ellas actúan tanto el infrareconocimiento como la mala distribución de forma pareja, a diferencia de otras "colectividades" en las que predominan más claramente las injusticias de uno u otro tipo.[2] Según Fraser este desacoplamiento varía históricamente y es buscando la historicidad como podremos aproximarnos a las contradicciones que regulan las interacciones de los sujetos sociales. Historizar se convierte en palabras de Fraser en el instrumento por el que se pueden desvelar las "brechas", los no "isomorfismos" de estatus y de clase y las múltiples interrelaciones contradictorias de los sujetos sociales. Sirve también para, en palabras de Fraser, "localizar los momentos antifuncionalistas y las posibilidades de la "agencia" contrasistémica y de cambio social" (Fraser, 2011a: 289).

En la teoría de Fraser el reconocimiento (y su déficit) es dialógico, uno "se convierte en sujeto individual sólo en virtud de reconocer y ser reconocido por otro sujeto" (Fraser, 2011b: 312), de manera que a la persona se la constituye como devaluada, no merecedora de respecto o estima en el medio social en el que vive y le es negada su participación en iguales condiciones en la sociedad. Ahora bien, las representaciones que modelan el reconocimiento no "circulan libremente o de forma puramente casual" si no que siguen unas pautas, unos procesos, a través de "operaciones de las instituciones sociales" por la que se hace efectiva la devaluación (Fraser, 2011b: 317). Éste es un punto crucial puesto que a través de estos patrones institucionalizados el reconocimiento adquiere el sentido de *status*, es decir se inscribe en la estratificación social de acuerdo con el modelo weberiano. Fraser no se adentra en el estudio de estos patrones, no es el objetivo de su teoría, pero cita como ejemplos la ley, el bienestar o la cultura popular.

---

2. Fraser (2011a: 279) ha replanteado progresivamente esta cuestión en el sentido de considerar que la mayor parte de las colectividades son ambivalentes, están afectadas por las dos dimensiones en mayor o menor grado de solapamiento.

La insistencia en la teoría de Fraser en un "reconocimiento institucional" frente al reconocimiento intersubjetivo se debe a que focaliza su atención en la dimensión normativa, en las razones por las que las políticas exclusivamente basadas en un reconocimiento identitario no constituyen políticas realmente transformativas que puedan redirigir tanto el infrareconocimiento como la redistribución. Fraser reconoce que estos patrones se hacen efectivos en las prácticas sociales a través del reconocimiento mutuo de raíz dialógica (2011c: 307), pero ciertamente no desarrolla categorías de subjetividad que puedan mostrar cómo los valores institucionalizados de infrareconocimiento se anclan en la vida y las prácticas de las personas.

Según algunos autores esta perspectiva "objetivista" de Fraser es la que le conduce de alguna manera a caer en la "libre circulación" de las pautas culturales que critica puesto que no explora las fuentes del infrareconocimiento limitada por su propia concepción del "reconocimiento de estatus" como contrapuesto a un "reconocimiento identitario" (McNay, 2008: 285). Por la misma razón, Fraser mantiene en una perspectiva abstracta una de sus principales aportaciones, las complejas imbricaciones del reconocimiento y la distribución. Afirma que es a través de la historización cómo podemos aproximarnos a las variaciones del desacoplamiento relativo entre ambas dimensiones pero no desarrolla una teoría de la agencia que necesariamente debería sustentarse en las conexiones y mecanismos por los que se hace efectivo el reconocimiento y la distribución. En la perspectiva normativa de Fraser estas dimensiones no se abordan fundamentalmente como instrumentos para un análisis empírico. Y sin embargo los dos principales aportes de Fraser, las variaciones en el desacoplamiento del reconocimiento y la distribución y su interpretación de un reconocimiento de estatus pueden ser instrumentos de gran utilidad en el análisis social siempre y cuando se combinen con categorías que nos aproximen a como inciden estos procesos en las prácticas sociales.[3]

El reconocimiento es un prerrequisito para la realización plena de la subjetividad, pero este proceso, como muy bien expone Fraser, no se produce entre "iguales", se basa en relaciones de poder. Necesitamos entonces profundizar en los mecanismos de subjetivación por los que actúan las diferencias de poder y opresión.

El análisis del cuidado como trabajo de las mujeres inmigrantes en España muestra claramente cómo la distinción analítica entre infrareconocimiento y

---

3. Ver al respecto el texto de Macdonald y Merrill (2002) en el que se discute y aplica el marco teórico de Nancy Fraser al estudio del cuidado profesional en Canadá.

maladistribución nos permite ahondar en los procesos específicos en los que se concretan estas injusticias y en cómo interactúan. La mala distribución que provoca el heterosexismo se inscribe en el caso de los cuidados en la injusticia más fundamental de infrareconocimiento. La distinción reconocimiento/distribución también nos permite indagar como se hace efectivo el infrareconocimiento en las practicas cotidianas de cuidado de estas mujeres, en sus relaciones con las personas a las que cuidan (niños y personas mayores) y con las familias y patrones para los que trabajan. En este caso se cristaliza su infrareconocimiento en primer lugar, a través de las interacciones que se establecen fundamentalmente en el trabajo y la percepción sobre su estatus en la sociedad; en segundo lugar, en la legislación laboral sobre el servicio doméstico; y, por último, en las barreras que se encuentran en sus condiciones de vida por su condición de inmigrantes y por sus condiciones laborales.[4]

En este trabajo se plantea que el infrareconocimiento de estatus de las mujeres cuidadoras tiene lugar, principalmente, a través de "principios reguladores" específicos en los que se materializa el heterosexismo cómo son el *colonizar y el domesticar*. Estos principios reguladores de las prácticas sociales de acuerdo con una perspectiva muy en la línea de Bourdieu,[5] incorporan dispositivos tanto físicos como psicológicos a través de los que se materializan las relaciones de poder (Bourdieu, 1988: 172 y 392 2000: 14). El reconocimiento intersubjetivo se fundamenta en estos principios por los que el oprimido se acomoda a su opresión. De tal manera que se trata a la vez de una imposición externa, marcada por las desigualdades en la distribución de recursos materiales y simbólicos (capital económico, cultural, social) como de un infrareconocimiento internalizado al participar de la visión hegemónica del mundo (McNay, 2008: 163).

Estos procesos no suponen solo "estructuras de opresión entrelazadas que se refuerzan entre sí" (Fraser, 2011a: 286), que al ser interiorizadas por parte del sujeto refuerzan su devaluación, también implican agencia a través de

---

4. Axel Honneth distingue tres tipos de reconocimiento que corresponden a las tres esferas de la interacción social: amor, ley y logro. En este trabajo tratamos fundamentalmente el reconocimiento afectivo y su relación con el logro (Honneth, 2003: 139).

5. La perspectiva de Bourdieu (1988, 2000) y su concepto de *habitus* permite en cierto sentido desarrollar en un plano sociohistórico el planteamiento que anuncia Fraser a nivel abstracto. La conexión entre la perspectiva de Fraser y la teoría de Bourdieu la plantea Lois McNay (2008) en un interesante artículo en el que profundiza en el debate entre Honneth y Fraser (2003) sobre el reconocimiento.

las prácticas por las que refuerzan o no su identidad en los campos sociales en los que actúan. En las prácticas sociales emergen las emociones del individuo y se puede interpretar que es en la tensión permanente entre estos dispositivos emocionales y su acomodación activa a las estructuras sociales donde emerge la autonomía de la agencia (McNay, 2008: 279).

El reconocimiento intersubjetivo no actúa en un único ámbito. Por una parte las personas actúan en distintos planos (por ejemplo afectivo, comunitario, profesional....) que están conectados entre sí. Por otra parte actúan en distintos círculos de reconocimiento y sus prácticas inciden reforzando uno u otro círculo y uno u otro plano de reconocimiento. La condición para ese reconocimiento es que se actúe conforme a las normas que definen los límites del grupo (Pizzorno, 2007: 235); en este movimiento entre círculos se hace efectiva también la autonomía de la agencia. Estos planos y círculos no forman compartimento estancos, las estrategias para un mejor reconocimiento en un plano o círculo pueden dar lugar a un menor reconocimiento en otro. Además los círculos no están acotados ni geográfica ni temporalmente, por ejemplo en las redes de cuidado (remunerado y no remunerado) de las mujeres inmigrantes se encuentran implicadas relaciones de reciprocidad en muchos casos transnacionales. El considerar un solo plano de la relación puede dar lugar a que interpretemos como profundización en el infrarreconocimiento lo que a la vez es un refuerzo del reconocimiento intersubjetivo en otro círculo o plano.

2.2. Relaciones entre el cuidado, la razón colonial y la domesticidad

Se va a considerar el cuidado desde la perspectiva de la reproducción social según la cual[6] el cuidado incluye las actividades de atención directa a las personas dependientes (niños, mayores, enfermos…) y también las actividades domésticas. La perspectiva del cuidado como actividad de reproducción social se contrapone al marco teórico basado en el cuidado como "atención personal" y específica a las personas que pone el acento en la interrelación que se establece entre ellas. En la práctica los estudios empíricos basados en esta última

---

6. La reproducción social se interpreta en tres dimensiones, la reproducción física de las personas, la reproducción de las estructuras sociales y las actividades que aseguran que las personas sobrevivan física y mentalmente en un entorno dado. En este trabajo se va a tratar la reproducción social en esta última acepción.

perspectiva no incluyen actividades domésticas como limpiar o preparar los alimentos.[7]

Sin embargo desde la perspectiva de la reproducción social se entiende que hay un continuum entre ambas actividades y entre que sean remuneradas o no. En todos los casos el cuidado implica una relación bien sea directa con las personas o indirecta a través de las actividades cotidianas en el hogar.[8] El carácter relacional del trabajo de cuidado también se constata a través de las estrategias que establecen las trabajadoras del hogar y su relación con las estrategias de los empleadores.[9] Este marco teórico permite, además, integrar y distinguir las transiciones entre unas y otras actividades, la jerarquía entre ellas y las implicaciones que tiene dicha jerarquización en las dimensiones de reconocimiento y distribución. A través de este continuum se pretende transcender las oposiciones construidas de público/ privado y trabajo/amor.

El cuidado puede ser entendido como una expresión del amor, y en este sentido se considera desde ciertas perspectivas feministas que juega un papel central para avanzar en una ciudadanía más inclusiva de género que no esté basada en el trabajador universal (Carbonero, 2007; Lewis, 2002) si no más bien en la necesidad inherente al ser humano de recibir y dar cuidados. Sin embargo el potencial del cuidado para redirigir la injusticias de género solo es posible si se entiende en su contexto histórico como parte del humanismo que fundamentó la misión civilizadora y cristianizadora de la colonización (Davis, 2002: 146). Es decir solo si se deconstruyen las alianzas entre el humanismo y el imperialismo y entre el amor y la razón podrá reconciliarse el "amor" con las estrategias feministas i antiimperialistas.[10] Poner el acento exclusivamente en el trabajo de cuidado como oficio del cariño puede interpretarse como un proceso

---

7. En diversos estudios referidos a Estados Unidos se ha puesto de manifiesto que la utilización de uno u otro enfoque tiene efectos importantes a nivel empírico puesto que en la visión del cuidado como relación directa de atención a las personas se excluye un determinado número de ocupaciones en las que se concentran en particular las mujeres no blancas y que perciben más bajas sueldos. Es decir que si se incluye en el cuidado las labores domésticas emerge una desigualdad interna racializada que queda oculta si no se incorporan (Duffy, 2005: 66-81).

8. Es más la actividad de cuidado en el hogar en un sentido amplio se refiere no solo a las personas dependientes si no a todos los miembros de la familia.

9. Ver al respecto el estudio de Mattingly (2001: 372-373). En relación a la continuidad del trabajo doméstico como concepto ver Pei-Chia Lan (2003: 188-189).

10. Los debates desde las perspectivas feministas en torno al cuidado como trabajo se han recogido recientemente en el libro *El trabajo de cuidado. Historia, teorías y políticas* (Carrasco y otros, 2011).

de exotización que es una pauta intrínseca de los procesos de violencia epistémica de género (Suarez Navas y Hernández, 2008: 40).

Se entiende el proceso de colonizar como acción por la que se devalúa y se subordina al "otro" basándose en la "diferencia" y en la estigmatización. Se utiliza este concepto en distintas enfoques feministas (estudios postcoloniales, subalternos etc.) que tienen en común construir discursos contrahegemónicos que han permitido visibilizar a las "otras", dar voz a la alteridad, *deconstruyendo* los discursos hegemónicos y defendiendo la especificidad histórica y cultural "desde los márgenes".[11] Desde estas perspectivas[12] se entiende que hay una conexión histórica entre los procesos de dominación de las mujeres y de los pueblos colonizados. La idea de conquista y dominio en las colonias se asimila a la necesidad de control de la Naturaleza al igual que se controla a la mujer. El domesticar los pueblos tal y como se domesticaba a la mujer y los niños, situados en un estadio más próximo a la naturaleza se convirtió en un instrumento central de la dominación de los pueblos colonizados.

Pero además el cuidado en tanto que "Amor" forma parte de la misión civilizadora del colonialismo. Spivak (1999: 116) distingue dos dimensiones a través de las que se hace efectivo el Amor en el colonialismo. En primer lugar, en el papel de las mujeres como responsables del cuidado y crianza de los hijos, puesto que se impuso a la mujer colonizada el modelo europeo de domesticidad basado en el matrimonio, la supuesta relación de amistad en la pareja y la intimidad y las relaciones sexuales exclusivas. En segundo lugar, en su papel de reservas del amor cristiano que animaba la misión civilizadora. Como afirma France Fanon (1967: 8) el amor es una expresión de la violencia simbólica del colonialismo por ello nos interesa un conocimiento del cuidado deconstruido, basado en sus propias limitaciones y transgresiones.

La mujer de las colonias (y en América la mestiza y/o mulata) era caracterizada como "pasional, desenfrenada, fuerte, fértil" según una tradición pornotropical que se remonta siglos atrás; el folklore las veía como dadas a un deleite sexual lascivo tan promiscuo que las asemejaba a animales, bordeando los límites

---

11. Autoras como cómo Edward Said, Gayatri Spivack, Homi Bhabha, Silvia Molloy, Mohanty etc. constituyen algunos de los máximos exponentes de los estudios postcoloniales, y subalternos. Para una revisión reciente de estas perspectivas en Latinoamérica ver entre otros Mignolo (2007), Lugones (2008) Bidaseca (2010) y Bidaseca y Vazquez Laba (2012).

12. En este texto se utiliza específicamente la noción de colonizar que se encuentra en Mies (1986) y en McClintock (1995). Ambas autoras han elaborado certeras críticas a como se imbrican históricamente el capitalismo, el colonialismo y la domesticidad.

de la humanidad (McClintock, 1995: 22) y ello a su vez las emparejaba a la mujer de las clases trabajadoras en las metrópolis. La "mujer doméstica" marcó el ideal formulado en la ilustración por la nueva clase dominante mientras que la mujer campesina o de la clase trabajadora urbana representaba la antítesis, el "estigma" de la "mujer pública, pasional y endurecida por la vida y el trabajo, materia prima necesaria para alimentar el carisma de la "mujer frágil y privada". El domesticar y el colonizar históricamente han sido dos procesos profundamente conectados.[13]

El ideal de mujer doméstica suponía también el desarrollo del "ideal del hogar" con su higiene, productos de limpieza, orden, decoración etc., cada vez más asequible en los países colonizadores y que generó la demanda y el crecimiento de productos químicos. Las clases trabajadoras, y los pueblos colonizados no disponían de un hogar según el modelo de la burguesía; un "hogar" en el que rigieran los cánones de limpieza, domesticidad y control porque sus mujeres no eran "privadas", trabajaban en el campo, en la venta ambulante, en la servidumbre etc. Exportando la "familia y el hogar" se exportaba el "progreso" y la "higiene".

Se presuponía que tal y como el "hombre burgués" controlaba el espacio público y gobernaba la fábrica, la mujer de su misma clase social gobernaba el hogar con una proximidad diferente a la de la nobleza y ello suponía el control de las personas que trabajaban en el servicio doméstico. La "domesticidad" nunca fue independiente de las actividades domésticas como "servidumbre". Dicho en otras palabras el "cuidar" se ha escrito tanto en términos de género, ya que se consideraba la reciprocidad/dependencia como naturalizada femenina, como en términos de clase/raza a través de la servidumbre. Históricamente la servidumbre se ha asociado a la esclavitud y a la subordinación racial.[14] Las personas que "servían", no disponían *de facto* de vida privada sobre todo si eran internas. Se trataba del segmento donde más crudamente se manifestaba que no tenían derecho a un "hogar" porque su hogar era el de los señores. Esta

13. En realidad desde distintas perspectivas se ha hecho hincapié en la estrecha relación existente entre los procesos de domesticación y colonización como bases fundamentales del desarrollo del capitalismo y muy en particular de la acumulación primitiva de capital. Este proceso comprende distintas dimensiones entrelazadas: los excedentes de las colonias (y la explotación de sus recursos y mano de obra) sustentaron la inversión fabril en Europa, pero también la extensión de la "mujer doméstica" de la burguesía, consumidora por excelencia, creó la demanda para la importación de productos de las colonias que para consumo de la burguesía en un principio como especias, telas, azúcar, café, cacao etc. (Mies, 1986).

14. En Europa en realidad nunca dejó de existir durante la edad Moderna la esclavitud a pequeña escala ligada al trabajo doméstico.

desposesión de la vida privada dificultaba el matrimonio o la maternidad de las sirvientas.[15] Pero hasta el desarrollo del capitalismo el servicio doméstico no estaba formado exclusivamente por mujeres, por ello en algunos estudios históricos se ha argumentado que la feminización del trabajo doméstico es una característica de la industrialización y la urbanización (Lutz, 2002: 94 cita a Friese, 1991: 201).

El ideal del hogar burgués en el que la mujer no trabaja fuera del hogar se extendió entre los trabajadores cualificados europeos y de otros países colonizadores ya entrado el siglo XX, de tal manera que a mediados de siglo tomó la apariencia de patrón universal, pero para una mayoría de familias en el mundo la dominación patriarcal tomó otras formas que no fueron la del "varón sustentador exclusivo del hogar". De hecho, a nivel mundial, el modelo económico fordista se sustentaba en la extensión de un capitalismo que utilizaba en los países colonizados formas de subordinación de las mujeres de otro tipo, a través la conexión de las economías de subsistencia y las empresas para la exportación. El capitalismo había utilizado ampliamente las relaciones sociales no capitalistas preexistentes para obtener un mayor beneficio y ésta era (y es) una relación de subordinación también de sexo/género (Carbonero Gamundí y Vazquez Laba, 2010).

En definitiva, el colonizar como acción en el contexto de este estudio no se refiere al proceso histórico que tuvo lugar en los siglos XVIII y XIX por parte de los Estados-nación europeos en África, América y Asia, si no a una práctica discursiva compleja, a un esquema cognitivo por el que se asimila a la otra/otro a un carácter atrasado, primitivo e inferior. Se establecen unas relaciones de dominación por las que la percepción de inferioridad es alimentada por (y alimenta al) sentimiento de superioridad. Se asocian estas relaciones específicamente con el capitalismo, en el sentido que, sólo entones se articuló la concepción de la naturaleza como aquello que debería poder obtenerse gratuitamente, o lo más barato posible, como "un no valor", una materia prima, la condición necesaria para la producción capitalista, por lo que los productos del trabajo social se asimilan al no valor de lo natural. Este proceso de asimilación a un yacimiento natural, y por lo tanto inferior, es a lo que denominamos proceso de colonización. Este esquema cognitivo incluye a la naturaleza, a los pueblos oprimidos y a

---

15. Las políticas antinatalistas tuvieron su máximo exponente en el bloqueo de la reproducción (y del modelo de familia) entre las mujeres esclavas; les resultaba más barato comprar esclavos que criarlos, solo cuando empezó a ser dificultoso reponer la mano de obra esclava incentivaron que procrearan las esclavas, y ellas, que naturalmente no tenían nada que ganar, intentaban evitar los embarazos (o los nacimientos) (Mies, 1986).

las mujeres, construidos simbólicamente como el "otro" complementario del moderno hombre racional (Mies,1986: 44 y 224).

¿Puede haber domesticación sin colonización?, o ¿colonización sin domesticación? La respuesta desde mi punto de vista es que no es posible. El proceso que hemos denominado "domesticar" puede ser interpretado también como un proceso de colonización en sí mismo y viceversa el colonizar puede ser interpretado en clave de un proceso de domesticación. Ello se debe a que, por una parte, el trabajo reproductivo (remunerado y no) y su "no valor" se asocia tanto a la naturaleza como a lo femenino. Es decir es a través del proceso de naturalización y feminización que se les despoja de valor. Y por otra, los pueblos extranjeros colonizados se perciben como "inferiores" a través de un proceso de feminización/domesticación y de un proceso de naturalización.

En los grabados se "feminizaba" a los hombres de las colonias, en otras palabras la retórica del género era utilizada en la jerarquía de razas. Se consideraba la raza blanca como masculina y la negra como femenina. También la retórica racial era utilizada en la jerarquía de clases; cuando se representaba a la clase trabajadora en Europa, en ocasiones se les adjudicaban rasgos negroides, como es el caso que muestra McClintock (1995: 53) de los trabajadores irlandeses en los tabloides ingleses.

En definitiva, las mujeres inmigrantes que realizan tareas de cuidado (de personas y viviendas) son sujetas de un doble proceso de colonización. En palabras de Mies (1986:179) son, en primer lugar, una "colonia interna" en tanto que responsables del trabajo reproductivo (remunerado o no remunerado) que representa un "no valor". Y en segundo lugar, en tanto que miembros de los pueblos extranjeros considerados con pautas culturales "no normales", entendiendo en la visión etnocéntrica que la "normalidad" es definida por la cultura occidental, son una "colonia externa", que se ha introducido a través de las migraciones en nuestro entorno geocultural.

2.3. Migraciones transnacionales y cuidado

Desde las últimas décadas del siglo XX, y bajo el impacto de la globalización, se hizo evidente que se resquebrajaba el pacto interclasista de los varones que supuso, para unos pocos países centrales, la extensión del modelo del varón sustentador del hogar y la mujer ama de casa. La decadencia de dicho modelo fue paralela a la extensión cada vez mayor del modelo del "trabajador universal", en el sentido que el capitalismo global aspira a disponer de un amplio ejército de reserva planetario, formado por hombres y mujeres que adaptan sus biografías vitales y familiares a la necesidad de obtener los recursos para la supervivencia física y social, aún cuando ello suponga la migración de alguno o algunos de los miembros del grupo familiar. En este modelo la subordinación de la mujer entronca con otras fórmulas tradicionales, preindustriales, distintas del modelo del salario familiar industrial, en las que la mujer se encarga del hogar, y a la vez de la obtención de los recursos para la supervivencia de la familia, en muchas ocasiones de forma exclusiva pero invisibilizada.[16]

La irrupción de la mujer en el mercado de trabajo da lugar también a una diversificación de las biografías vitales y laborales femeninas entre las mujeres profesionales y las que no (amas de casa o trabajadoras esporádicas, complemento del salario del cabeza de familia). La función homogeneizadora asociada al ideal de la mujer burguesa concretada en el "salario familiar" y en el "todas en casa", se resquebraja y emerge más que nunca la desigualdad interna de las mujeres. Y esta diferencia se extiende a medida que se profundiza en el capitalismo mundial. O dicho en otras palabras, la generalización del "nuevo" modelo del "trabajador universal" en los países enriquecidos se ha fundamentado más en el desplazamiento en las clases medias del trabajo doméstico y de cuidado de las mujeres nativas a las mujeres inmigrantes, y menos en la repartición más equitativa de los tiempos de cuidado entre los miembros de la pareja. En España, donde prevalece un modelo familialista en el que los cuidados básicamente se aportan en el hogar, se ha pasado de un modelo en el que eran las mujeres de la familia las cuidadoras en exclusiva, a un modelo que incorpora a una inmigrante cuidadora en la familia. Además, la reducción del trabajo de cuidado por parte de las mujeres se ha producido al tiempo que se incrementaba la demanda de servicios, y que el papel del Estado en el aporte de estos servicios no respondía a las nuevas necesidades de atención a las personas dependientes.[17]

---

16. El trabajo de la mujer, a pesar de ello, se considera secundario, "complementario" al del hombre, las mujeres van a ser "proveedoras frustradas" en palabras de Celia Amorós (2008) reforzando las diferencias salariales y su posición subordinada.

17. El sobre envejecimiento de la población ha generado mayores niveles de dependencia y una demanda creciente de cuidados para la población mayor. También ha aumentado la demanda de servicios para el cuidado de niños y del hogar, debido al menor tiempo disponible por parte de las mujeres que trabajan fuera del hogar, así como al cambio en la valoración de los usos del tiempo por parte de estas mujeres, que cada vez consideran más importante un tiempo para el ocio.

La provisión de cuidado por parte de las mujeres inmigrantes ha permitido al Estado, en particular en las últimas décadas, eludir responder con los servicios y prestaciones que la situación requería. La demanda de estos servicios ha dado lugar a un enorme y creciente flujo transnacional de migrantes hacia los países más ricos. Las mujeres que migran, en muchos casos, trabajan en este tipo de empleo, en particular en las primeras fases de su inserción en la sociedad receptora. En definitiva, este proceso se interpreta como la emergencia de una nueva división internacional del trabajo reproductivo (Mattingly, 2001:372).

El trabajo de "cuidado" se ha convertido en el "nuevo oro" mundial. No por casualidad, en la última década, el análisis del "cuidado" en relación con las migraciones transnacionales de mujeres ha sido objeto de abundantes análisis. En particular se ha remarcado la perspectiva del cuidado como el "oficio del cariño" (Hochschild, 2004; Boris y Salazar Parreñas, 2010; Hondagneu-Sotelo, 2001). El carácter "de cariño" del trabajo de cuidado implica subordinaciones múltiples (de género, raza/etnia y clase) que comprenden tanto un *infrareconocimiento*, cómo una *maladistribución*, y con frecuencia una negación extrema de su *representación*,[18] sobre todo si son mujeres que no disponen de los permisos pertinentes de trabajo/yo residencia. Estas subordinaciones se hacen efectivas en la práctica a través del binomio colonizar/domesticar que se ha reforzado con la extensión de las migraciones transnacionales.

3. El contexto y el método. Las trabajadoras inmigrantes cuidadoras en España

La cifra de personas empleadas domésticas, según la Encuesta de Población Activa, en el segundo trimestre del 2013, es de 494.170 mientras que en 2008, cuando se alcanzó el máximo de la década, sumaban 590.024. Por otra parte, en la categoría de cuidado de personas (niños y adultos) se estima que hay en España 199.023 personas ocupadas y en este caso se ha reducido el volumen en más de la mitad en relación con el máximo de 403.297 personas que se registró en el segundo trimestre del 2010.[19]

---

18. En este texto no se va a tratar de la dimensión política más que en el sentido del impacto en el infrareconocimiento y maladistribución de la carencia de visado a través de la percepción de las entrevistadas.

19. Los datos actualizados de la EPA por categorías de ocupación a tres dígitos que permiten distinguir las personas empleadas domésticas y las cuidadoras, se han podido utilizar por gentileza de L. Garrido Medina.

La reducción del empleo doméstico en los últimos años de crisis, coincide con un proceso de regularización de este tipo de empleo, a partir de los cambios legislativos del 2011 y 2012, que ha significado una mejora en el reconocimiento de los derechos de las empleadas del hogar, y ha provocado que se redujera drásticamente la informalidad tradicional en este tipo de trabajo.[20] La informalidad afecta en el segundo trimestre del 2013 al 13,7%, puesto que las personas afiliadas (INSS) en este periodo suman 426.579, mientras que las ocupadas estimadas en la EPA, en el mismo periodo, son 494.170. En cambio, la informalidad representaba un 46,2% en 2011, y un 51,2 en 2007, cuando había 573.097 personas según la EPA y 276.527 según INSS.

El trabajo doméstico, en realidad, representa muchas veces el primer tipo de trabajo al que se accede, o incluso una vía de entrada al país. La administración ha fomentado este proceso a través del sistema de contingentes, siendo el contingente del trabajo doméstico el único que se mantuvo abierto incluso en el primer año de crisis. Además, cuando no se dispone de visa la opción del trabajo doméstico, y en especial el trabajo de internas, favorece la invisibilidad de estas mujeres, puesto que literalmente las hace desaparecer del espacio público. La práctica totalidad de las mujeres entrevistadas están regularizadas en la actualidad, pero en las entrevistas se repite una y otra vez la impronta que dejó esa dura etapa cuando no disponía "de papeles". Algunas de las entrevistadas se regularizaron en el 2005, cuando tuvo lugar una regularización extraordinaria que, al parecer, implicó un aumento importante de altas de trabajadoras inmigrantes en el régimen del hogar.[21]

El trabajo se basa en entrevistas semiestructuradas, llevadas a cabo en Mallorca, (España) a mujeres latinoamericanas inmigrantes, que trabajan o han

---

20. El Real Decreto 1620/2011, del 14 de noviembre, substituye el anterior régimen jurídico que consideraba el trabajo doméstico como una relación laboral especial regulada en el Real Decreto 1424/1985. Se introduce la garantía de percibir como mínimo el importe del salario mínimo interprofesional vigente, y tener garantizada la protección por accidente de trabajo y enfermedades profesionales (eran las únicas que no tenían dicha cobertura). A partir del uno de enero del 2012, el Régimen Especial de la Seguridad Social de los Empleados del Hogar se integró en el Régimen General de la Seguridad Social, como un régimen especial. Por último, el Real Decreto-ley de 28 de Diciembre del 2012 introduce la obligatoriedad de la contratación si el tiempo de servicio es inferior a 60 horas mensuales, haciéndose cargo el empleado como sujeto responsable, si así lo acuerda con el empleador.

21. A diferencia de otras regularizaciones, en ésta las trabajadoras podían presentar su solicitud de regularización si podían probar haber trabajado al menos 30 horas semanales, durante un periodo de seis meses (Moreno Fuentes y Bruqueta Callejo, 2011:132 citado de Da Roit et al. 2008).

trabajado en el servicio doméstico y/o en el cuidado de personas, sobretodo personas mayores. Se han utilizado 24 entrevistas, de entre una y dos horas de duración, realizadas entre mayo del 2009 y junio del 2011. También se han incluido en el análisis dos entrevistas a informantes clave de Cáritas (organización que depende de la Iglesia Católica en España), responsables de cursos de formación de cuidadoras para la inserción laboral de inmigrantes y dos grupos focales entre las personas (mujeres y hombres) que seguían uno de los cursos de Cáritas. El procedimiento para contactar con las mujeres entrevistadas ha sido a través de bola de nieve, de forma individual y a través de Cáritas. Se incluyen tres tipos de trabajadoras, las que son internas, las que trabajan a tiempo completo pero no son internas, y las que trabajan para diversos empleadores, tanto en el cuidado de personas dependientes como en las actividades domésticas. En la práctica, ambas actividades han formado parte de las trayectorias laborales de las mujeres entrevistadas, pero se ha centrado la atención en las relaciones que se establecieron cuando cuidaban de las personas.

Las mujeres informantes proceden fundamentalmente de Colombia (6), aunque hay también de Argentina (3), Ecuador (3), Chile (3), Bolivia (2), Brasil (2), Uruguay (2), República Dominicana (2), Perú (1).[22] Casi la totalidad de estas mujeres (20) se encuentran en situación regular en el país (y algunas tienen la nacionalidad), aunque en la mayoría de casos entraron en el país sin visado, y tienen difíciles historias en sus primeros años, cuando no estaban regularizadas. Sus edades están comprendidas entre los 20 y 60 años, aunque la mayoría tienen más de 40 años (10). Su nivel de formación reglada varia entre estudios universitarios, en algún caso, y estudios obligatorios o bachiller; algunas personas han homologado sus títulos en España. En la mayoría de casos están casadas o divorciadas, con o sin pareja en la actualidad.

A través de las entrevistas las mujeres con las que hemos conversado han hecho patentes procesos mucho más complejos de lo que las constricciones del marco teórico sugerían. En particular han emergido una y otra vez construcciones de identidades que reflejaban estrategias para un mayor autoreconocimiento y mejoras en sus condiciones económicas, aún cuando en ocasiones reforzaran en el mismo proceso las subordinaciones cruzadas de etnia, clase y sexo/género.

---

22. Estas entrevistas forman parte de un trabajo realizado por el grupo de investigación *Desigualdades, Género y Políticas Públicas* de la UIB en el contexto del Observatorio Social de las Islas Baleares. En la realización y transcripción de las entrevistas han trabajado Andrea Beltrano y Romina Perazzolo.

4. Los resultados

4.1. Domesticar y colonizar; mecanismos del mal reconocimiento

(Ana María, Colombia) "...y como en casi todos los trabajos no puedes dejar que tus emociones se mezclen, pero aquí más, porque si tu tienes un día malo y justo ese día quiere que más la escuches..., esos trabajos son mas de calidez y humanidad porque no es fácil, y en este caso específico, pues a mi la gente mayor me conmueve muchísimo"

El trabajo de cuidado se basa más que cualquier otro en los valores de amor, cariño, proximidad, que han definido el hogar como espacio esencialmente femenino por oposición al espacio público caracterizado por la razón, la distancia, la competencia, los valores de la masculinidad normativa tradicional. En tanto en cuanto el cuidado representa estos valores se devalúa como empleo. Este proceso, que fluye subterráneamente, se refuerza en la medida que estos valores son especialmente apreciados en el trabajo cotidiano de cuidar a las personas. Es decir, se aprecia en particular que las cuidadoras sean cariñosas y dulces. Y cuanto más apreciados son estos valores más se devalúa como empleo.

Para las mujeres entrevistadas estos valores conferían un carácter especial a su trabajo, y formaban una parte importante en la construcción de su identidad individual como trabajadoras. Al mismo tiempo, estos valores que devalúan la identidad social de las mujeres empleadas en el cuidado doméstico, son valores que ellas mismas reivindican en la construcción de su identidad individual. Esta percepción contrasta con la de los hombres cuidadores que participaron en el grupo focal, ellos se esforzaban por distinguirse a través de la profesionalidad, por ejemplo remarcando que no realizaban otras tareas domésticas que, por lo general, se les pide a las mujeres cuidadoras. En otras palabras, mientras que las mujeres entrevistadas utilizan lo que se ha denominado el "vocabulario del amor", los entrevistados cuidadores se esforzaban en un "vocabulario profesional, basado en las cualificaciones" (Macdonald y Merrill, 2002: 77).

El "vocabulario del amor" va íntimamente ligado a la especificidad de lo doméstico, y es una estrategia para reconocerse a sí mismas en círculos de reconocimiento (Pizzorno, 2007: 235) en el que se valoran estas cualidades, por ejemplo en el hogar o en su comunidad, pero al mismo tiempo este esfuerzo las debilita en su identidad como trabajadoras. De hecho hay una cierta continuidad en la percepción de estas mujeres entre el trabajo doméstico y de cuidado en la familia, y los mismos trabajos como empleo remunerado; el mecanismo de la domesticidad actúa en las propias identidades, ellas/nosotras son/somos los agentes del propio infrareconocimiento.

(Mercedes, Perú) "...Lo mismo que yo hago en casa lo hago para una señora y no pago habitación..."

Las tareas de cuidado en los hogares en los que trabajan representan un desplazamiento de su domesticidad, desde su propio hogar al hogar en donde son empleadas, de tal manera que, para las familias que trabajan e incluso en ocasiones en su propio entorno social, sus propias necesidad de "cuidado" son invisibilizadas. En ese proceso de desplazamiento en la domesticidad se tiende a considerar que el cariño que aportan es algo ajeno a ellas mismas, a las relaciones afectivas que las han sustentado, a sus biografías afectivas. Se trata de una transferencia de cariño naturalizada, invisibilizada. En las entrevistas se repite, una y otra vez, la idea de que la familia que las emplea no se preocupa por sus sentimientos, por sus historias, por ellas como *sujeto* pleno.[23]

(Susana, Colombia) "ellos estaban pendientes solamente de ellos… nunca te preguntan si te sientes bien como estas, te has venido de tu país y si has encontrado lo que tu buscabas"

Se podría decir que en muchos trabajos, el trabajador seguramente manifestaría una opinión parecida, en particular en trabajos manuales, repetitivos, intensos y/o estrechamente controlados o supervisados. También podríamos decir que la implicación emocional está presente en todo trabajo, pero en el caso del trabajo de cuidado estos rasgos se intensifican, porque uno de los productos del trabajo de cuidado es precisamente crear y mantener unas relacionas armoniosas con la persona que cuidan, es decir es "cuidar" estas relaciones (Tronto, 2002: 37). Pero se trata de procesos complejos, tanto si se trata de niños como de personas adultas interviene de manera decisiva, no solo la relación con la

---

23. Hondgneu-Sotelo (2001) ha señalado que las madres que trabajan y adquieren los servicios de niñeras con frecuencia reconocen que no se preocupan por la vida e historia de sus empleadas. Pero también, que en ocasiones les sorprende pensar que las mujeres que cuidan de sus hijos lo hacen solo por dinero (Hondgneu-Sotelo, 2001: 120, citado en Tronto, 2002: 37).

persona cuidada, sino también con la familia que la emplea. De alguna manera se espera que se vincularán emocionalmente, pero al mismo tiempo se supone que se mantendrán en una cierta lejanía. Es decir son "como de la familia" pero no son "la familia". Estas contradicciones son uno de los motivos principales de aflicción que manifiestan las mujeres entrevistadas.

> *(Susana, Colombia) "Y Álvaro como yo estaba tanto tiempo con él..., a la mañana preguntaba por mi, el niño no comía con nadie, y claro, la madre se ponía celosa"*

Se ha de recordar que todo proceso migratorio supone un duelo al que se le suma que su trabajo sea precisamente "cuidar" es decir, aproximarse a otra "familia" y establecer lazos más o menos afectivos con ellos, a la vez que se ha de separar de los suyos, máxime si se trata de madres de hijos pequeños que pasan a cuidar a otros niños. La "transferencia de amor" como mecanismo psicológico es indudable.[24]

> *(Teresa, Ecuador), "Viniendo de esta familia una de las hermanas tuvo niños,... y claro empiezas a quererlos..., se llega a crear un vinculo y yo tenía eso de los varones..."*

Pero se trata de una "transferencia subordinada" de un vínculo frágil, que pende de un hilo; las relaciones laborales y personales que se establecen con la persona cuidada y sus familiares más cercanos no son fáciles, lo que ahonda en la vulnerabilidad emocional que supone el separarse de su propia familia. Además cuando se trata de personas mayores enfermas, o con problemas graves de autonomía, nunca se sabe cuanto tiempo pueden durar, y la pérdida de esa persona puede suponer un proceso doloroso o como dice Mercedes.

> *(Mercedes, Perú) "...y la vida de los señores mayores no está comprada, hoy está y mañana no está..."*

Por otra parte, el proceso de separación de la familia, y en particular de los hijos, provoca necesariamente una reconfiguración de las relaciones afectivas en el seno de la familia. Si los hijos son pequeños y han quedado en el país de

---

24. Este proceso ha sido definido por Salazar Parreñas (2001) como "maternidad desplazada".

origen con frecuencia son cuidados por las abuelas, pero también se establecen redes de cuidados, es decir, se paga por este servicio a otra mujer, que a su vez ha de articular estrategias para el cuidado de sus propios hijos, como veremos más adelante.

Por lo general las entrevistadas perciben la separación física como un déficit de las responsabilidades maternales, puesto que socialmente se las reconoce en primer lugar como cuidadoras.[25] Esta percepción de ausencia maternal se contrarresta poniendo el acento en el aporte de recursos para sus hijos, para su formación, su porvenir etc.

> *(Josefa, Bolivia) "Mi madre cuidaba a mi hijo. El iba a un colegio privado, a profesores particulares y natación y yo se lo pagaba. No mandaba cada mes, mandaba a lo mejor cada 3 meses X monto de dinero y mamá utilizaba lo que necesitaba".*

En las entrevistas realizadas, las madres que han dejado hijos pequeños a cargo de las abuelas y los han reagrupado unos años después, explican las dificultades del reencuentro y la integración de los hijos en un entorno distinto, y en repetidas ocasiones cuentan el profundo dolor que les ocasionaba que llamaran mamá a las abuelas, como un signo supremo de su falta, de su abandono. En el caso de Josefa, después de unos años separada de su hijo, ahora viven juntos y están muy unidos superando aquella fase de alejamiento que recuerda así:

> *(Josefa) "Claro el decía mami a mi mamá, era como su mamá. Y no hablábamos, yo lo notaba muy distanciado. No había esa comunicación, yo sentía que lo estaba perdiendo".*

El proceso de invisibilización lleva a no reconocer la existencia de "un hogar propio" de las mujeres domésticas y cuidadoras. Este mecanismo forma parte del proceso tradicional de producción de estigmatización, al "hogar" normalizado se le opone el "desorden" del hogar de la "otra/otro". Este imaginario se exacerba en el caso de las mujeres que son internas, y que por lo tanto en la

---

25. Hay una cierta literatura que tiende a magnificar este déficit, e incluso se ha analizado, en el caso de Filipinas, como afecta al nivel de estudios de los hijos de las mujeres que han emigrado. Naturalmente, este problema no se plantea en el caso de los varones. Ver al respecto Salazar Parreñas (2001).

práctica no tienen "hogar". El trabajo de cuidado como internas es un nicho laboral de las mujeres recién llegadas, en particular si han emigrado solas y han dejado a su familia, y con frecuencia a sus hijos, en el país de origen, y si no disponen de los permisos para residir y trabajar. En realidad, constituye una vía de entrada al país, por eso en muchos casos las mujeres entrevistadas, aunque no son internas en la actualidad, si lo fueron en algún momento.

El trabajar de internas supone resolver momentáneamente el problema del acceso a la vivienda, que es costoso y difícil sin avales o un contrato de trabajo, y además se valora cómo una seguridad en un primer momento, una protección en un entorno desconocido. Es usual entonces que se perciba esta proximidad, este vínculo, como una relación en clave familiar.

(Matilde, Chile) "siempre me vio como a una nieta... Fue como encontrar a una familia"

La percepción de protección que puede representar en un primer momento, se combina con el aislamiento en el que se ven envueltas, máxime cuando no se encuentran en situación regularizada.

(Susana, Colombia) "Sí, sí. Uno viene, y como te digo, siente que si sale se va a perder y como a uno le meten miedo que si sale sin papeles lo pueden coger, que si esto que si lo otro"

(Mercedes, Perú) "yo estuve... un año y ocho meses de interna... salí... hice lo que quise... conocí... porque no conocía Palma, yo nunca había salido de Palma..."

El aislamiento si se prolonga en el tiempo puede tener efectos devastadores en las relaciones familiares y comunitarias de estas mujeres (tanto en el país de destino como en el país de origen) y en su propia identidad y expectativas.

(Matilde, Chile) "Yo decidí dejar de trabajar con la abuela porque yo sentí que mi proceso de estar enclaustrada había pasado... Eso fue lo que me costo aquí el horario, prisionera en una casa eso colapso conmigo como persona..."

En realidad el trabajo de internas representa el eslabón más débil y explotado en el trabajo de cuidado en todo el mundo.[26] Es un trabajo que dificulta que se reagrupe la familia o que se forme una de nueva. Por lo general no se puede mantener el trabajo si se quedan embarazadas y no pueden convivir teniendo un niño pequeño en el hogar donde están empleadas. Eso implica que o bien dejan el trabajo de internas o bien dejan a su hijo recién nacido con la familia en el país de origen. Una de las mujeres entrevistadas, Isabel, al quedar embarazada volvió a su país de origen para dar a luz y dejar a su recién nacida, junto a sus anteriores hijos al cuidado de la familia. En este caso solo años más tarde pudo reagrupar a la familia.

El trabajar de internas representa un freno para que se reagrupe la familia. Además el proceso de reagrupamiento es a menudo largo, y se exige un domicilio familiar que a veces se ven obligadas a mantener aunque no vivan en él, mientras dura el proceso legal. En estos años de crisis, ante las dificultades para pagar un alquiler, en no pocas ocasiones, la familia ha vuelto al lugar de origen mientras que las mujeres han vuelto a trabajar de internas.

La domesticidad está íntimamente imbricada con la razón colonial, que actúa tanto en el país al que han migrado, como en el país de origen. En las entrevistas se han identificado distintos mecanismos a través de los que actúa la razón colonial. El primero es el bien conocido proceso de *"exotización"* de la otra, (Suárez Navas y Hernández, 2008: 40) por el que se considera que las mujeres latinas están especialmente dotadas para el cuidado, son dulces, atienden mejor, etc., y provienen de una cultura más tradicional, donde el respecto por los mayores tiene todavía una fuerte presencia. En definitiva, encarnan mejor los valores tradicionales de la domesticidad. En este proceso, al mismo tiempo se exotiza y domestica, lo interesante es cómo este "plus de amor" socialmente no implica una mayor valoración como empleo, si no todo lo contrario, les juega a la contra, les profundiza el infrareconocimiento. Esta creencia se ha mostrado en diferentes estudios referidos a otras regiones del mundo (Salazar Parreñas, 2001). Por nuestra parte, en las entrevistas que hemos realizado en Baleares a los responsables de Cáritas, una organización que se ha dedicado desde hace muchos años a la formación de cuidadoras, se ha reafirmado esta misma idea.

---

26. Ver al respecto el estudio de Hondagneu-Sotelo (2001).

(Silvia, informante clave, Cáritas) "para cuidar a una persona mayor les gusta mas una boliviana, les encantan las latinas, y para limpiar les gustan las personas del este, pero te lo dicen así…"

Las mujeres entrevistadas sistemáticamente han resaltado la relación de cariño que se establece con las personas que cuidan como una diferencia cultural. En ocasiones, lo contrastan con la frialdad y ausencia de respeto que manifiestan los propios familiares hacía la persona dependiente. O incluso, con las barreras que estos ponen cuando ellas quieren manifestar este cariño más allá de lo estrictamente laboral.

(Teresa, Ecuador) "…a las gente no les gusta… muchos abrazos, no… para ellos es mejor, no crear lazos… para mí es más duro, porque al no tener una familia, yo tengo la tendencia de acercarme a las personas… y eso me afecta psicológicamente… les cogí rabia… no me dejaron ni verla después de muerta…"

El segundo mecanismo es la idea de que las latinoamericanas son más pasionales y abiertas a las relaciones sexuales. Se trata de lo que McClintock (1995: 35) denomina la tradición *porno-tropical* del colonialismo. Florencia, brasileña de 36 años recuerda cómo se encontró repetidamente con esta visión y la estrategia que adoptaba para huir de ella.

(Florencia, 36, Brasil) "había vivido este prejuicio en Italia. Hay muchísima prostituta brasileña en Italia, mucha, mucha, de calle y dices que eras brasileña y ya la gente "mmm, brasileña… mmm…" y te empiezan a hacer gestos… un asco. Aquí también, ¡oh.. sí! si en una época empecé a mentir, empecé a decir que no era brasileña sino portuguesa, me harté"

Este mecanismo está estrechamente vinculado a la domesticidad, tradicionalmente se ha asociado la servidumbre sexual a la servidumbre doméstica (y a la inversa). Se ha documentado cómo en el turismo sexual obligaban a las muchachas que les sirvieran, además de tener relaciones sexuales, es decir les exigían sumisión doméstica (Mies, 1997: 203). En nuestro estudio Mercedes, interna en una casa cuidando a una señora mayor, se sentía violentada por las alusiones del hijo de sesenta años, cuando le dijo una tarde al disponerse a salir

> *(Mercedes, Perú) "…Donde vas tan guapa.. Cuidado que vienes preñada….." y el hijo (de 60 años) reía… "me sentía más sarnosa que la pulga de un perro sarnoso"… y decía "preñada" no "embarazada"*

El tercer mecanismo es el de la *racialidad,* en el orden de estatus colonial se privilegia los rasgos asociados a la "blancura", y se estigmatizan los asociados a otros orígenes raciales. En nuestro estudio, se sobreentiende más "natural" que se dediquen a servir las personas de rasgos más "morenos" e "indígenas", y en cambio, cuando son los rasgos más "blancos" (que se asocian a su vez a una mayor cultura) se ve con más sorpresa que se dediquen a este tipo de empleo. Laura, procedente de Argentina, trabajó junto a su marido de interna, tras diversos problemas dejaron el trabajo, y en la disputa con la persona contratante visitaron al abogado de ésta. Laura nos lo cuenta así.

> *(Laura) "…el abogado primero cuando nos vio se le cayó el alma, porque se pensó que íbamos a ir dos indios, ignorantes, analfabetos…"*

Las entrevistadas se refieren con frecuencia a sus rasgos, o a los de sus hijos tanto en el sentido de que son "blanquitos" y no han tenido problemas, como a su temor de que sean discriminados en la escuela, con los compañeros si son "morenos".

> *(Laura, Chile) "Yo no sufro tanto la discriminación… porque qué pasa, a mí cuando me ven… lo primero que… no piensan que soy de afuera, no tengo rasgos… ¡es como vos! hasta que no hablamos, no se enteran pero en la clase de mi hija ¡la más negra es mi hija! Sí… es morenita mi hija…"*

En el trabajo doméstico y de cuidado hay jerarquías que, en buena medida, se corresponden con diferencias de raza o etnia. Así en el eslabón más bajo se encuentran los trabajos domésticos, y en el superior los de cuidado de personas. Es más, en estos últimos se distingue muy claramente cuando es el cuidado de personas adultas dependientes, o cuando es el cuidado de niños. Las personas entrevistadas se concentraron mayormente en el cuidado de personas mayores. En realidad, en el colectivo de empleadas domésticas y en particular de cuidadoras en España hasta hace poco había muy pocas mujeres de color. En las asociaciones que se dedican a insertar a las mujeres inmigrantes que llevan a cabo los cursos formativos para este tipo de empleo tienen muy claras las dificultades que se encuentran.

(Silvia, Cáritas, informante clave) "No… no importa que sea de donde sea, es negra. Asusta, pero yo sé que es miedo a lo desconocido a lo que no estas habituado. Hay problemas, en meses he insertado a una persona negra, estoy como cruzando los dedos hoy se me olvidó llamar, pero en este caso hago el seguimiento de todos los **días,** *esto lo puedes poner ahí en letras grandes, no se si es racismo o xenofobia, desconocimiento, no sé que adjetivo poner, pero cuesta enviar a una casa una persona negra, pero muchísimo"*

La racialidad no solo se manifiesta en los rasgos físicos si no también en el lenguaje. Las entrevistadas, mujeres latinoamericanas, procuran suavizar su acento en español, modificar su vocabulario para no ser rechazadas en el trabajo. Es decir, las mujeres entrevistadas buscan anular estas diferencias para sortear la subordinación de estatus, expresada en la estigmatización en la que se encuentran inmersas.

(Laura, Chile) "yo notaba que si yo hablaba muy uruguayo no te daban más pelota, entonces empecé a suavizar"

4.2. Domesticar/colonizar y mala redistribución: la explotación del corazón

De acuerdo con las tesis de Nancy Fraser, el género es un grupo bidimensionalmente subordinado, en el sentido de que tanto la mala distribución como el reconocimiento erróneo son formas de injusticia primarias y co-originales, es decir, no puede decirse que una sea el efecto de la otra (Fraser, 2007: 25). El infrareconocimiento, a través de los mecanismos descritos, condiciona las desventajas económicas del trabajo doméstico y del cuidado como empleo, y a su vez, las desventajas de distribución profundizan el mal reconocimiento.

La mala distribución se concreta tanto en términos de bajas remuneraciones, cómo en malas condiciones laborales, derivadas del no reconocimiento del trabajo doméstico en tanto que empleo de pleno derecho. En España, perduraba hasta finales del 2011 un estatuto legal particular, que dejaba completamente desprotegidas a las trabajadoras ante los abusos en las condiciones de trabajo. La nueva normativa reconoce una serie de derechos de las empleadas/os del hogar, pero aún no tienen derecho a la prestación por desempleo; es decir, la legislación sigue refrendando, en parte, el carácter de servilismo de este tipo de empleo.

Además, cuando las inmigrantes no disponían de papeles de residencia, las condiciones se endurecían ya que tenían que aceptar remuneraciones y condiciones laborales peores. Es decir, la ausencia de derechos (falta extrema de representación) se convierte en un factor clave que refuerza la mala distribución y el infrarreconocimiento.

> *(Susana) "Sí, sí. Uno viene, y como te digo, siente que si sale se va a perder y como a uno le meten miedo que si sale sin papeles lo pueden coger, que si esto que si lo otro"*

La poliactividad tradicional y la flexibilidad a la que están acostumbradas las mujeres las hace sujetas idóneas para el ejército de reserva global; en el capitalismo tardío se obtiene un plus valor de la ausencia de identidades profesionales "fuertes" en las mujeres. Las mujeres entrevistadas con frecuencia se refieren a su mayor capacidad para resistir las adversidades de la migración en comparación con los hombres debido a que están acostumbradas a realizar múltiples actividades.

> *María (Colombia) "A las mujeres le resulta más fácil asumir cosas, si no trabajo en esto, hago esto. Para los hombres es más difícil, la mujer se adapta más fácil. El hombre se cansa más rápido"*

Ahora bien, no se trata exclusivamente de una cuestión de desventajas económicas, el no reconocimiento permite generar un plus valor. La subordinación en el trabajo de cuidado genera un plus valor tanto directo como indirecto: directo, para sus empleadores, al reducirse los costes laborales de las empleadas del cuidado, e indirectos al reducirse los costes que para el Estado hubiera representado el mantener la atención a la creciente población dependiente (en particular población mayor) que no hubiera podido acceder a los servicios privados.

En términos estructurales, en el mundo conexionista se ha producido una transformación en profundidad de la propia consideración del trabajo y los elementos centrales que definían "el mundo doméstico", y en particular, los valores de la feminidad normativa han sido apropiados como elementos clave en el valor de las transacciones; la lealtad, el cariño, la proximidad aportan valor de mercado en el proceso de mercantilizar las capacidades, las potencialidades del individuo más que sus acciones. Pero al mismo tiempo, como hemos visto, estos valores son elementos que refuerzan el infrareconocimiento de estas mujeres y de sus actividades de cuidado. Es decir, al tiempo que la lealtad, la empatía y el cariño conceden mayor valor a la persona cualificada en un entorno de movilidad y competencia, estos mismos elementos le restan valor a las personas, y en particular a las mujeres, que se encargan del cuidado (del hogar y de las personas) cómo empleo.

El amor y el cariño es un recurso renovable que necesita ser alimentado, potenciado. Se requiere dar y recibir amor para estar en condiciones de transferirlo (Hochschild, 2004: 15), pero al no reconocerse el tiempo y habilidades que se requieren en este trabajo se reduce la empleabilidad de estas mujeres, en el sentido de las expectativas de sus competencias en el mercado de trabajo. Las entrevistadas perciben en ocasiones que no es un verdadero empleo y que es un retroceso respecto a los empleos y actividades que realizaban en su país de origen.

> *(María Luisa) "...Ahora mismo no estoy trabajando por que.... estoy trabajando pero no en lo mío. Ahora hago horas en la casa de ..."*

> *(Josefa) "Vete tú limpiando baños, fregando suelos, yo he trabajado en un empresa constructora en Argentina, le llevaba la contabilidad. Entonces claro, yo me sentía mal, no está bien. Yo lo veía como perder mi tiempo".*

> *(Mercedes, Perú) "era administrativa en Venezuela, en una de seguros... es un retroceder trabajar de interna... pero te honra más que otras cosas"*

> *(Marisel, 37, Colombia) "No es el hecho de que por limpiar sea menos, yo considero que no. Pero sí me gustaría hacer otra cosa, me gustaría desempeñarme en lo que yo sé hacer" (tenía una peluquería en su país)"*

En el proceso por el que se estrechan lazos, se generan relaciones de reciprocidad y se transfiere amor, se domestica y coloniza, lo que a su vez, alimenta la explotación. Según Hochschild (2004: 15) el amor es un recurso, como otros, que se transfiere de los países empobrecidos a los enriquecidos; al traspasar las actividades de cuidado a las mujeres inmigrantes de los países empobrecidos, se produce un intercambio desigual de cariño por dinero, dado que en ese proceso se produce un déficit en el cariño y cuidado de sus propias familias. Se trata de una "explotación del corazón", según la terminología de Hochschild (2004: 15). Sin embargo, podemos encontrar una explicación distinta a la "explotación del corazón"; Luc Boltanski y Ève Chiapello (2002: 469) afirman que solo puede funcionar el mundo conexionista si hay anclajes locales sobre los que sustentarse y obtener un plus de movilidad, y por lo tanto de beneficio, a costa de la inmovilidad de otros. El caso de las mujeres inmigrantes cuidadoras (y no solo ellas) es un ejemplo muy evidente de este proceso; han abandonado su casa, y con frecuencia su familia, para desarrollar una actividad en un lugar muy distante en cual se encargan de nuevo del anclaje en lo local, en las relaciones de proximidad, como es el cuidado de personas y las actividades domésticas en el hogar. Se puede interpretar que se obtiene este plus valor del sobreesfuerzo de estas mujeres en mantener estos anclajes, basados en la proximidad, cariño y afecto tanto en la familia donde trabajan como en su hogar. Pero este anclaje no va a ser valorado en su trayectoria laboral, cuando esos mismos valores de cariño, inteligencia emocional etc. están emergiendo como los nuevos valores en el capitalismo global.

Las mujeres entrevistadas con frecuencia se refieren, en relación a los hombres, a su mayor capacidad de lucha, de adaptación a las condiciones del trabajo, de flexibilidad. Están más acostumbradas a una mayor poliactividad, su identidad no está definida principalmente por su profesión, si no por su función de cuidadoras (hijas, esposas, madres) por lo que resisten mejor las adversidades de la migración.

> *María (Colombia) "A las mujeres le resulta más fácil asumir cosas, si no trabajo en esto, hago esto. Para los hombres es más difícil, la mujer se adapta más fácil. El hombre se cansa más rápido"*

> *Isabel (Ecuador) "...mi marido no conseguía trabajo y como hombre latino, que sé yo, el orgullo mal fundado decía "si no trabajo en lo mío no trabajo", y la verdad es que no había mucho donde elegir, sin papeles, él quería trabajar en su carrera y no encontraba, y dijo, yo me regreso, y me dejó sola con los niños"*

Esta flexibilidad, que las hace sujetas idóneas en el ejército laboral global, es precisamente la que instrumentaliza el capitalismo tardío, a través de los principios de "domesticidad", para obtener un plus valor de la ausencia de identidades profesionales "fuertes" en las mujeres.

4.3. Las estrategias de las mujeres en relación al cuidado

Los flujos masivos de información han alterado el sentido del tiempo y del espacio; la red de relaciones personales y familiares se convierten en pilares de la actividad productiva mundial, en nodos o puntos de confluencia de relación que no requieren la copresencia. Las migraciones internacionales representan, en la actualidad, una transnacionalización de las relaciones sociales primarias, dado que es factible mantener el sostenimiento económico (enviar remesas de divisas) y afectivo de la familia, en mucha mayor proporción que hace apenas unos años, lo que significa mantener los lazos y contactos que les permiten plantear estrategias comunes de futuro. Estos flujos de afectos, recursos, obligaciones, constituyen lo que podemos denominar "circuitos transfronterizos de reciprocidades".[27]

Las mujeres inmigrantes cuidadoras entrevistadas no son sujetos pasivos, desarrollan estrategias para buscar un trabajo que les permita aportar recursos para mantener el hogar, y a la vez ponen en marcha los medios para mantener el contacto y atención a su familia. En este proceso actúa el binomio colonizar/domesticar, y por lo tanto la subordinación de género, y a su vez, se transforman a nivel individual sus expectativas e identidades.

El aportar los recursos para su familia tiene un doble efecto, ya que por una parte refuerza su estatus, a través de su papel de provisoras exclusivas o principales del hogar, y por otro, las ata irremediablemente a la carga de ser el sostén de la familia y les recorta enormemente otras posibilidades. El aporte de recursos, a la vez que les confiere una mayor autoridad en el contexto familiar, realimenta el papel de responsabilidad tradicional de la mujer como provisora del hogar, una responsabilidad pre-fordista, ligada a la poliactividad de la mujer dentro y fuera del hogar.

Las mujeres se sienten con un deber en relación a sus familias, no solo con sus hijos o padres, si no también con sus hermanos u otros parientes. En este

---

27. Concepto adaptado de Saskia Sassen (2004: 41 y siguientes) que habla de redes transnacionales (Carbonero Gamundí y Vázquez Laba, 2010).

proceso se transforman sus expectativas e identidades, y puede darse el caso que se refuerce a la vez su domesticidad y su autoridad.[28]

> *(Josefa) "Eres cabeza de familia, de mi hermano, de mi otro hermano, de mi madre, porque los medicas, le dicen tal o cual y yo tengo que decírselo, no lo hace como lo tiene que hacer y siempre hay que estar. Hay momentos en mi vida que digo: "ya, que hagan lo que les dé la gana", pero no puedo. No puedo, me importa, yo tengo que ver y decidir lo mejor para cada uno de ellos"*

Pero al mismo tiempo esta responsabilidad, el trabajo duro día a día para enviar las remesas, en especial cuando se está solo, es percibido como un freno para el desarrollo de la propia vida, de las ilusiones y expectativas. Josefa nos dice a continuación:

> *"Mi familia en Bolivia están y siempre estarán ahí. De salir mi madre no quiere, en todo caso de yo ir tiempos mas alargados, pero en principio debo solucionar lo de mi hijo (bajo rendimiento escolar), encaminar lo de mi hermano, y empezaré a preocuparme más de mí. A ser más independiente en lo que yo quiero, mi vida se me está pasando, y me doy cuenta que cada día estoy más mayor"*

En la jerarquía que se establece en el trabajo doméstico y de cuidado el eslabón más débil es el de las internas,[29] por lo que por lo general en cuanto pueden intentan acceder a otros trabajos externos. Diversificar las opciones, y disponer de distintas casas, dedicando muchas horas y esfuerzo, es una estrategia que permite, aunque muy débilmente, resguardarse ante la incertidumbre

---

28. Algunos estudios han mostrado como aún cuando sus prácticas podrían representar una mayor autoridad, a la vez mantienen una ideología tradicional en relación a la autoridad masculina (Baker, 2004: 394).

29. Martínez Buján (2008) en su estudio sobre la inmigración en el sector del trabajo doméstico en Galicia y Navarra ha llamado la atención sobre un proceso de sustitución étnica en el trabajo de internas; cuando los colectivos nacionales van abandonando este nicho de empleo, entre otras razones porque se regularizan, son sustituidos por otras nacionalidades menos asentadas. Este proceso tuvo mucha importancia en el 2005, al parecer, en las regiones que se analizan; entonces, se produjo una regularización importante de las mujeres colombianas, y el trabajo de interna pasó en buena medida a las mujeres procedentes de Bolivia.

y volatilidad del trabajo.[30] Las situaciones laborales pueden variar muy rápidamente, se encuentran sujetas a una gran incertidumbre. En este contexto, encontrarse de nuevo como interna representa, por lo general, un doloroso retroceso.

> *(Mercedes) "...de nuevo ser interna... me sentía asfixiada... el primer día estaba... ay"*

El segundo eje en el que se centran los esfuerzos de estas mujeres es procurar el cuidado de su familia. Ellas cuidan un hogar, y a su vez organizan a partir de redes transnacionales de reciprocidades, el cuidado de su propio hogar en el país de destino, y la mayoría de las veces en el país de origen, donde sus madres u otros parientes femeninos cuidan de sus hijos. Entonces se organizan cadenas transnacionales de cuidado, que incorporan tanto el cuidado no remunerado como el cuidado remunerado.

Las cadenas de cuidado son un "asunto de mujeres", que refuerza los valores androcéntricos, puesto que reproduce los mecanismos de domesticidad y colonialismo. A la vez, permite una redistribución de recursos entre mujeres y complejiza la interrelación y la distinción entre ellas (y no solo en los países de destino), puesto que con frecuencia proceden de un mismo estatus social. A veces estas cadenas tienen múltiples estaciones, por ejemplo son tres estaciones cuando: las hijas mayores de familias pobres (o las abuelas u otros parientes) cuidan a sus hermanos (primera estación) mientras que sus madres cuidan a los hijos de las mujeres que han emigrado (segunda estación) que a su vez cuidan a los hijos (o mayores) de las familias en los países enriquecidos (tercera estación). En la estación de origen las mujeres son cuidadoras, en el intermedio son cuidadoras y al mismo tiempo sus familias reciben cuidados, y en la estación final son "cuidadas". Es decir que para las mujeres emigrantes que desarrollan estas redes su posición es ambivalente, cuidan aquí y pagan (o establecen reciprocidades) para que su familia sea cuidada allí (Salazar Parreñas, 2001: 62).

Tal y como nos cuenta María:

---

30. Diversos estudios sobre las mujeres inmigrantes domésticas en Estados Unidos han puesto de manifiesto los sistemas por los que las mujeres recién llegadas o con menos experiencia y contactos "ayudaban" a las más experimentadas que compartían casas con ellas, a cambio de una parte de su salario (Hondagneu-Sotelo, 1994: 51, 2001).

(María, Colombia) "…Yo tengo una amiga acá, que es la madrina de mi hijo, ya esta acá hace 9 años. Y cuando ella vino para acá, yo me quedé en Colombia con la obligación de cuidar a sus hijos. Aparte de mi hogar y mi trabajo me hice cargo de la familia de ella para que pudiera viajar. Ella me pagaba a mi un sueldo por cuidar a sus hijos. Al principio no, pero después sí. Y llegó un momento en que yo veía que no tenía casa propia, que trabajaba mucho tiempo en la peluquería y en casa, y mi esposo trabajaba muchísimas horas también, y el dinero no se veía"

Las redes de reciprocidades en las que se sustentan estas cadenas son complejas, implican distintas formas de acuerdos, de tiempo o de dinero. Tal y cómo puntualiza María que un tiempo después también emigró a Mallorca:

(María) "…mi hijo lo cuidan mi esposo y mi suegra, pero también hay una chica en casa. Mi suegros viven cerca de casa, pero en casa hay una chica que hace los oficios de la casa. Y la pago yo con dinero"

A través de estas cadenas se refuerza la subordinación de las mujeres en el lugar de origen, reproduciéndose los mecanismos de domesticidad y colonialismo analizados. Así, es frecuente que las mujeres que trabajan en el cuidado y las actividades domésticas sean mujeres más pobres, que han emigrado a su vez del campo a la ciudad o entre países distintos.

Las redes de cuidados en el país de origen, y la atención a la familia en un sentido amplio se ven facilitadas hoy en día por el uso de internet, que les permite mantener una relación de proximidad virtual impensable hace unas décadas, e incidir cotidianamente en el devenir de la familia, y en particular de los hijos. Ésta cuestión es muy importante en el discurso de las entrevistadas, el control y relación cotidiana que mantienen refuerza su identidad de madres, y les permite en parte subsanar el déficit de interrelación que deriva de su ausencia física.

(Mercedes, Perú) …me piden permiso. Mamá, por favor, hay una fiesta, un quinceañero, ¿puedo ir? Y yo… ¿cómo te estás portando. Me dice "mamá, es que mi abuelita… esto y lo otro". Y yo… ¡no vas! y ella llorando. Si tú te portas bien, de aquí a dos semanas tal vez puedas ir. Claro, yo lo cuento y nadie me lo cree, ¿le das permiso desde España? y… sí"

(Beatriz, 56, Argentina) "Yo con mi hija tengo relación diaria del día a día (se emociona)... *Yo estoy todo el día conectada al msms y ella también, aunque no hablemos, pero saber que ella está conectada me da tranquilidad. Los días que se conecta más tarde, por lo que sea, yo me preocupo".*

Las redes de reciprocidades también se establecen en el país donde han inmigrado, tanto en relación con el cuidado de la familia, como con las estrategias laborales y la participación en la comunidad. Los hijos y personas dependientes, con frecuencia son cuidados por mujeres de la familia y por amigas, en un entorno de favores mutuos. En estas reciprocidades se puede observar, de nuevo, el continuum de cuidado y trabajo doméstico remunerado y no remunerado, ya que las reciprocidades atraviesan estos umbrales.

(María, 37, Colombia) "Las horas al principio las consigo por medio de mis amigas. Conseguí una hora de una, otra de otra y fue como una cadena, por el boca a boca. Y me doy el lujo de devolverle el trabajo a mis amigas porque tengo mucho trabajo"

Por lo general, los hombres no están presentes en los discursos que ellas elaboran en relación al cuidado, aunque en más de un caso son los padres/abuelos que no trabajan los que se hacen cargo también de la casa o del cuidado de hijos y nietos. Pero se asume como algo accidental, transitorio, que no define solidaridades, tal y como las que se establecen entre las mujeres, y en particular con las madres cuando éstas se encargan de sus nietos en el país de origen. Estas estrategias, a su vez, inciden en la propia subjetividad de las mujeres, en la visión de si mismas, de su entorno. Sus estilos de vida cambian, con frecuencia les representa una mayor libertad y un camino que al ser recorrido es difícil dar marcha atrás, ya que entra en contradicción con los valores con que se formaron y las relaciones que previamente tenían con su familia.

(Mercedes, Perú) "yo le dije: con tu tía no trabajo, bueno, es que yo... no sé... he salido tan joven de mi casa, que entonces me parece que me cuesta recibir órdenes, me cuesta ser de nuevo la hija, me cuesta pedir permiso, me cuesta, porque yo allá tendría que salir y pedir permiso, aquí no, aquí salgo, son cosas tan diferentes, muy diferentes"

En realidad, las mujeres que deciden cruzar el Atlántico son mujeres por lo general con un capital educacional, de experiencia, o/y de capacidad de actuación mayor, que se distinguen de su entorno; ellas mismas lo perciben muchas veces de esa manera, y así lo transmiten en las entrevistas. Por ejemplo, Inés, que actualmente vive en España, nos habla en estos términos de lo que supuso para ella el proceso migratorio:

(Inés) "Es lo maravilloso de la vida. Inclusive de mi autoestima, yo estoy muy orgullosa de haber tomado la decisión, empujada, pero mía al fin"

5. Conclusiones

El resquebrajamiento del modelo del "salario familiar" en los países enriquecidos, y la extensión del modelo del "trabajador universal", o sea que trabaje todo el que esté capacitado, aunque sea a tiempo parcial, ha situado en el corazón del capitalismo global la poliactividad, y mecanismos de subordinación de las mujeres distintos al de la "mujer privada". El modelo de trabajador universal ha dado pié también a una extensión del cuidado como empleo a nivel mundial, lo cual, puesto que no se ha acompañado de una transformación del modelo androcéntrico, ha supuesto paradójicamente una profundización del infrareconocimiento a través de mantener, ahora a nivel global, el cuidado como naturalizado femenino.

La mercantilización del cuidado exime de una repartición más equitativa de las tareas de cuidado entre mujeres y hombres y nos aleja del ideal de una ciudadanía basada en la paridad de cuidado, como uno de los puntales para redirigir la subordinación de género. Las mujeres que trabajan en el empleo doméstico constituyen el eslabón más débil en el proceso de mercantilización y mundialización del trabajo reproductivo, que comprende tanto las actividades de cuidado a las personas como al hogar. A su vez, las mujeres migrantes que trabajan de cuidadoras en otro país son las sujetas que materializan un intercambio desigual de un recurso renovable, "el amor", de tal manera que se palia el déficit de amor en los países enriquecidos con la transferencia de cuidado y atención.

A través de las cadenas transnacionales de cuidado, "un asunto de mujeres" en el imaginario colectivo, se profundiza la subordinación de género en todas las estaciones de la cadena, tanto en los hogares del país de destino, como en los de los países de origen. Se reactualiza el contracto sexual en clave de subordinación doméstica de las mujeres (con o sin remuneración), y ello permite, de alguna manera, compaginar posturas de reconocimiento multicultural con valores neopatriarcales, las mujeres continúan representando la "esencia cultural" (Cobo, 2006: 14).

La transformación mundial del trabajo reproductivo, junto a la persistencia de la subordinación sexual, son dos ejes centrales en la reconfiguración del binomio patriarcado/capitalismo hoy en día. El estudio de estas mujeres inmigrantes transnacionales implica retos importantes a nivel teórico y a nivel empírico para los análisis y las políticas feministas. En este sentido, nos encontramos en una nueva fase de política feminista en la que la justicia de género está recibiendo un nuevo enmarque internacional que fisura las divisiones sociológicas entre las mujeres (Fraser, 2008: 210).

El capitalismo se feminiza porque se extiende la asalarización femenina, la poliactividad y la flexibilidad para obtener recursos para la supervivencia, lo que tradicionalmente han hecho las mujeres, pero también, y sobre todo, porque el capitalismo en su proceso de mercantilización del individuo se ha apropiado de los valores de proximidad, lealtad, cariño para la gestión de la movilidad en el mundo conexionista actual. Estos son los valores que devalúan el trabajo de cuidado, quizás el trabajo que mejor representa la paradoja de una movilidad geográfica extrema de las trabajadoras, y a la vez un fuerte anclaje en lo local, en el ámbito más invisible del hogar. Las mujeres inmigrantes cuidadoras son las nuevas responsables de los anclajes locales que representan las tareas de cuidado.

Analizar el binomio colonizar/domesticar en el cuidado a través del prisma multidimensional de Nancy Fraser, nos ha permitido preguntarnos lo que implica en términos de mal reconocimiento y de mala distribución. De los discursos de las mujeres entrevistadas emerge un mundo complejo, en el que los vínculos emocionales en el cuidado refuerzan su infrareconocimiento como trabajadoras, al mismo tiempo que incrementan su autoestima en el ámbito doméstico y en determinados círculos culturales, al reconocerse a sí mismas como "portadoras de una cultura de amor". En este proceso contradictorio en el que se forjan las subjetividades, emerge la agencia, y pueden desarrollarse espacios de transformación individual y colectiva, que han de analizarse en sus claroscuros, si se pretende redirigir el infrareconocimiento de las mujeres inmigrantes cuidadoras, doblemente colonizadas, en tanto que inmigrantes y en tanto que mujeres que cuidan, a través de un discurso de la domesticidad racializado y de un discurso del cuidado generizado.

Referencias bibliográficas

AMORÓS, CELIA (2008). *Mujeres e imaginarios de la globalización. Reflexiones para una agenda teórica global del feminismo.* Rosario (Argentina): Homo Sapiens.

BAKER, PHYLLIS L. (2004). "It is the Only way I Can Survive": Gender Paradox among Recent Mexicana Immigrants to Iowa". *Sociological Perspectives,* 47 (4), 393-408.

BIDASECA, KARINA (2010). *Perturbando el texto colonial. Los Estudios (Pos) coloniales en América Latina y sus mujeres.* Buenos Aires: Editorial SB.

BIDASECA, KARINA y VAZQUEZ LABA, VANESA (2012). *Feminismos y poscolonialidad. Descolonizando el feminismo desde y en América Latina.* Buenos Aires: Ediciones Godot.

BOLTANSKI, LUC y CHIAPELLO, ÈVE (2002). *El nuevo espíritu del capitalismo.* Madrid: Akal, (1999).

BORIS, EILIEEN y SALAZAR PARREÑAS, R. (2010). *Intimate labors. Cultures, Technologies, and the Politics of Care.* Stanford (California): Stanford University Press.

BOURDIEU, PIERRE (1988). *La distinción. Criterios y bases sociales del gusto.* Madrid: Taurus, (1979).

——— (2000). *La dominación masculina.* Barcelona: Editorial Anagrama, (1998).

BUTLER, JUDITH (1993). *Bodies That Matter: On the Discursive Limits of "Sex".* New York: Routledge.

——— (2011). "Meramente cultural". En: Carbonero Gamundí, María Antonia y Valdivielso, Joaquin (eds). *Dilemas de la justicia en el siglo XXI. Género y globalización de Nancy Fraser.* Palma de Mallorca: Universitat de les Illes Balears, 255-274. (Versión original en inglés: "Merely Cultural". *Social Text,* 1997, 52(3), 265-277).

CARBONERO GAMUNDÍ, MARÍA ANTONIA (2007). "¿Hacia una ciudadanía inclusiva de género?". En: Riutort Bernat (coord.). *Indagaciones sobre la ciudadanía. Transformaciones en la era global.* Barcelona: Icaria.

CARBONERO GAMUNDÍ, MARÍA ANTONIA y VAZQUEZ LABA, VANESA (2010). "Monoparentalidad de mujeres inmigrantes y redes internacionales de cuidados", *X Congreso Español de Sociología,* Pamplona.

CARRASCO, CRISTINA; BORDERIAS, CRISTINA y TORNS, TERESA (eds) (2011). *El trabajo de cuidados. Historia, teorías y políticas.* Madrid: Los libros de la Catarata.

COBO, ROSA (ed.) (2006). *Interculturalidad, feminismo y educación*. Madrid: Los libros de la Catarata.

DAVIS, DAWN R. (2002). "(Love Is) The Ability of Not Knowing: Feminist Experience of the Impossible in Ethical Singularity". *Hypatia*, 17 (2), 145-161.

DUFFY, MIGNON (2005). "Reproducing Labor Inequalities: Challenges for Feminists Conceptualalizing Care at the Intersections of Gender, Race, and Class". *Gender and Society*,19 (1), 66-82.

FANON, FRANTZ (1967). *Black skin, white masks*. New York: Grove Press.

FRASER, NANCY (2007). "Feminist Politics in the Age of Recognition: A Two-Dimensional Approach to Gender Justice". *Studies in Social Justice*, 1(1), 23-35.

——— (2008). *Escalas de justicia*. Barcelona: Herder.

——— (2011a). "Heterosexismo, mal reconocimiento y capitalismo. Una respuesta a Judith Butler". En: Carbonero Gamundí, María Antonia y Valdivielso Joaquin. (eds). *Dilemas de la justicia en el siglo XXI. Género y globalización de Nancy Fraser*. Palma de Mallorca: Universitat de les Illes Balears, 275-290. (Versión original en inglés: "Heterosexism, Misrecognition, and Capitalism: A Response to Judith Butler". *Social Text*, 52-53, 1997, 279-89).

——— (2011b). "Repensar el reconocimiento. Superar el desplazamiento y la reificación en la política cultural". En: Carbonero Gamundí, María Antonia y Valdivielso Joaquin. (eds). *Dilemas de la justicia en el siglo XXI. Género y globalización de Nancy Fraser*. Palma de Mallorca: Universitat de les Illes Balears, 309-324. (Versión original en inglés: "Rethinking Recognition: Overcoming Displacement and Reification in Cultural Politics". *New Left Review*, 3, 2000, 107-120).

——— (2011c). "Redistribución, reconocimiento y participación. Hacia un concepto integrado de justicia". En: Carbonero Gamundí, María Antonia y Valdivielso, Joaquin (eds). *Dilemas de la justicia en el siglo XXI. Género y globalización de Nancy Fraser*. Palma de Mallorca: Universitat de les Illes Balears, 291-308. (Versión original en inglés: "Redistribution, Recognition, and Participation: Toward an Integrated Conception of Justice". *World Culture Report 2000, Cultural Diversity, Conflict and Pluralism*. París: UNESCO Publishing, 2000, 48-57).

FRASER, NANCY y HONNETH, AXEL (2003). *Redistribution or Reconigtion: A Political-Philosophical Exchange*. London: Verso.

FRIESE, MARIANNE (1991). *Frauenarbeit und Soziale Reproduktion*. Universität Bremen. Forschungsschwerpunkt Arbeit und Bildung, 20.

HONDAGNEU-SOTELO, PIERRETTE (1994). "Regulating the Unregulated?: Domestic Workers' Social Networks". *Social Problems*, 41 (1), 50-64.

——— (2001). *Doméstica: Immigrant Workers Cleaning and Caring in the Shadows of Affluence*. Berkeley y Los Ángeles: University of California Press.

HONNETH, AXEL (2003). "Redistribution as Recognition: a response to Nancy Fraser". En: Fraser, Nancy y Honneth, Axel. *Redistribution or Reconigtion: A Political-Philosophical Exchange*. London: Verso, 110-197.

HOCHSCHILD, ARLIE RUSSELL (2002). "Love and Gold,". En: Ehrenreich, Barbara y Hochschild, Arlie Russell (eds). *Global Woman: Nannies, Maids and Sex Workers in the New Economy*. New York: Henry Holt and Company.

LAN, PEI-CHIA (2003). "Maid or Madam? Filipina Migrant Workers and the Continuity of Domestic Labor". *Gender and Society*. 17 (2), 187-208.

LEWIS, J. (2002). "Gender and Welfare State Change", *European Societies*, 4(4), 331-57.

LUGONES, MARÍA (2008). "Colonialidad y género. Hacia un feminismo descolonial". En: Mignolo Walter D. (comp.). *Género y descolonialidad*. Buenos Aires: Ediciones del Signo.

LUTZ, HELMA (2002). "At your Service Madam! The Globalization of Domestic Service". *Feminist review*. 70, 89-104.

MACDONALD, CAMERON LYNNE y MERRILL, DAVID A. (2002). "'It Shouldn't Have to Be a Trade': Recognition and Redistribution in Care Work Advocacy". *Hypatia*, 17 (2), 67-83.

McCLINTOCK, ANNE (1995). *Imperial Leather: Race, Gender and Sexuality in the Colonial Contest*. New York: Routledge.

MARTÍNEZ BUJÁN, RAQUEL (2008). «Mujeres inmigrantes en el sector doméstico de cuidados. Los beneficios de la inmigración al Estado de Bienestar». En: Izquierdo, Antonio (coord.). *El modelo de inmigración y sus riesgos de exclusión*. Madrid: Fundación FOESSA.

MATTINGLY, DOREEN J. (2001). "The Home and the World: Domestic Service and International Networks of Caring Labor". *Annals of the Association of American Geographers*, 91 (2), 370-386.

McNAY, LOIS (2008). "The Trouble with Recognition: Subjectivity, Suffering, and Agency". *Sociological Theory*, 26 (3), 271-296.

MIES, MARÍA (1986). *Patriarchy and Accumulation on a World Scale. Women in the International Division of Labour*. London y New York: Zed Books Ltd.

Mies, María (1997). "El dilema del hombre blanco: su búsqueda de lo que ha destruido". En: Mies, Maria y Shiva, Vandana. *Ecofeminismo*. Barcelona: Icaria (1993).

Mignolo, Walter D. (2007). "El pensamiento decolonial: desprendimiento y apertura". Un manifiesto. En: *El giro decolonial. Reflexiones para una diversidad epistémica más allá del capitalismo global*. pp. 25-46. Bogotá: Instituto Pensar/IESCO.

Mohanty Talpade, Ch. (2008). "De vuelta a "Bajo los ojos de Occidente": la solidaridad feminista a través de las luchas anticapitalistas". En: Suárez Navaz, Liliana. y Hernández, Rosalva A. (eds.). *Descolonizando el feminismo. Teorías y prácticas desde los márgenes*. Madrid: Ediciones Cátedra.

Moreno Fuentes, Francisco Javier y Bruqueta Callejo, María (2011). *Inmigración y Estado de bienestar en España*. Colección Estudios Sociales, núm 31. Barcelona: La Caixa.

Pizzorno, Alessandro (2007). *Il velo della diversità. Studi su razionalità e riconoscimento*. Feltrinelli: Milano.

Salazar Parreñas, Rhacel (2001). *Servants of Globalization: Women, Migration, and Domestic Work*. Stanford (California): Stanford University Press.

Sassen, Saskia (2004). *Contrageografias de la globalización. Género y ciudadanía en los circuitos transfonterizos*. Madrid: Traficantes de sueños.

Spivak, Gayatari Ch. (1999). *A Critique of postcolonial reason: Toward a history of the vanishing present*. Cambridge y London: Harvard University Press.

Suárez Navaz, Liliana y Hernández Castillo, Rosalva A. (eds.) (2008). *Descolonizando el feminismo. Teorías y prácticas desde los márgenes*. Madrid: Ediciones Cátedra.

Tronto, Joan C. (2002). "The "Nanny". Question in Feminism". *Hypatia*, 17 (2), 34-51.

Capítulo 4

Desagregando la equidad de género: el caso de los regímenes de bienestar en América Latina

Juliana Martínez Franzoni y Koen Voorend

1. Introducción

De la mano de beneficiosas condiciones económicas y de políticas públicas diversas, durante la última década América Latina, la región más desigual del planeta, ha experimentado una reducción de la pobreza y de las brechas socioeconómicas (Cornia, 2010). Este incipiente y positivo cambio ha tenido lugar paralelamente a transformaciones radicales en las familias, en los mercados laborales y por lo tanto en la estructura de riesgos sociales que enfrenta la población. Aunque generalmente ocurre en condiciones de inequidad, la participación laboral femenina ha pasado de 30 a más de 50 cada 100 mujeres en muy pocas décadas, y las familias organizadas en torno a un hombre proveedor y a una mujer cuidadora han dejado de ser la mayoría (OIT/PNUD, 2009). En este marco, ¿en qué medida las mujeres experimentan distintas condiciones de vida en comparación a sus pares varones? Y más concretamente, ¿en qué medida estas diferencias entre sexos se asocian a los entornos laborales, de política pública y familiares de que se trate, es decir, los regímenes de bienestar existentes? Respuestas a estas preguntas requieren contar con un abordaje comparativo que permita desagregar las diferentes dimensiones que hacen a la desigualdad social en general y de género en particular.

Actualmente, la manera predominante de realizar comparaciones entre países es mediante índices que, por definición y a pesar de variaciones sustantivas en cuanto a lo que miden, comprimen las diferentes dimensiones que hacen a la desigualdad (Dijsktra y Hanmer, 2000; Dijkstra, 2002; Ferrant; 2010; Permanyer 2008; 2010). Un ejemplo es el del Índice de Potenciación de Género que combina indicadores relativos a la brecha de ingresos entre hombres y mujeres; legisladoras, oficiales y gerentes; mujeres profesionales y técnicas; y mujeres en el Parlamento (PNUD 2008). Otro caso, similar, es el del Índice de Desarrollo relativo al Género (IDG)[1]. Estos índices proveen maneras útiles de explorar comparativamente, si entornos socioeconómicamente más favorables, conllevan también y necesariamente, ambientes más igualitarios entre hombres y mujeres.

Dejando a un lado, por un momento, las limitaciones metodológicas que conllevan[2], a primera vista, estos índices parecen indicar que existe una relación entre el nivel de los ingresos y la equidad de género. Dicho de otro modo, los países económicamente más avanzados tienden también a presentar el mejor desempeño en estos índices de equidad de género. Sin embargo, si se hace un análisis más profundo, se observa también mucha variación entre países, y que la relación ingreso-equidad no tiene lugar de manera mecánica. Los índices muestran que países con desarrollo humano alto exponen altos y bajos grados de potenciación de género y de desarrollo humano de acuerdo al género, creando mejores o peores entornos sociales, económicos y políticos para las mujeres. Por ejemplo, Bolivia y Brasil tienen un índice de potenciación de género similar, aunque sus niveles de desarrollo son distintos. Costa Rica y Uruguay, ambos con nivel de desarrollo alto, tienen distinto desempeño en materia de género (bajo Uruguay y alto Costa Rica). Este hallazgo desafía la idea de que ambientes socialmente favorables, son necesariamente socialmente favorables para la igualdad de género, como ha sido planteado desde la tesis de la modernización (véase Norris y Englehart, 2003). Al mismo tiempo, en tanto índice que resume varias dimensiones juntas, esta herramienta dificulta identificar los principales obstáculos para mejorar la igualdad de género, asunto a su vez de enorme

---

1. El Índice de Desarrollo en Género (IDG) emplea las mismas variables que el Índice de Desarrollo Humano, combinando indicadores de esperanza de vida, logros educacionales e ingreso pero ajustado para reflejar las desigualdades entre hombres y mujeres (PNUD, 2009).

2. Por ejemplo, tanto para el IPG como para el IDG, Klasen (2006) identifica problemas conceptuales y empíricos como que al usar la brecha en los niveles de ingreso en lugar de proporciones, solo los países ricos pueden alcanzar empoderamiento femenino. Al mismo tiempo, Cueva Beteta (2006) argumenta que el IPG no incorpora dimensiones no económicas fundamentales para que las mujeres tomen decisiones, mientras Charmes y Wieringa (2003) cuestionan la pretensión holística del IPG, en tanto excluye aspectos centrales relacionados con el empoderamiento femenino.

relevancia para el diseño y la implementación de políticas públicas. Por ejemplo, aunque el índice arroje resultados similares, los retos serán muy distintos si el principal reto para avanzar hacia mayores grados de igualdad se relaciona más con la participación política femenina (como en Uruguay), con las brechas económicas entre hombres y mujeres (como en Chile), o la inserción de mujeres en el mercado laboral como trabajadoras profesionales y técnicas (como en Costa Rica).

Con base en nuestro trabajo previo, este artículo propone una herramienta teórico-metodológica para desagregar nuestro análisis de las relaciones de género. Lo hacemos a partir de una adaptación del enfoque multidimensional de la equidad elaborado por Nancy Fraser (1994) y de los diferentes ámbitos, públicos y privados en los que se despliega la jerarquía de las relaciones de género (llamadas "estructuras patriarcales") propuestas por Walby (1990). Como se verá a continuación, dicho enfoque puede ser usado para valorar la desigualdad relativa entre múltiples unidades de análisis. Previamente, lo usamos para valorar cómo los programas de transferencias monetarias condicionadas inciden en la inequidad de género (Martínez Franzoni y Voorend, 2012). En este caso, hemos elegido utilizarla para analizar el desempeño, no de países, sino de regímenes de bienestar en América Latina. Específicamente, adaptamos el enfoque propuesto por Fraser para medir la desigualdad de género para los diferentes regímenes de bienestar en América Latina. Sin embargo, más que las conclusiones que sobre dichos regímenes arrojan los hallazgos que presentaremos, lo que más nos interesa es mostrar la viabilidad y el rendimiento analítico y práctico que el enfoque elaborado por Nancy Fraser puede tener para analizar e intervenir en dimensiones específicas de la inequidad de género tal y como se expresan tanto en los mercados laborales como en la política social y las familias.

2. La unidad de análisis: los regímenes de bienestar

Millones de personas en América Latina carecen de condiciones para encontrar trabajo remunerado formal. Una gran proporción de la población económicamente activa es auto-empleada y trabaja remuneradamente por cuenta propia, o emigra para generar ingresos y enviar remesas a sus familias en casa. En la mayoría de los países de la región las políticas públicas orientadas al bienestar de las personas mediante la creación de capacidades o el manejo de riesgos, son débiles o inexistentes. Las familias y el trabajo no femenino no remunerado tienen un papel central en estrategias de sobrevivencia (Gough y Wood, 2004; Martínez Franzoni, 2008). A estas constelaciones, más o menos robustas, de mercados, políticas públicas y trabajo no remunerado, le denominamos régimen de bienestar (Esping-Andersen, 1990).

En América Latina, dicha constelación ha sido caracterizada como "informal" (Filgueira, 1998; 2004) y "familiarista" (Martínez Franzoni, 2008), y como habiendo transitado de conservadora a liberal (Barrientos, 2004). Al mismo tiempo, hay diferencias cualitativas en cómo se combinan las distintas lógicas de asignación de recursos. Existen valiosas clasificaciones de los regímenes de bienestar en América Latina, como las elaboradas por Barba (2007), Filgueira (1998), Huber y Stephens (2005) o Pribble (2010). Estas tienen como fortaleza el avanzar en los determinantes explicativos de las tipologías presentadas. Sin embargo, estos análisis enfatizan la dimensión de la política social, dejan en un segundo plano los mercados laborales y, sobre todo, omiten considerar el papel de las familias y del trabajo no remunerado, principalmente femenino.

En la búsqueda por integrar estas dimensiones, a partir de datos relativos a la primera mitad de los 2000, Martínez Franzoni (2008) identifica tres regímenes de bienestar marcadamente distintos. Estos reflejan una combinación de legados históricos y procesos recientes de transformación del Estado en la vida de la población bajo el llamado "Consenso de Washington" y varían significativamente. En primer lugar, según el grado de *mercantilización* de la fuerza de trabajo nacional o trasnacional, y el acceso a los ingresos que ésta permite. En segundo lugar, según el grado en que el bienestar de las personas deja de estar sujeto al poder adquisitivo, es decir, se *desmercantiliza*. En tercer lugar, se diferencian de acuerdo al grado en que el bienestar deja de estar sujeto a la disponibilidad de trabajo femenino no remunerado, es decir, se *desfamiliariza*.

Dos de estos escenarios tienen una importante presencia relativa del Estado y uno no. En los dos primeros, de los cuales Chile y Costa Rica son emblemáticos, los mercados laborales tienen una alta capacidad para absorber y remunerar la fuerza de trabajo dentro de la frontera nacional. La proporción de población que se ve forzada a emigrar es, en términos relativos, poca, lo cual se refleja en la relativamente baja recepción de remesas. Además, tienen relativamente poco empleo no calificado por cuenta propia. En el balance, en materia de la dimensión de mercantilización, los regímenes de bienestar estatales alcanzan un ingreso por habitante relativamente alto para la región.

Los países con una importante presencia relativa del Estado se diferencian, sin embargo, en cuanto al papel que tiene la política social. En algunos casos, como en Chile y Argentina, los cambios implementados durante la década de los 90 llevaron la política social a iniciar el nuevo siglo enfocándose principalmente en la formación de capital humano de las personas por debajo de cierto nivel de ingresos. Las personas no pobres pasaron así a depender casi exclusivamente del mercado. En otros casos, reformas de los noventa mediante, la política social continuó enfatizando el manejo colectivo de riesgos, no sólo la formación de capital humano, y alcanzado a los sectores medios. Así, países como Costa Rica y Uruguay, comenzaron el nuevo siglo con una relativa resiliencia de su política social previa a los años noventa. Los primeros, tienen un régimen estatal-productivista; los segundos, un régimen estatal-proteccionista. En el escenario no estatal, países como El Salvador o Nicaragua, pertenecen a un régimen de bienestar informal en el cual la capacidad de los mercados laborales para absorber y remunerar adecuadamente la fuerza de trabajo es muy débil. En esos países las reformas de los noventa principalmente privatizaron y focalizaron la escasa política social dirigida a grupos pequeños de población trabajadora formal, y paralelamente crearon programas asistenciales mínimos dirigidos a la población pobre. Más allá de los criterios de elegibilidad, estos países comenzaron el nuevo siglo con una política social altamente insuficiente en términos de inversión y cobertura. En estos casos, más que en los regímenes estatales, las familias, y centralmente las mujeres, articulan lógicas productivas (mediante el autoempleo), reproductivas (mediante el cuidado de parientes) y redistributivas (mediante la creación de redes de protección social frente a imprevistos).

En términos de familiarización del bienestar, las familias extensas y compuestas son más prominentes en países con régimen de bienestar informal. Las familias nucleares con esposas dedicadas al trabajo no remunerado en el marco de familias tradicionales con hombres proveedores, son más prominentes bajo los dos tipos de regímenes de bienestar estatal que informal[3]. En países con régimen de bienestar informal las familias tienen un mayor número de personas dependientes, tanto en términos económicos como de cuidados.

La pregunta es, ¿cuál es el desempeño de países con distintos régimen de bienestar en términos de la inequidad de género?

____

3. Esto no quiere decir que entre los países con régimen de bienestar estatal no existen diferencias en cuanto a la organización familiar del bienestar y el trabajo. Por ejemplo, varían en las tasas de participación femenina, sin embargo, frente a los países con regímenes de bienestar informal, existe una marcada diferencia, que se elabora en Martínez Franzoni (2000).

3. Política social e inequidad de género:
   insumos teóricos para el análisis empírico

Para abordar la inequidad entre hombres y mujeres podemos tomar distintos caminos. Bajo condiciones comparables, la discriminación debida al sexo se origina en un trato desfavorable asociado, precisamente, al sexo de las personas (Prechal y Burri, 2009:4). Las políticas públicas que promueven la igualdad entre los sexos buscan superar marcos normativos o comportamientos directamente discriminatorios. Mediante estrategias diversas, entre estas las denominadas de igualdad de oportunidades, se busca eliminar las barreras explícitas para la participación socioeconómica y política de las mujeres (Verloo y Lombardo, 2007). Estas políticas están frecuentemente basadas en nociones relativas a las "similitudes" entre hombres y mujeres (Orloff, 1996; O'Conner et al., 1999).

Sin embargo, los papeles de género tradicionales tienden a crear desigualdades entre hombres y mujeres, en gran medida a partir de una construcción y asignación de roles en la esfera "privada" de la familia (Lewis, 1993; Orloff, 1996). Estas inequidades pueden ser consideradas como una discriminación indirecta (Prechal y Burri, 2009). Un conjunto de políticas que trascienden las de igualdad de oportunidades, buscan rectificar este tipo de discriminación entendiendo la equidad de género como "imparcialidad y justicia en la distribución de los beneficios, poder, recursos y responsabilidades entre mujeres y hombres. El concepto reconoce que las mujeres y los hombres tienen diferentes necesidades, poder y acceso a recursos, y que estas diferencias deberían ser identificadas de una manera que rectifique el desbalance entre los sexos" (Payne, 2009: 3).[4] Vale mencionar que la "Convención sobre la eliminación de todas las formas de discriminación contra la mujer" (CEDAW, por su siglas en inglés) comprende acciones, políticas y leyes que tengan por objeto "o por resultado" menoscabar, anular, atentar contra la igualdad de género. Ello ha reflejado la diferenciación teórica de los dos tipos de discriminación y a la vez abrió paso a la invocación jurídica de la discriminación indirecta (Marco, 2012).

Desde el feminismo se ha abordado, hasta ahora, la equidad de género como superación de las relaciones jerárquicas entre hombres y mujeres, tanto asociándola a un trato exactamente igual de hombres y de mujeres, como a la celebración y a la afirmación de las diferencias entre hombres y mujeres. Las teóricas feministas han debatido los méritos de ambos acercamientos "como si

---

4. Estas ideas están tomadas de Blofield y Haas (2012).

representaran dos polos opuestos de una dicotomía absoluta" (Fraser, 1994:594; traducción propia). En lugar de priorizar un único criterio para valorar las relaciones de género, Fraser (1994) argumenta que se requiere una conceptualización compleja "que comprende una pluralidad de distintos principios normativos" (Fraser, 1994: 595). En algunos casos lo deseable para promover dicha equidad es la similitud de trato hacia hombres y mujeres mientras que, en otros casos, promover dicha equidad conlleva la afirmación de las diferencias.

Para que un régimen de política social promueva la equidad de género, éste tiene que cumplir cinco distintos principios normativos orientados a combatir la pobreza, la explotación, la marginación, la triple desigualdad en materia ingreso, uso del tiempo y valoración social y, finalmente, luchar contra el androcentrismo, la noción de que las pautas masculinas de la vida representan la norma a las que las mujeres deben asimilarse. Para hacerlo, en algunos casos se requiere promover la igualdad y en otras la diferencia. El Estado de bienestar puede desempeñarse bien respecto a un principio, pero pobremente respecto a otro.

Primero, Fraser (1994) explica que las provisiones del bienestar social deben, como requisito mínimo, prevenir la pobreza asociada a las relaciones de género. Este principio implica que "si no se logra ninguna otra cosa, un Estado de bienestar debería al menos aliviar el sufrimiento por satisfacer las necesidades básicas de otro modo insatisfechas" (596). Reformulada en términos de regímenes de bienestar, cuando las mujeres no son capaces de comercializar su fuerza de trabajo, las políticas públicas deben garantizar el acceso (en este caso desmercantilizado) a ingresos monetarios. A su vez, al interior de las familias y de los hogares, este principio tiene que ver con el acceso a los recursos mínimos.

El principio de lucha contra la explotación se refiere a la prevención del abuso de las personas vulnerables como mujeres y niños/as, por su propia condición de tales. Las prestaciones sociales deben, por lo tanto, también evitar "dependencias explotables" (1994:597) de integrantes de la familia en el ámbito doméstico, de empleadores y supervisores en el mercado laboral y de oficiales estatales en la esfera del Estado.

El Estado de bienestar debe permitir el principio de la lucha contra la desigualdad de ingreso, tiempo libre y respeto. Fraser argumenta que un Estado de bienestar puede prevenir la pobreza y la explotación pero, sin redistribución para reducir las desigualdades entre hombres y mujeres, ello resultaría insatisfactorio. El principio de igualdad en el ingreso requiere una reducción sustancial de la enorme diferencia entre los ingresos que reciben hombres y mujeres por las mismas tareas (1994). De igual manera, el principio de igualdad en relación al uso del tiempo requiere transformar los arreglos sociales que demandan largas horas de trabajo no remunerado por parte de las mujeres. El último de los principios de igualdad se refiere al respeto, descartando "arreglos sociales que objetivan y denigran a las mujeres –incluso si esos acuerdos previenen la pobreza y la explotación" (1994:598).

Fraser argumenta que incluso si los principios previos se cumplen, el Estado de bienestar podría todavía marginar a las mujeres. El principio anti-marginación implica asegurar la participación plena de las mujeres en condiciones de igualdad con los hombres en todas las áreas de la vida social (1994:599). Finalmente, dado todo lo anterior aun es necesario dejar de asumir que el mundo ideal es uno en el que las mujeres asimilan los patrones de vida de los hombres. El Estado de bienestar, entonces, necesita prevenir puntos de vista androcéntricos que consideran a los hombres como la norma.

Los principios de Fraser constituyen tipos ideales weberianos, es decir, que identifican componentes de la desigualdad que analíticamente son distintos aunque empíricamente pueden presentarse interrelacionados. Además de su indudable contribución teórica, su propuesta ofrece una utilidad empírica que parece haber sido hasta ahora insuficientemente aprovechada, en particular, para el análisis comparado. Ello es lo que precisamente buscamos hacer en lo que sigue: basarnos en esta conceptualización multidimensional de la desigualdad de género para identificar correlaciones entre regímenes de bienestar y entornos más favorables para la igualdad de género.

Para ello combinamos los principios propuestos por Fraser con una mirada a distintos ámbitos en los cuales la jerarquía entre hombres y mujeres tiene lugar y que Walby (1990) denomina "estructuras patriarcales" (Walby, 1990)[5]. Mientras que Therborn reserva la noción de "patriarcado" al dominio de

---

5. Dado que ponemos énfasis en la materia distributiva y redistributiva, tal como lo explicamos más adelante, nos enfocamos en tres de las seis estructuras patriarcales propuestas por Walby: el trabajo remunerado, la política pública y la producción doméstica. A su vez dejamos a un lado dimensiones sumamente importantes para la igualdad de género, como la eliminación del acoso sexual de las relaciones laborales o la superación de la violencia de género, las cuales pueden incidir directamente en asuntos distributivos. Reconocemos además que el análisis que presentamos se vería enriquecido de incorporar los aportes de Bordieu respecto a la dominación masculina y sus distintas dimensiones (como la violencia simbólica invisible, la legitimación y naturalización del androcentrismo, y la apropiación del espacio y del tiempo). Como nos lo hizo ver Flavia Marco (2012), ello contribuiría a abordar las intersecciones y la transversalidad de la violencia, la sexualidad y la cultura en las otras dimensiones en las que nos enfocamos en el presente trabajo.

padres y esposos, varios sociólogos y científicos políticos, incluyendo a Walby, amplían esta noción a "formas institucionalizadas de la dominación masculina en el Estado y la sociedad" (Molyneux, 2001: 109). En función de esta definición amplia de la noción de patriarcado, Walby argumenta contra el enfocarse en una única dimensión analítica como el ámbito doméstico y propone abordar un número más amplio aunque delimitado de estructuras patriarcales, entendidas como aquellos "sistemas de estructuras sociales y prácticas en las que los hombres dominan, oprimen y explotan a las mujeres" (Walby, 1990). Concretamente, Walby plantea analizar simultáneamente el trabajo remunerado, la producción doméstica, la política pública, la violencia, la sexualidad y las instituciones culturales[6].

A los efectos de analizar si los regímenes de bienestar crean mejores condiciones de igualdad de género, nosotros proponemos enfocarnos en tres estructuras sociales propuestas por Walby: *trabajo remunerado, política pública* y *la producción doméstica*. Violencia, sexualidad e instituciones culturales directamente interactúan con y atraviesan cada una de las tres estructuras sociales (trabajo remunerado, política pública y la producción doméstica). Por ejemplo, la violencia es la máxima expresión de la dependencia explotable que Fraser discute y que puede involucrar a los miembros de la familia (producción doméstica), empleadores (trabajo remunerado) u oficiales de Estado (política pública). Entonces, en vez de considerar la violencia, la sexualidad y las instituciones culturales como estructuras separadas, consideramos a cada una como una dimensión transversal que interactúa con la producción doméstica, el trabajo remunerado y la política pública. En cada una de estas estructuras es posible evaluar grados mayores o menores de igualdad de género para cada uno de los principios propuestos por Fraser[7].

A partir de estos aportes nosotros hacemos dos delimitaciones. Primero, nos limitamos al análisis de la distribución y la redistribución y no nos enfocamos específicamente en el importante asunto del reconocimiento (Fraser, 1994; 2003) que interactúa pero trasciende cómo los recursos son asignados. Sin embargo, algunas de las variables que proponemos en el análisis empírico,

---

6. Desde entonces, más investigación ha tratado de desagregar análisis de diferentes dimensiones de desigualdad de género. Ver por ejemplo Htun (2003), y Blofield y Haas (2005; 2011), para un enfoque en América Latina, y Htun y Weldon (2010) a nivel mundial.

7. En el marco de análisis de las tres áreas propuestas, no serán captados elementos claves de la inequidad de género, como la violencia, sexualidad e instituciones culturales, las cuales a su vez pueden tener efectos distributivos y redistributivos. Nos estamos limitando a las tres áreas específicas más impactadas por los regímenes de bienestar.

podrían interpretarse como medidores de reconocimiento. Al mismo tiempo, como la misma Fraser (2003) plantea bajo la definición del llamado "dualismo perspectivo", la redistribución y el reconocimiento no son empíricamente separables, especialmente en el caso de género. Segundo, buscamos enfocarnos en la intersección de los principios y las estructuras.

El resultado es un enfoque teórico-metodológico y una herramienta empírica compleja, que permite un análisis multidimensional de la equidad de género. Específicamente, incluye tres estructuras patriarcales y seis principios de equidad de género. Es decir, en un mundo ideal, este acercamiento nos permitiría estudiar dieciocho aspectos de la igualdad de género, y compararlos con otras unidades de análisis, sean estas países, regímenes, regiones etc. Dicha herramienta es útil tanto si se quiere analizar simultáneamente varias estructuras patriarcales, como si se quiere analizar solo una (véase Martínez Franzoni y Voorend, 2012). Además, si bien la elaboramos pensando en la equidad de género, puede ser de utilidad para estudiar otros tipos de inequidad, de grupos de personas en condiciones de vulnerabilidad de explotación, marginación, pobreza y desigualdades de ingreso, tiempo y respeto.

En este capítulo, el acercamiento propuesto permite de manera sistemática valorar comparativamente la equidad de género a través de los principios, estructuras y regímenes de bienestar (Martínez Franzoni y Voorend, 2009). Los conceptos de "equidad" e "igualdad" son distintos, y en la propuesta teórica de Fraser el segundo es condición necesaria, aunque no suficiente, para el primero. En el análisis empírico, sin embargo, nosotros nos enfocamos más en las desigualdades, es decir, en la situación de las mujeres en comparación con la de los hombres.

Nuestro análisis busca mejorar dos aspectos de nuestro trabajo previo: primero, busca elaborar mejor y alcanzar mayor coherencia, entre aspectos conceptuales y empíricos. Segundo, simplifica y complementa el análisis anterior con una mayor atención a estadísticas descriptivas en contrapunto con el análisis multivariable llevado a cabo previamente para identificar "órdenes de género" (Martínez Franzoni y Voorend, 2009). Para hacer lo primero, recurrimos a la tipología de regímenes de bienestar propuesta por Martínez Franzoni (2008), resumida en la sección previa, y se analiza y compara el desempeño de cada uno de estos tipos en cuanto a desigualdad de género. Sin embargo, la usamos como ejemplo dado que perfectamente podría recurrirse a otras, sin que ello altere el rendimiento analítico del abordaje propuesto para analizar la inequidad de género. Para hacer lo segundo, nos basamos en promedios de los países que conforman los tres diferentes regímenes de bienestar, y la significancia estadística que puede tener la diferencia en los promedios de los diferentes grupos entre sí.

4. Análisis empírico

Dado que la validez y la confiabilidad del análisis dependen de la coherencia en el pasaje de los principios propuestos por Fraser a los indicadores estadísticos, a continuación explicamos el pasaje de las definiciones de trabajo a los indicadores y a los datos, seguido posteriormente de los datos.

4.1 Definiciones operativas

La tabla 1 presenta las definiciones operativas correspondientes a cada uno de los principios propuestos por Nancy Fraser respecto a cada una de las estructuras patriarcales que se toman de Sylvia Walby. Todas las definiciones operativas presentadas enfatizan la asignación de distintos tipos de recursos. Estas definiciones son a su vez el criterio contra el cual luego valoramos las variaciones en materia de desigualdad de género entre regímenes de bienestar en América Latina. Nos enfocamos, entonces, en cinco principios: anti-pobreza, anti-marginación, anti segregación, anti-desigualdad de respeto y anti-desigualdad de ingreso. A diferencia de Fraser, no incorporamos la desigualdad del tiempo libre como un principio, sino que consideramos el uso del tiempo (sea que se dedique al trabajo remunerado, al trabajo no remunerado o a la recreación) como aproximación para abordar los diversos principios[8].

El principio de *anti-pobreza* refiere al acceso mínimo a recursos materiales. En términos de mercados laborales requiere que las mujeres accedan al trabajo remunerado. En términos de política social, requiere del acceso directo a transferencias monetarias. En términos de relaciones domésticas, este principio se relaciona con el acceso de las mujeres a los recursos familiares.

---

8. Desafortunadamente, las encuestas de uso de tiempo todavía no están disponibles en un formato apto para el análisis comparativo entre países. Ello, sin embargo, no cambia el que el uso de tiempo sea materia prima para valorar los grados en que la realidad se acerca o se aleja de los distintos principios.

Abordamos el principio de *anti-marginación* como la superación de la segregación a partir del sexo de las personas. En términos de mercados laborales, supone una desegregación vertical y horizontal del mercado laboral. En términos de las políticas sociales, supone el acceso efectivo de las mujeres a estas políticas y a sus beneficios. En términos de relaciones domésticas alude a la superación del confinamiento obligatorio de las mujeres a las tareas domésticas.

Tabla 1. **Regímenes de bienestar y relaciones de género: definiciones operativas para analizar la combinación de principios y estructuras**

		ESTRUCTURAS PATRIARCALES		
Principios	**Definición**	**Mercados laborales**	**Política pública**	**Producción doméstica**
Anti-pobreza	Mínimo acceso a recursos materiales	Acceso a trabajo remunerado	Acceso directo a transferencias en dinero	Acceso a recursos del hogar (como alimentos o dinero en efectivo)
Anti-marginalización	Superación de la segregación por sexo	Desegregación vertical y horizontal en el mercado laboral	Acceso efectivo a la política social y a sus resultados	Superación del confinamiento en la esfera doméstica
Anti-explotación	Eliminación de condiciones abusivas asociadas a papeles de género	Superación de pobres condiciones de trabajo	Eliminación de la demanda de trabajo femenino no remunerado como contraparte a la política pública	Suficientes condiciones materiales para conducir los asuntos domésticos
Anti-desigualdad de respeto	Reconocimiento de la importancia de las capacidades y rasgos "típicamente femeninos"	Reconocimiento de capacidades y trabajo "típicamente femeninos"	Incentivos para que los hombres lleven a cabo trabajo "típicamente femeninos"	Reconocimiento de los cuidados como algo que todas las persona necesitan dar y recibir
Anti-desigualdad de ingresos	Cierre de brechas en el acceso a los recursos	Cierre de brechas asociadas al sexo	Superación de brechas de ingreso social asociadas al género	Superación de sesgos de género en el acceso femenino al ingreso y la propiedad familiar

Fuente: adaptación de Martínez Franzoni y Voorend (2009), basado en adaptación de Sylvia Walby (1990) y Nancy Fraser (1994).

El principio de *anti-explotación* se entiende como el alejamiento de condiciones abusivas asociadas a los papeles de género. Cuando concierne a los mercados laborales, se relaciona con superar las pobres condiciones laborales. Cuando se trata de la política social, refiere a superar la demanda de trabajo femenino no remunerado como su contraparte. En términos de la producción doméstica aborda el que las mujeres (y los hombres) tengan condiciones materiales adecuadas para llevar a cabo los asuntos domésticos.

La definición operativa del principio de *anti-desigualdad de respeto* refiere al reconocer la importancia que tienen las cualidades y capacidades socialmente consideradas como típicamente femeninas. Para los mercados laborales se relaciona con la valoración material de estas cualidades y capacidades. Y para la política social se trata de contar con incentivos para que los hombres crecientemente desempeñen estas tareas. En términos de la producción doméstica alude al ganar reconocimiento por los cuidados como necesario de dar y recibir por parte de todas las personas.

Finalmente, en la definición operativa, el principio de *anti-desigualdad del ingreso* tiene que ver con cerrar las brechas en el acceso femenino a los recursos en comparación con sus pares varones. En los mercados laborales y la política social, alude a superar las brechas de ingresos monetarios e ingreso social, respectivamente. En la producción doméstica refiere a superar los sesgos de género en el acceso femenino a los ingresos y la propiedad familiar.

4.2 Indicadores

El abordaje de dieciocho países plantea el difícil reto de contar con indicadores satisfactorios para los principios propuestos por Fraser. Abordar la región en su conjunto tiene la ventaja de considerar la heterogeneidad regional y, por lo tanto, de poder determinar si las brechas entre hombres y mujeres se correlacionan directamente o no con los regímenes de bienestar. Al mismo tiempo, partir de indicadores disponibles permite mostrar nuevas posibilidades de aprovechar datos ya existentes.

Para pasar de las definiciones operativas al análisis empírico, la tabla 2 presenta los indicadores disponibles para abordar de manera comparativa la intersección entre principios y estructuras. Evidentemente, hay una tensión entre el número de países considerados y el rango y la calidad de los indicadores disponibles.

En términos de los indicadores disponibles para el análisis comparativo de países, el principio de anti-marginación es el que mejor se puede aprehender empíricamente. Por un lado, a diferencia de los restantes cuatro principios, en este caso es posible abordar las tres estructuras. Por otro lado, hay más de un indicador disponible relativo a cada estructura. En términos de anti-pobreza de ingresos, la evidencia carece de indicadores adecuados para abordar las brechas de género en materia de política social. Para el principio de anti-desigualdad de respeto, la falta de evidencia atraviesa las tres estructuras.

Mirando el problema primero desde el punto de vista de las estructuras, los indicadores relacionados con los mercados laborales son adecuados a través de los principios. Los indicadores relacionados con la política social se encuentran ausentes para tres de los cinco principios (anti-explotación, anti-desigualdad de respeto y anti-desigualdad de ingreso, respectivamente). Dos de los tres podrían potencialmente ser completados de tener la posibilidad de reprocesamiento de datos. Mientras tanto, los indicadores relativos a la producción doméstica se encuentran ausentes en dos de los tres principios (anti-pobreza y anti-desigualdad de respeto) pero los datos para superar esta limitación son muy difíciles de obtener aunque fuera posible reprocesar fuentes primarias.

TABLA 2. **Regímenes de bienestar y relaciones de género: indicadores estadísticos disponibles para el análisis comparativo entre países de estructuras y principios para analizar la combinación de principios y estructuras**

Principios	Mercado laboral	Política pública social	Producción doméstica
Anti-pobreza	1. Participación femenina en el Mercado laboral	2. Acceso directo a transferencias sociales	
Anti-marginalización	3. Desegregación femenina vertical y horizontal en el mercado laboral	4. Acceso efectivo de las mujeres a la política social y sus beneficios	5. Superación del confinamiento obligatorio de las mujeres a las tareas domésticas
Anti-explotación	6. Adecuadas condiciones de trabajo	*	7. Adecuadas condiciones materiales para conducir las tareas domésticas
Anti-desigualdad de respeto		*	
Anti-desigualdad de ingreso	8. Superación de brechas de ingreso asociadas al sexo		9. Superación del sesgo de género en el acceso a los ingresos y la propiedad familiar

* Los indicadores podrían ser construidos a partir de datos cualitativos relativos al diseño de políticas.
FUENTE: adaptación de Martínez Franzoni y Voorend (2009), basado en adaptación de Sylvia Walby (1990) y Nancy Fraser (1994).

4.3 Datos disponibles / datos recogidos

La tabla 3 presenta los datos resultantes del análisis empírico. La mayoría de los datos son una actualización de los indicadores usados previamente por Martínez Franzoni y Voorend (2009). Cuando no fueron actualizaciones se debió a un cambio, no en el indicador propiamente dicho, sino en la fuente (por ejemplo recurrimos a la OMS en lugar de al PNUD). Dos aportes respecto a nuestro trabajo previo son, primero, el presentar acá una discusión más detallada relativa a cómo los conceptos se relacionan con el análisis empírico. Segundo, el sacarle mayor provecho a las estadísticas descriptivas y a lo que éstas nos dicen sobre las significativas diferencias que hay entre regímenes de bienestar.

La mayoría de los datos son fácilmente interpretables. El principal reto al construir esta base de datos fue el enfocarse en datos relacionales, es decir, de diferencias entre hombres y mujeres. Esto es central para el objetivo de este análisis (la desigualdad de género) así como para distinguir claramente entre dicha desigualdad como lo que se quiere explicar y el régimen de bienestar como el factor del entorno que contribuye a explicar el que dicha desigualdad sea mayor o menor bajo unos u otros arreglos laborales, familiares y de política pública. Así, la mayoría de los indicadores aluden a brechas y a razones. Las brechas están construidas a partir de la diferencia entre puntos porcentuales entre mujeres y hombres. En esos casos, valores más altos indican mayor desigualdad de género. Las razones presentan la relación de las mujeres respecto a los hombres. En estos casos, valores más altos indican mayor desigualdad de género. Estas replican el indicador construido por el PNUD para valorar los ingresos femeninos en comparación con los masculinos (PNUD, 2006). En todos los casos, consideramos las dos versiones y escogimos la manera que facilita la interpretación del respectivo indicador.

Para el principio de anti-pobreza, los indicadores de la participación femenina en la fuerza laboral son sencillos: recurrimos a las brechas de participación laboral y a las brechas desempleo en entre hombres y mujeres. Como indicador que aborda el acceso directo a transferencias monetarias sociales, los indicadores miden la razón entre mujeres y hombre de 65 años o más que cuentan con una pensión (independientemente del tipo, es decir, por vejez, viudez, etc.).

TABLA 3. **Regímenes de bienestar y relaciones de género: indicadores usados para el análisis comparativo de principios y estructuras**

Prin.	Estructuras	Indicadores	Indicadores	Fuentes	
Anti-marginalization	Mercado laboral	1. Participación femenina en el Mercado laboral	Brecha en la participación de las mujeres respecto a los hombres	CEPAL, 2009	2006
			Brecha en el desempleo femenino respecto al masculino	CEPAL 2007	2007
	Política social	2. Acceso directo a transferencias del estado	Proporción de mujeres con pensiones contributivas respecto a los hombres (65 años o más)	CEPAL/UNIFEM, 2007	2007
	Mercado laboral	3. Desegregación femenina vertical y horizontal en el Mercado laboral	Brecha entre mujeres y hombres en ocupaciones de baja productividad (zonas urbanas)	CEPAL/UNIFEM, 2007	2003
			Proporción de mujeres gerentes en el total (15-64 años)	BID, 2008	2006
	Política social	4. Acceso efectivo de las mujeres a la política social y a sus beneficios	Partos asistidos por personal calificado	OMS, 2008	2000-07
			Brecha de asistencia escolar entre mujeres y hombres (13-19 años en el quintil de menores ingresos)	CEPAL, 2007	2007
			Mortalidad maternal cada 1000 nacimientos	OMS, 2008	2008
			Tasa de empleadas respecto a empleados con seguridad social	BID, 2008	2007
	Producción doméstica	5. Mujeres dedicadas al trabajo doméstico no remunerado como principal actividad	Esposas dedicadas al trabajo no remunerado	Arriagada, 2002	2002
			Mujeres dedicadas principalmente a tareas domésticas cuando a cargo de niños/as de 0 a 5 años	CEPAL/UNIFEM, 2007	2004

			Personas que creen que las mujeres deben estar en la casa y los hombres en el trabajo	Latinobarométro, 2009	2006
			Subempleo femenino voluntario (<30 horas a la semana)	BID, 2008	2007
Anti-explotación	Mercado laboral	6. Condiciones laborales	Subempleo femenino involuntario (<30 horas a la semana)	BID, 2008	2007
			Duración de la jornada laboral dependiendo de si las mujeres tienen niños/as de 0 a 5 años a cargo	CEPAL/UNIFEM, 2007	2004
	Producción doméstica	7. Condiciones materiales para llevar a cabo las tareas domésticas	Accesso a agua potable	OMS, 2008	2008
			Accesso a electricidad	Instituto Mundial de Recursos, 2008	2005
Anti-desigualdad del ingreso	Mercado laboral	8. Brechas de ingreso	Brecha entre ingresos femeninos y masculinos	PNUD, 2007	2007
			Proporción ingresos femeninos promedio respecto a masculinos entre personas con baja educación foral (0-3 años de escolaridad)	CEPAL/UNIFEM, 2007	2002
			Proporción ingresos femeninos promedio respecto a masculinos entre personas con alta educación foral (13 años o más de escolaridad)	CEPAL/UNIFEM, 2007	2002
	Producción doméstica	9. Contribución femenina al ingreso familiar y acceso a propiedad familiar	Proporción de ingreso familiar contribuido por mujeres	BID, 2008	2007
			Probabilidad legal de que las esposa retengan la propiedad familiar	Deere & León, 2001; Martínez Franzoni & Voorend, 2009	2001 & 2009
Control	Demanda de cuidados	Tasa de fertilidad		Naciones Unidas 2010	2005-10

FUENTE: actualización de los indicadores usados en Martínez Franzoni y Voorend (2009) a excepción de cuatro para los cuales se mantuvo el ultimo dado disponible correspondiente a los años 2001 y 2002.

Para el principio de anti-marginación, los indicadores relacionados con el mercado laboral son también sencillos de interpretar. Se enfocan en la desegregación en los peldaños inferiores y superiores de la estructura ocupacional, respectivamente. Se trata de analizar las brechas en ocupaciones de baja productividad y en ocupaciones de nivel gerencial, medidas en tanto la proporción de mujeres en unas y otras, respectivamente. En términos del acceso efectivo de las mujeres a la política social, los indicadores se acercan a la salud, las pensiones y la educación en términos de los partos asistidos por personal entrenado, la maternidad materna, las brechas en asistencia escolar y la relación entre aseguramiento de empleadas y empleados, respectivamente. En términos del trabajo doméstico no remunerado como actividad principal, los indicadores se relacionan con la división tradicional del trabajo, tanto en términos prácticos como de creencias. Respecto a las prácticas se considera la proporción de esposas dedicadas al trabajo no remunerado, de mujeres dedicadas al trabajo no remunerado en presencia de niños/as pequeños/as, y el subempleo voluntario, como manera de conciliar vida familiar y laboral. En términos de creencias se considera la proporción de personas que consideran que las mujeres deben permanecer en su casa y los hombres ir al trabajo.

En términos del principio de anti-segregación, los indicadores relacionados con las condiciones laborales remiten al subempleo forzoso, por un lado, y a la duración de la jornada laboral remunerada, por el otro, en este caso dependiendo de si las mujeres están a cargo de niños/as pequeños/as. Los indicadores relacionados con las condiciones materiales bajo las cuales se llevan a cabo las tareas domésticas tienen que ver con acceso a agua potable y electricidad. Las principales limitaciones relacionadas con este principio es la falta de indicadores disponibles relativos a la superación del trabajo femenino no remunerado como contraparte de la política social.

Para el principio de anti-desigualdad de respeto, carecemos de indicadores que permitan aprehender, desde la política pública, la valoración de capacidades y ocupaciones consideradas típicamente femeninas, la presencia de incentivos para que los hombres desarrollen estas capacidades y ocupaciones, y avances en el reconocimiento de los cuidados como algo que todas las personas necesitan dar y recibir[9].

---

9. La presencia de incentivos para que los hombres desarrollen capacidades históricamente consideradas como femeninas, exigiría construir un indicador comparado a partir de reformas recientes en materia de políticas públicas como, por ejemplo, las licencias por paternidad. Indicadores para abordar esta dimensión son algo más fácil de obtener si el foco es en unos pocos países como lo hicimos en un trabajo previo (Martínez Franzoni y Voorend, 2008).

Respecto al principio de anti-desigualdad de los ingresos, las brechas pueden ser medidas en términos del ingreso monetario, tanto en general como desagregado según la gente tenga alta o baja educación formal. Lamentablemente, se carece de indicadores para abordar la brecha en el ingreso social, es decir, de los ingresos que resultan del acceso femenino y masculino a la política social. Los indicadores relativos a la contribución femenina al ingreso familiar y a su acceso a la propiedad familiar permiten conocer la proporción del ingreso familiar al que contribuyen las mujeres. También permite conocer la probabilidad legal de que las esposas retengan la propiedad familiar según la legislación existente (de menor a mayor protección: regulación matrimonial en ausencia de otra legislación; prioridad de las esposas independientemente de si hay testamento o no; y protección legal independientemente de lo que indique el testamente). Cuanto más alto el puntaje respecto a este indicador, más alta la probabilidad de que las esposas retengan la propiedad familiar.

4.4. Análisis de los datos

La tabla 4 presenta estadísticas descriptivas para la región en su conjunto y para cada régimen de bienestar presentado previamente en este capítulo. Las tres estadísticas consideradas son la media, la mediana y la desviación estándar. En su conjunto estas mediciones permiten contar con un criterio contra el cual determinar la homogeneidad o heterogeneidad regional. Como segunda medición, se presenta la significación estadística de las variaciones entre regímenes de manera de descartar variaciones que pueden deberse al azahar de aquellas que representan reales diferencias entre regímenes de bienestar. Dicho de otro modo, los indicadores que carecen de significación estadística son irrelevantes para dar cuenta de las desigualdades de género para un indicador, dimensión, principio y estructura en particular. La tabla 4 identifica los indicadores a los que debemos poner atención en cada caso.

TABLA 4. **Regímenes de bienestar y desigualdad de género: promedios regionales y por regímenes de bienestar para indicadores seleccionados**

Principio y estructura	Indicadores		Datos regionales			Regímenes de Bienestar			Sign. estad.
---	---	---	Media	Mediana	Dev. Est.	Estatal-productivista	Estatal-protectionista	Informa l	
Anti-poverty Mercado laboral	1. Participación femenina en el Mercado laboral	Brecha en la participación de las mujeres respecto a los hombres	19.2	24.0	10.8	25.9	18.4	18.4	0.7
		Brecha en el desempleo femenino respecto al masculino	1.8	2.2	2.3	2.6	2.4	1.3	0.6
Política social	2. Acceso directo a transferencias del estado	Proporción de mujeres con pensiones contributivas respecto a los hombres (65 años o más)	60.8	54.5	17.8	83.7	71.0	52.0	0.0 *
Anti-marginalization Mercado laboral	3. Desegregación femenina vertical y horizontal en el Mercado laboral	Brecha entre mujeres y hombres en ocupaciones de baja productividad (zonas urbanas)	8.4	10.1	6.1	7.4	8.3	8.6	1.0
		Proporción de mujeres gerentes en el total (15-64 años)	34.1	33.1	8.1	35.7	37.3	32.4	0.5
Política social	4. Acceso efectivo de las mujeres a la política social y a sus beneficios	Partos asistidos por personal calificado	84.3	91.5	16.6	99.5	94.2	77.0	0.0 *
		Brecha de asistencia escolar entre mujeres y hombres (13-19 años en el quintil de menores ingresos	100.8	101.4	8.0	99.5	105.6	98.9	0.3
		Mortalidad maternal cada 1000 nacimientos	87.6	90.0	38.0	48.0	57.0	108.7	0.0 *
		Tasa de empleadas respecto a empleados con seguridad social	103.1	102.0	13.1	93.7	100.8	105.8	0.5
Producción doméstica	5. Mujeres dedicadas al trabajo doméstico no remunerado como principal actividad	Esposas dedicadas al trabajo no remunerado	43.0	43.8	5.4	51.6	46.5	39.8	0.0 *
		Mujeres dedicadas principalmente a tareas domésticas cuando a cargo de niños/as de 0 a 5 años	25.3	26.6	7.2	22.1	24.8	26.1	0.8

Anti-exploitation			Personas que creen que las mujeres deben estar en la casa y los hombres en el trabajo	37.7	38.0	10.1	27.5	32.4	42.0	0.1	**
			Subempleo femenino voluntario (<30 horas a la semana)	13.7	12.5	9.9	15.1	13.0	13.7	1.0	
	Mercado laboral	6. Condiciones laborales	Subempleo femenino involuntario (<30 horas a la semana)	41.0	48.9	20.2	39.9	38.2	42.5	0.9	
			Duración de la jornada laboral dependiendo de si las mujeres tienen niños/as de 0 a 5 años a cargo	14.9	14.4	9.0	14.8	12.4	16.1	0.8	
	Producción doméstica	7. Condiciones materiales para llevar a cabo las tareas domésticas	Acceso a agua potable	91.2	92.5	5.3	96.5	96.2	87.9	0.0	*
			Acceso a electricidad	85.8	88.2	12.2	97.0	94.1	79.9	0.0	*
Anti-inequality of income	Mercado laboral	8. Brechas de ingreso	Brecha entre ingresos femeninos y masculinos	48.2	53.0	10.0	47.0	52.6	46.5	0.5	
			Proporción ingresos femeninos promedio respecto a masculinos entre personas con baja educación foral (0-3 años de escolaridad)	86.3	82.7	13.0	98.5	81.5	86.2	0.3	
			Proporción ingresos femeninos promedio respecto a masculinos entre personas con alta educación foral (13 años o más de escolaridad)	71.6	72.3	9.4	63.6	72.7	72.5	0.5	
	Producción doméstica	9. Contribución femenina al ingreso familiar y acceso a propiedad familiar	Proporción de ingreso familiar contribuido por mujeres	36.2	33.9	8.0	34.5	37.9	35.8	0.9	
			Probabilidad legal de que las esposa retengan la propiedad familiar	6.2	6.0	1.2	6.5	5.6	6.5	0.4	

Variable de Control

Demanda de cuidados	Tasa de fertilidad	2.6	2.6	0.6	2.1	2.2	2.9	0.0	*

* Significativo al 5%   ** Significativo al 10%

La tabla presenta importantes elementos para responder a la pregunta de si la desigualdad de género varía entre regímenes de bienestar:

1. En materia del principio de anti-pobreza relacionado con el mercado laboral no se observan variaciones significativas entre regímenes de bienestar. En materia del principio de anti-pobreza relacionado con la política social sí se observan importantes variaciones. Veamos:

- A través de la región las brechas en la participación laboral son heterogéneas, como lo muestran los datos relativos a participación laboral y desempleo. Ninguno de estos indicadores muestra una variación estadísticamente significativa entre regímenes de bienestar. Ello ocurre porque la participación laboral tiene una media de 19% aunque con una variación estándar importante (10.8%). El desempleo, por su parte, muestra una media de 1.8% y una mediana de 2.2% y tiene una desviación estándar casi tan grande como la mediana (2.3%). Brechas en el acceso a las pensiones entre las personas de 65 años o más varían significativamente entre regímenes de bienestar. En general solo 60 mujeres por cada 100 hombres tienen acceso a transferencias de este tipo. Mientras que las mujeres siempre están rezagadas respecto a los hombres en esta materia, ello ocurre considerablemente más bajo regímenes de bienestar informales que estatales (56.3% bajo informales y 83.7 y 71.0%, bajo productivo y proteccionistas, respectivamente).

2. La anti-marginalización asociada a los mercados laborales no muestra variaciones significativas entre regímenes de bienestar. Sin embargo, la anti-marginación relacionada con la política social y las estructuras domésticas sí muestra variaciones estadísticamente significativas.

Desglosando los hallazgos, se observa que:

- En términos de mercados laborales, ningún indicador relativo a segregación es estadísticamente significativo ni abajo ni arriba en la estructura ocupacional.

- Dos de los cuatro indicadores relacionados con el acceso efectivo de las mujeres a la política social y a sus beneficios muestra variaciones estadísticamente significativas entre regímenes de bienestar. Dichas variaciones se evidencian en salud aunque no en pensiones ni en educación. Los nacimientos asistidos por personal calificado y la mortalidad maternal durante el parto muestran un mejor desempeño en los regímenes estatales que informales (entre 94 y 100%, por un lado, y 83.3% en el otro). Por su parte, las brechas en la asistencia escolar para jóvenes entre 13 y 19 años y la tasa de empleadas a empleados con seguridad social no varia de manera estadísticamente significativa. Ambos indicadores con variaciones significativas entre regímenes muestran un amplio rango de situaciones: en el caso de los nacimientos con personal calificado la media y la mediana es de 84.5 y 91.5%, respectivamente y la desviación estándar de 16.6%. La mediana de la mortalidad materna es de 90 mientras que la desviación estándar es de 38.

- Respecto a la producción doméstica, dos de los cuatro indicadores que abordan el trabajo doméstico no remunerado de las mujeres como la principal actividad, varían de manera estadísticamente significativos entre regímenes de bienestar. La familia tradicional organizada en torno a un hombre proveedor y a una mujer cuidadora es más prominente en países con regímenes de bienestar estatal que informal. Por el contrario, el reconocimiento social de papeles no tradicionales, tanto masculinos como femeninos, es menor en países con régimen de bienestar informal, interesantemente, precisamente adonde estas familias tienen menor presencia relativa. Esta evidencia agrega a la hipótesis de que mucho del cambio en cómo las mujeres y las familias están organizándose para lidiar con el trabajo de cuidados tiene que ver con en qué medida las condiciones materiales le permiten a las mujeres pasar de un trabajo remunerado de tiempo completo. Además, aproximadamente un cuarto de las mujeres que se dedican principalmente a las tareas domésticas cuando están a cargo de niños/as pequeños/as, carece de variación estadísticamente significativa entre regímenes de bienestar. En los tres regímenes las mujeres que manifiestan estar subempleadas de manera voluntaria, muestran una media cercana a la media regional (13.7%).

3. El principio de anti-explotación asociado a los mercados laborales no muestra variación significativa entre regímenes de bienestar aunque sí varía cuando se refiere a la producción doméstica. Veamos:

- Los indicadores que abordan pobres condiciones laborales como el trabajar menos de 30 horas semanales de manera involuntaria o, por el contrario, trabajar jornadas más largas cuando a cargo de niños/as pequeños/as, no muestran variaciones significativas entre regímenes de bienestar.

- Las condiciones materiales para hacer las tareas domésticas más sencillas (en las mujeres que por lo pronto son quienes principalmente las realizan) cambian entre regímenes de bienestar. Dado que el agua y la electricidad son una infraestructura pública, este indicador se superpone con el de presencia y capacidades estatales que, como es de esperar, es mayor en los países con regímenes de bienestar estatal que en aquellos con régimen de bienestar informal.

4. En general, la desigualdad del ingreso no muestra variaciones estadísticamente significativas entre regímenes de bienestar:
   - Como ha sido documentado en numerosos estudios desde hace más de una década (por ejemplo: Behrman et al., 2000; Panizza, 2000; Panizza y Qiang, 2005; Atal et al., 2009; OIT, 2009; Naciones Unidas, 2010), las brechas de ingresos son homogéneamente grandes en la región. Son además mayores entre la población con mayor educación formal (13 años de educación formal o más) que entre la población con menor educación formal (0 a 3 años). En promedio, las menos educadas ganan el 86.3 de lo que ganan sus pares varones mientras las mas educadas solo obtienen el 71.6%. La razón de los ingresos femeninos a los masculinos no muestra variaciones significativas entre regímenes de bienestar, lo cual muestra capacidades igualmente bajas de regular los mercados laborales en este aspecto.
   - A través de los tres regímenes de bienestar las mujeres contribuyen un tercio del ingreso total de los hogares, muy cerca de lo que reporta la media regional de 36%.
   - La probabilidad de que las mujeres mantengan la propiedad familiar es baja (alrededor del 5-6) entre regímenes de bienestar.

Como se resumen en la tabla 5, los regímenes de bienestar hacen una mayor diferencia en términos de igualdad de género cuando se trata de las políticas sociales y, aunque menos concluyentemente dadas las restricciones para medirlo, la producción doméstica. La hipótesis es que si bien los regímenes de bienestar muestran importantes variaciones en términos de regular, financiar y proveer política social. Aunque no ha sido estudiado adecuadamente, sería de esperar que algunas de estas políticas afecten directamente la organización de las familias. Por el contrario, los regímenes de bienestar son mucho más homogéneos en su escasa capacidad de regular los mercados laborales hacia mayores grados de igualdad de género. La pobreza y la desigualdad resultante del acceso (y del tipo de acceso) que las mujeres tienen a los mercados laborales, igual que la segregación y marginación originada en las relaciones de género, parecieran desdibujar las fuertes distinciones que se encuentran en materia de política social y, en menor medida, producción doméstica. Esto estaría denotando que la regulación laboral que permita superar la desigualdad de género basada en el género es similarmente insuficiente entre regímenes de bienestar.

TABLA 5. **Se correlacionan los regímenes de bienestar con la igualdad de género? Balance según estructuras y principios**

Principios	Mercado laboral	Política pública	Producción doméstica	Balance del principio
Anti-pobreza	No	Sí	Se desconoce	La política hace una diferencia
Anti-marginalización	No	En algún grado	En algún grado	La política pública y la producción doméstica hacen una diferencia
Anti-explotación	No	Se desconoce	Sí	La producción doméstica hace una diferencia
Anti-desigualdad de ingreso	En algún grado	Se desconoce	No	Difícil de saber con datos disponibles
Indicadores considerados	9	5	9	22
Indicadores estadísticamente significativos para diferenciar conglomerados de países	No	3	5	8 out of 22
Balance de la estructura	En general no	En algún grado	En algún grado	

Una valoración general relativa a la desigualdad de género sugiere que los regímenes de bienestar no son tan relevantes para las desigualdades originadas en los mercados laborales como para las originadas en la política social y en la producción doméstica. Las respuestas a por qué ello ocurre requieren de una mayor elaboración, que trasciende el objetivo de este artículo. Una hipótesis a explorar tiene que ver con las transformaciones recientes en materia de desregulación laboral, las cuales han sido relativamente más homogéneas que las relativas a los cambios en materia de estructura o de política social. Estas ameritarían un análisis detallado de los factores que intervienen en la relación entre el entorno macro que brinda el régimen, y el funcionamiento de los mercados laborales, de las políticas sociales y de las familias.

5. Reflexiones finales

A partir de la desagregación de las dimensiones de la inequidad propuesta por Nancy Fraser, el análisis previo tiene bondades descriptivas, analíticas y normativas, todas estas fundamentales para alimentar la formación de política pública. Esta apuesta por altos grados de interrelación entre la descripción, el análisis y la orientación normativa hace dos importantes contribuciones. Primero, permite avanzar considerablemente en la investigación empírica. Segundo, permite identificar prioridades en términos de las estructuras patriarcales en las cuales se debería orientar la intervención social y política. Si ello es relevante en general, más lo es en entornos tan cambiantes como el latinoamericano de la última década. Este enfoque y más aún la apelación a teorías de género y de las relaciones patriarcales, se distancia considerablemente de los índices que mencionamos inicialmente, los cuales, en tanto instrumentos, tienden a separar la descripción del análisis y ambas de la prescripción.

Aplicado al análisis de los regímenes de bienestar propuestos en este capítulo, la combinación con el análisis de estructuras patriarcales permite además comprender los principales obstáculos en términos de las lógicas de asignación de recursos. Está claro que los países con régimen de bienestar informal deben dar prioridad al fortalecimiento de la política social. Es también claro que los restantes países enfrentan distintos retos, en tamaño y tipo, según principios de que se trate. En directa relación, son también variables los retos a enfrentar para dar saltos cualitativos en la producción doméstica. Pero también está claro que países agrupados bajo los tres regímenes de bienestar enfrentan retos igualmente importantes para reducir la desigualdad de género vinculada al mercado laboral. Cómo se haga ello concretamente, dependerá, claro está, de los entornos que impone cada régimen.

El análisis propuesto no identifica relaciones causales, las cuales requieren pasar del nivel de las estructuras y del entorno macro que brinda el régimen, al efectivo funcionamiento de los mercados laborales, de las políticas sociales y de las familias.

En términos de futuros desarrollos empíricos, el análisis presentado invita a continuarlo en varias direcciones. Por un lado, se trataría de indagar en los indicadores disponibles, incluyendo la construcción de nuevos indicadores a partir de los existentes. Por otro lado, el análisis estadístico no inhibe de promover estudios a partir de un menor número de países, sean también estadísticos o de índole cualitativa.

Bibliografía

ATAL, JUAN PABLO; HUGO ÑOPO y NATALIA WINDER (2009). "New Century, Old Disparities: Gender and Ethnic Wage Gaps in Latin America" . BID Working Paper No. 25. http://ssrn.com/abstract=1815933. Washington, D.C: BID.

BANCO INTERAMERICANO DE DESARROLLO (BID) (2008). Sociometro. http://www.iadb.org/sociometro/. Washington, D.C: BID.

BARBA, CARLOS (2007). *¿Combatir la pobreza o construir ciudadanía para todos? América Latina. Regímenes de bienestar en transición al iniciar el siglo XXI*. Guadalajara: Universidad de Guadalajara.

BARRIENTOS, ARMANDO (2004). "Latin America: Towards a Liberal-Informal Welfare Regime". En: Ian Gough y Geof Wood (eds). *Insecurity and Welfare Regimes in Asia, Africa and La Tin America: Social Policy in Development Contexts*. Cambridge: Cambridge University Press: 121-68

BEHRMAN, JERE; NANCY BIRDSALL y MIGUEL SZEKELY (2000). "Economic Reform and Wage Differentials in Latin America". BID Research Working Paper No. 435. http://ssrn.com/abstract=258951. Washington, D.C: BID.

BLOFIELD, MERIKE y LIESL HAAS (2011). "Gender Equality Policies in Latin America". En: Merike Blofield (ed) *The Great Gap*. Pennsylvania: Pennsylvania State University Press.

BLOFIELD, MERIKE y LIESL HAAS (2012). "Policy Outputs". *Oxford Handbook on Gender and Politics*. Oxford University Press. En prensa.

BLOFIELD, MERIKE y LIESL HAAS (2005). "Defining a Democracy: Reforming the Laws on Women's Rights in Chile, 1990-2002" *Latin American Politics and Society*, 47 (3): 35-68.

CEPAL (2007). *Panorama social de América Latina 2010*. Santiago de Chile, CEPAL.

CEPAL (2009). *Panorama Social de América Latina 2009*. Santiago de Chile: CEPAL.

CEPAL (2010). *Panorama social de América Latina 2010.* Santiago de Chile, CEPAL.

CEPAL, UNIFEM (2007). Estadísticas para la equidad de género: magnitudes y tendencias en América Latina. Milosavljevic, Vivian. *Cuadernos de la CEPAL* N° 92. Santiago de Chile: CEPAL, UNIFEM, 2007.

CHARMES, JACQUES y SASKIA WIERINGA (2003). "Measuring Women's Empowerment: an assessment of the Gender-related Development Index and the Gender Empowerment Measure". *Journal of Human Development*, Vol. 4, No. 3. Carfax Publishing, Taylor and Francis Group: December.

CORNIA, ANDRÉS (2010). "Income Distribution under Latin America's New Left Regimes", *Journal of Human Development and Capabilities*, 11(1): 85-114.

CUEVA BETETA, HANNY (2006). "What is missing in measures of Women's Empowerment?" *Journal of Human Development*, Vol. 7, No. 2, July.

DIJKSTRA, A. GESKE (2002). "Revisiting UNDP's GDI and GEM: Towards an alternative". *Social Indicators Research*, 57: 301–338.

DIJKSTRA, A. GESKE y LUCIA C. HANMER (2000). Measuring Socio-Economic GENDER Inequality: Toward an Alternative to the UNDP Gender-Related Development Index. Feminist Economics 6 (2): 41-75.

ESPING-ANDERSEN, GÖSTA (1990). *The Three Worlds of Welfare Capitalism.* Princeton: Princeton University Press.

FERRANT, GAËLLE (2010). The Gender Inequalities Index (GII) as a New Way to Understand Gender Inequality Issues in Developing Countries, Proceedings of the German Development Economics Conference, Hannover 2010, No. 20, http:// hdl.handle.net/10419/39979

FILGUEIRA, FERNANDO (1998). "El nuevo modelo de prestaciones sociales en América Latina: residualismo y ciudadanía estratificada". En: Brian Roberts (ed) *Ciudadanía y política social.* San José; Costa Rica, FLACSO/SSRC: 71- 116

FILGUEIRA, FERNANDO (2004). *The Structural y Political Keys of the Reluctant Latin American Social State y its Interplay with Democracy: The Development, Crisis y Aftermath of Universal, Dual y Exclusionary Social States.* Documento de Trabajo, Brasil: UNRISD.

FRASER, NANCY (1994). "After the Family Wage: Gender Equity and the Welfare State", *Political Theory*, 22 (4): 591-618.

FRASER, NANCY (2003). 'Social Justice in the Age of Identify Politics: Redistribution, Recognition, and Participation'. En: Fraser, Nancy y Axel Honneth *Redistribution or Recognition? A Political-Philosophical Exchange.* Londres: Verso.

Gough, Ian y Geof Wood (eds.) (2004). *"Insecurity and welfare regimes in Asia, Africa, and Latin America: Social policy in developmental contexts"*. Cambridge University Press.

Htun, Mala (2003). *Sex and the State: Abortion, Divorce and the Family in Latin America.* Cambridge: Cambridge University Press.

Htun, Mala y Laurel Weldon (2010). "When Do Governments Promote Women's Rights? A Framework for the Comparative Analysis of Sex Equality Policy", *Perspectives on Politics*, 8 (1): 207-216.

Huber, Evelyn y John Stephens (2005). *"Successful Social Policy Regimes? Political Economy and the Structure of Social Policy in Argentina, Chile, Uruguay and Costa Rica"*. Presentado en la conferencia: Gobernabilidad democrática en América Latina, Notre Dame, Octubre 6-7.

Inglehard, Ronald and Pippa Norris (2003). *The Rising Tide: Gender Equality and Cultural Change Around the World.* New York and Cambridge: Cambridge University Press.

Klasen, Stephan (2006). "UNDP's Gender-related Measures: Some Conceptual Problems and Possible Solutions". *Journal of Human Development*, Vol. 7, No. 2, July.

Lewis, Jane (1993). *Women and Social Policies in Europe: Work, Family and the State.* Aldershot: Edward Elgar.

Marco, Flavia (2012). Intercambio electrónico con comentarios a una versión previa de este capítulo; 8 de marzo.

Martínez Franzoni, Juliana (2008). *Domesticar la incertidumbre en América Latina: mercados laborales, política social y familias.* San José, Editorial de la UCR.

Martínez Franzoni, Juliana y Koen Voorend (2008). "Transferencias condicionadas e igualdad de género: ¿Blancos, negros o grises?". *Revista Ciencias Sociales* 122, 4: 115-131.

Martínez Franzoni, Juliana y Koen Voorend (2009). "Regímenes de bienestar y patriarcados: ¿una cosa lleva a la otra?" *Serie Libros documentos de trabajo.* Madrid: Fundación Carolina.

Martínez Franzoni, Juliana y Koen Voorend (2012). "Into the greys: A multidimensional approach to social policy and gender equality applied to Latin American CCTs". Con Koen Voorend. *Social Politics.* En prensa.

Molyneux, Maxine (2000). "State and Gender in Latin America". En: Elizabeth Dore y Maxine Molyneux (eds.) *Hidden Histories of Gender and the State in Latin America*, Durham, Duke University Press: 33-81

Naciones Unidas, División de Estadísticas (2010). World's Women 2010: Trends and Statistics. New York: Naciones Unidas.

O'Conner, Julia; Ann Shola Orloff y Sheila Shaver (1999). States, Markets, Families. Gender, Liberalism and Social Policy in Australia, Canada, Great Britain and the United States. Cambridge: Cambridge University Press.

Oficina Internacional de Trabajo (OIT) (2009). Global Employment Trends for Women. Ginebra: OIT.

Orloff, Ann Shola (1996). "Gender in the Welfare State", *Annual Review of Sociology* 22: 51-78.

Panizza, Ugo (2000). "The Public Sector Premium and the Gender Gap in Latin America: Evidence from the 1980s and 1990s". BID Working Paper No. 362. http://ssrn.com/abstract=1817231. Washington, D.C: BID.

Panizza, Ugo y Qiang, Christine (2005). "Public–private wage differential and gender gap in Latin America: Spoiled bureaucrats and exploited women?" *Journal of Socio-Economics* 34 (6): 810–833.

Payne, Malcolm (2009). "Developments in end-of-life and palliative care social work: international issues". *International Social Work*. 52(4): 513-24

Permanyer, Iñaki (2008). "On the measurement of gender equality and gender-related development levels". *Journal of Human Development*, 9(1), 87–108.

———— (2010). "The Measurement of Multidimensional Gender Inequality: Continuing the Debate". *Social Indicators Research*, 95 (2): 181-198 .

Prechal, Sacha y Susanne Burri (2009). "EU Rules on Gender Equality: How are they transposed into national law?" *European Community programme for employment and social solidarity*: 3- 31

Pribble, Jenny (2004). *"Women and Welfare: The Politics of Coping with New Social Risks in Chile and Uruguay"*. Latin American Studies Association, XXV International Congress, October 7-9, Las Vegas.

Verloo, Mieke y Emanuela Lombardo (2007). "Contested Gender Equality and Policy Variety in Europe: Introducing a Critical Frame Analysis Approach".' En: Mieke Verloo (ed) *Multiple Meanings of Gender Equality. A Critical Frame Analysis of Gender Policies in Europe*. Budapest: CEU: 23

Walby, Sylvia (1990). *Theorizing Patriarchy.* Oxford: Blackwell.

———— (1997). *Gender Transformations*, London: Routledge.

Capítulo 5

La justicia con prisma de género en el mundo del trabajo globalizado. Notas críticas desde América Latina

Ruth Sosa

"Hoy día (...) el "quién" de la justicia es tema de intensa discusión. Desarrollos geopolíticos que han hecho época (...) están alterando el mapa de posguerra del espacio político. Al mismo tiempo, en este momento de desestabilización, las luchas políticas sobrepasan cada vez más el marco westfaliano. Los activistas de los derechos humanos y las feministas internacionales se unen a los críticos del ajuste estructural y de la Organización Mundial del Comercio y fijan como objetivos injusticias que trascienden las fronteras. Haciendo estallar de un modo efectivo la imaginería territorial, estos movimientos intentan redibujar los límites de la justicia a una escala mayor (Fraser, 2009: 30-31).

1. Notas introductorias

En 1997, cuando Nancy Fraser publica *Iustitia Interrupta. Reflexiones críticas desde la posición "postsocialista"* presenta, como tesis básica, el dilema entre redistribución y reconocimiento en el que pretende dirimir la falsa antinomia entre el enfoque de la justicia redistributiva y la justicia de la política de la identidad y muestra que los conflictos de la identidad no pueden ser ajenos a los problemas de la justicia redistributiva. La autora sugiere que el eje de discusión en filosofía política en lo concerniente a la cuestión cultural no puede soslayar, ni mucho menos resolver, aporías desde una cosmovisión que desestime el problema de la desigualdad económica y social. De modo que la perspectiva de Fraser con relación al análisis de la justicia pretende ser un instrumento analítico capaz de desentrañar los aspectos culturales encubiertos que subyacen en las políticas económicas y las dimensiones económicas que se hallan ocultas en las políticas culturales orientadas al reconocimiento. El análisis sobre el dilema redistribución-reconocimiento se conjuga con las categorías de género y raza lo que conlleva una crítica al sentido esencialista de la identidad. En esta dirección, la autora distingue las modalidades que asume este dilema y evalúa posibles alternativas que en materia política, económica y conceptual han intentado dar algunas respuestas tanto a la esfera del reconocimiento como a la esfera de la redistribución en las sociedades del capitalismo tardío.

Cuando Nancy Fraser publica en 2003, en co-autoría con Axel Honneth, *¿Redistribución o reconocimiento? Un debate político filosófico*, se visibiliza un debate sobre cómo abordar ambas dimensiones desde la teoría crítica. Sin embargo, pese a cosmovisiones y teorías diferentes, ambos autores concebirán a la injusticia como un problema complejo que, inscripto en el actual proceso de globalización del capital, altera significativamente la escala de actuación e interacción social a tal punto de mostrar la necesidad de hallar un nuevo marco para resolver cuestiones de la injusticia en las sociedades contemporáneas. En este libro ya se avizoran algunas ideas sobre una tercera dimensión de la justicia: la esfera política y será en 2004 cuando la autora, en su conocida conferencia *"Reframing Justice"*, en las jornadas de *"Spinoza Lectures"* abordará sistemáticamente esta dimensión. Esta conferencia será reelaborada en su libro *Escalas de Justicia,* publicado en 2008.

Nancy Fraser apunta que ni la distribución ni el reconocimiento son posibles sin representación. Los sectores sociales y culturales, que no tienen una adecuada representación y organicidad, son más vulnerables a las injusticias de clase y de reconocimiento. De acuerdo a la autora, la representación no es sólo cuestión de asegurar la expresión política y la paridad equitativa para las diferentes demandas sectoriales en las comunidades políticas ya constituidas. En este sentido, las identidades sociales y culturales tienen que trabajar con otras fuerzas progresistas para crear sistemas de protección social y garantía de sus derechos sensibles a los derechos humanos, que sean representativos de la multiplicidad social y cultural (2006).

La esfera de la representación radicaría en "el principio de la participación de *todos los sujetos afectados* en el proceso decisorio" (2006: 44; 2009: 24). En este sentido, mientras habría estado en vigor la representación *westfaliana* del mundo, la intervención de todos los sujetos afectados estaba vinculada y referenciada con el principio de territorialidad estatal. Cuando se reconfigura el capitalismo, y entramos a una lógica *poswestfaliana*, lo que convertiría "a un conjunto de personas en co-sujetos de la justicia, ya no sería la proximidad geográfica, sino su co-imbricación en una arquitectura estructural o institucional común que establece las reglas fundamentales que gobiernan su interacción social cincelando, de este modo, las respectivas posibilidades de vida conforme una estructura de oportunidades diferenciadas" (2006: 44).

En *Escalas de Justicia,* Fraser (2009*)* aborda de modo sistemático la dimensión representativa y aplica su análisis en el entramado del contemporáneo mundo globalizado. Para la autora no es posible la redistribución y el reconocimiento sin representación. La esfera política representa el campo en el cual se desarrollan las luchas por la distribución y el reconocimiento. Si bien estas dos dimensiones suponen algo de lo político, según Fraser, la tercera dimensión significa "lo político en un sentido más específico y constitutivo, que remite a la naturaleza de a jurisdicción del Estado y a las reglas de decisión con las que estructura la confrontación" (Fraser, 2009: 17) La cuestión aquí es cómo el marco territorializado del Estado nacional actualmente resulta insuficiente para abordar las luchas por la redistribución y el reconocimiento. En consecuencia, las causas estructurales de muchas injusticias en las sociedades contemporáneas ya no se inscriben directamente dentro de la jurisdicción territorial del Estado nacional sino que lo trasciende desplazándose desde el espacio de los lugares al terreno de los flujos y de las redes. En este sentido, el enfoque transformador de la política del encuadramiento tiene como propósito desafiar la gramática de la justicia implicada en el establecimiento de un marco determinado en un mundo globalizado/*postwestfaliano*. La política del enmarque o del encuadre (*reframing*) es el eje de argumentación, en tanto la comprensión del *qué* de la justicia (redistribución, reconocimiento, representación), del *quién* y del *cómo* se halla modificada debido a la complejización de arenas discursivas en las que las formas de reivindicación de la justicia social han producido un estallido del marco desde el cual podían ser abordadas. En términos de la autora, "lo político, en este sentido, suministra el escenario en donde se desarrollan las luchas por la distribución y el reconocimiento. Al establecer los criterios de pertenencia social, y al determinar así quién cuenta como miembro, la dimensión política de la justicia especifica el alcance de las otras dos dimensiones: nos dice quién está incluido en y quién excluido del círculo de lo que tienen derecho a una justa distribución y al reconocimiento mutuo.

Al establecer las reglas de decisión, la dimensión política establece también los procedimientos para escenificar y resolver los conflictos en las otras dos dimensiones, la económica y la social: nos dice no sólo quién puede reivindicar redistribución y reconocimiento, sino también cómo han de plantearse y arbitrarse esas reivindicaciones" (2009: 17).

En esta dirección, se ha visto alterada la gramática de la discusión siendo fundamental una teoría de la justicia para tiempos *"anormales"*. El enmarque supone un esquema conceptual y una herramienta explicativa y normativa capaz de interpretar las demandas de justicia social en un nuevo espacio político *"poswestfaliano"*; y que además permita comprender cómo se trazan los marcos de la representación política y cómo pueden ser dislocados y reconstruidos en medio de la pluralidad de arenas discursivas nacionales y trasnacionales. La esfera de la representación supone, por lo tanto, referenciar la justicia dentro de los marcos que posibilitan reconfiguraciones en el que se establecen las condiciones para reconocer una voz política para su conformación y ejercicio y que esté guiada por canales y procedimientos democráticos. De allí es la necesidad de una co-implicación entre democracia y justicia en términos de habilitar pasar fluidamente de un nivel hacia otro, conforme sea requerido entre las cuestiones de primer orden y las de metanivel. Esto supone una visión de la justicia en términos de paridad participativa capaz de proporcionar un tipo preciso de reflexividad acorde a un mundo en globalización.

En términos de Fraser, "la falta de un marco adecuado no es más que esa forma de ausencia de representación que la globalización ha comenzado de manera reciente a tornar visible. En una época anterior, en el esplendor del Estado de bienestar posbélico y con el marco keynesiano –*westfaliano* firmemente en su lugar, la principal preocupación que emergía a la hora de pensar acerca de la justicia era el problema de la distribución. Más tarde, con el ascenso de los nuevos movimientos sociales y del multiculturalismo, el centro de gravedad se desplazó hacia cuestiones relativas al reconocimiento" (2006: 39).

Bajo la influencia de la teoría social de Max Weber (en lo referido a su distinción entre clases, estatus y partidos) Nancy Fraser, en la madurez de su producción intelectual, aborda el problema de la justicia en tiempos globales bajo tres dimensiones: económica, cultural y representativa. Y podríamos afirmar que el eje y el acento puesto en cada una de estas preocupaciones están vinculados a un tiempo histórico-social del capitalismo.

2. ¿Justicia en América Latina? La deuda interna

En América Latina, y particularmente en Argentina, la cuestión de la justicia asume características peculiares. En términos históricos-sociales, nuestra cultura política ha sido marcada por interrupciones de derechos civiles y políticos cuando ya habían tomado vigencia los derechos de ciudadanía social al configurarse el Estado social de derechos durante el primer y el segundo gobierno peronista. La dictadura militar que se implanta durante el periodo 1976-1982 violó los derechos de la clase trabajadora y constituyó una violación sistemática a los derechos humanos, arrasando con todas las instituciones que garantizaban no solamente la ciudadanía civil y política sino también la ciudadanía social. En esta dirección, el gobierno de facto constituyó la antesala de la implementación del ideario neoliberal en Argentina en tanto colocó la centralidad de la valorización financiera como modelo de acumulación. En línea de continuidad, la política de los ochenta y de los noventa, ya bajo un régimen democrático, consolidó el Estado neoliberal aplicando la programática propuesta/impuesta por el *Consenso de Washington* para América Latina y se tradujo en un conjunto de medidas de condicionalidad que promovieron la Reforma del Estado a través de un proceso de privatizaciones de empresas y de servicios públicos ligado a una reducción progresiva del "gasto público", a la dolarización de la economía y a la liberalización y apertura financiera y comercial. Estas reformas estructurales reconfiguraron el mundo del trabajo en tanto se establecieron reformas también en las regulaciones laborales que se tradujeron en un creciente proceso de precarización y desempleo. También se redefinió el papel de las políticas públicas y se cercenaron las políticas sociales en tanto comenzaron a desmantelarse las universales políticas sociales de salud y educación. Se mercantilizó la política de seguridad social y se les adjudicó un matiz compensatorio y focalizado a las políticas asistenciales, lo que contribuyó a provocar un impacto negativo en la esfera de la redistribución.

Las consecuencias del proceso de globalización del capital, así como también las políticas de ajuste estructural y reforma del Estado de corte neoliberal –promovidas por el *Consenso de Washington* y la denominada "primera generación de reformas"–, que se implementaron durante los ochenta y los noventa, produjeron profundas transformaciones institucionales en el conjunto del sistema de políticas públicas en nuestro país y en toda la región latinoamericana. Esto produjo drásticos efectos económicos y sociales en lo concerniente a garantías de protección, integración social, derechos y ciudadanía. Posteriormente, la direccionalidad de la política pública, inscripta en los postulados del *consenso post-Washington,* formalizado en el denominado *Consenso de Santiago* –que fuera firmado en la Segunda Cumbre de las Américas en 1998– proveyó una "segunda generación de reformas" que se orientaron hacia el fortalecimiento y la innovación de las instituciones públicas y privadas en las áreas de educación, finanzas, justicia y administración pública. Esta "renovada" orientación persiguió como objetivo garantizar el desarrollo sostenible y contener los problemas sociales que se derivaron de la aplicación de las falsas promesas con relación al "efecto derrame" que habían marcado las recetas de la primera ola de reformas.

Tal como se consigna en la Declaración de Santiago, este nuevo consenso, también promovido por el Banco Mundial, incluyó en su plan de acción, a diferencia del anterior, ejes como la educación, la preservación y fortalecimiento de la democracia, la justicia y los derechos humanos; la integración económica y el libre comercio; y la erradicación de la pobreza y la discriminación así como también la defensa del medio ambiente (Murillo, 2008).

Sin embargo, estos cambios en la institucionalidad pública y "buenas prácticas" en la búsqueda de optimizar el funcionamiento del mercado y la gobernabilidad, que adoptaron la retórica de los derechos, no consiguieron superar las limitaciones de las prácticas focalizadas hacia la pobreza. La consecuencia regional más atroz de estas dos generaciones de reformas en política social, que atravesaron los diferentes países y que no tuvieron como horizonte la integración social, se tradujo en la transformación de América Latina en el continente más desigual del mundo. Desigualdad compleja, no sólo económica y social sino entrecruzada y reforzada por las desigualdades de género, las étnicas, las territoriales, que fueron generando "capas de desigualdad" y "cadenas de desventajas" (PNUD, 2005: 61,63; PNUD, 2010; CEPAL, 2010: 15,18; CEPAL, 2011:9).

Aun persisten profundos resabios que obstaculizan una democracia de alta integración social dentro del marco del capitalismo latinoamericano, pese a que desde 2003 el gobierno kirchnerista intenta revertir algunas tendencias de la ortodoxa política neoliberal. En este sentido, si bien aun continúan vigentes políticas sociales estratégicas como salud, educación, trabajo con fuertes rasgos neoliberales, se han producido cambios importantes en estas políticas, e incluso se reformó la política de seguridad social en la que se recolocó al Estado como principal administrador y responsable. En términos generales, a pesar de que contamos con políticas sociales que aun conservan las marcas y los surcos del neoliberalismo, es notable cómo el actual gobierno ha logrado poner límites importantes a las directrices de los organismos multilaterales y al mercado en la conducción de la política de Estado, aun comprendiendo que el Estado nacional, en los tiempos que corren, se muestra atento y poco refractario a las reconfiguraciones del capitalismo global.

Cabe señalar, sin embargo, que durante el decenio de los noventa, con Carlos Menen como presidente, Argentina firmó casi sesenta tratados bilaterales de protección de inversiones y el Parlamento los ratificó en casi su totalidad (54). Estos tratados tienen la característica de cumplir con las exigencias del poder económico trasnacional y suponen fundamentalmente una protección extralimitada de la Inversión Extranjera Directa como componente sustantivo para el desarrollo y la generación de la riqueza. Tal como señala un informe de ATTAC (2012), todos estos tratados derivan de la competencia de resolver conflictos entre países y empresas al Centro Internacional de Arreglo de Diferencias Relativas a Inversiones (CIADI). La política entreguista de sucesivos gobiernos, tanto nacional como provincial, hasta el presente, ha dado por resultado que existan, actualmente, numerosas inversiones extranjeras en el agro, en la minería, en el petróleo, entre otras; todas protegidas por los Tratados Bilaterales de Inversión y en caso de litigio, están amparadas por los Tribunales Arbitrales del CIADI. Es de destacar que albergan una definición muy amplia de inversión, lo que implica que hasta la aplicación de una norma nacional puede ser considerada un atentado a la inversión. Por otro lado, el conjunto de estos tratados, que supone una legislación internacional que favorece el lucro de las trasnacionales, eliminan, sistemáticamente, la participación y los mecanismos de vigilancia de los pueblos y de los sectores sociales, directamente afectados.

En consecuencia, en América Latina, los problemas nucleados en la injusticia económica son tan centrales y relevantes como aquellos ligados a la esfera cultural. O dicho más precisamente, las cuestiones que derivan de la deficiente redistribución en el plano socioeconómico constituyen un enorme obstáculo para llevar a cabo políticas públicas en la esfera del reconocimiento.

Por otra parte, no es casual que los movimientos sociales más ligados a la superestructura de la sociedad, y vinculados al conjunto de reivindicaciones del orden del reconocimiento cultural, surgen en un contexto de desmantelamiento del Estado social de derechos y de sus regímenes de bienestar.

En cuanto a la esfera de la representación no podemos soslayar que el mundo global es asimétrico y socialmente combinado con lo cual para los Estados nacional-territoriales, que ocupan una posición subalterna en el contexto del capitalismo global, los procedimientos democráticos en materia de justicia social, cultural y política se hallan fuertemente condicionados.

En los países latinoamericanos, el déficit en el acceso a los recursos económicos constituye un obstáculo determinante en el acceso a recursos culturales y simbólicos tales como la educación-política estatal estratégica que habilita, sin lugar a dudas, uno de los canales para llegar a la justicia en el plano del reconocimiento. En esta dirección, la subordinación de estatus no puede entenderse al margen de las posibilidades económicas.

Desde el plano de la redistribución, el mundo del trabajo en América Latina también está a merced de los "caprichos" del capital trasnacional. Téngase en cuenta que los países de nuestra región son áreas estratégicas para el capital volátil que, en tiempos globales y de flexibilidad laboral, se mueve de acuerdo a los criterios de búsqueda de competitividad de la producción de mercancías. Y las mujeres son variables de ajuste en esos espacios estratégicos de la esfera de la producción territorial-global.

En esta línea, los postulados planteados por Nancy Fraser, con relación a su teoría de la justicia, requieren de ciertos "reajustes" teóricos metodológicos en tanto la realidad de los países que se consideran "en vías de desarrollo" aun tiene pendientes asuntos estructurales en el plano de la redistribución.

Es menester tomar en cuenta que cuando comienzan a implementarse las políticas económicas neoliberales es cuando emergen significativamente en diversos lugares del planeta reivindicaciones de reconocimiento cultural.

El gran reto que nos queda es ¿de qué modo es posible integrar las luchas contra la falta de distribución, de reconocimiento y de representación en el contexto de la región latinoamericana engarzada en el sistema-mundo?, ¿cómo cuestionamos, de forma combativa, todo el abanico de injusticias económicas, sociales y culturales que están condensadas en el complejo mundo del trabajo globalizado?, ¿qué líneas políticas podemos entablar para destrabar la histórica situación de precariedad laboral de las mujeres y el derecho internacional las reconozca efectivamente como ciudadanas del mundo del trabajo en paridad de reconocimiento con sus homólogos varones?

¿Cómo encarar una agenda en materia de justicia con prisma de género que enfrente las actuales formas de explotación económica, las servidumbres culturales y las nuevas manifestaciones de explotación sexual que hoy han adquirido un carácter sistémico? (Cobo, 2008).

Con el prisma de género, nos vemos desafiadas a reconceptualizar la justicia, la igualdad, la libertad en términos transfronteras pero asumiendo que

América Latina tiene una posición subalterna en el contemporáneo orden global y esa subordinación responde, fundamentalmente, a cuestiones económicas que dialécticamente cercenan la autonomía política y cultural de nuestra región.

3. La globalización y la mundialización del capital con prisma de género. Reconfiguración del Estado, neocolonialismo de mercado y nuevas formas de dominación.

3.1. La globalización entre el discurso y la realidad

El actual proceso de globalización y mundialización del capital, como un movimiento emblemático que se viene acelerando desde la década de los noventa, ha profundizado la diversidad y la heterogeneidad de las formas de inserción de mujeres y hombres en las diferentes situaciones de trabajo y de empleo.

Desde que el capitalismo conociera su período de mayor expansión y prosperidad, luego de finalizada la Segunda Guerra Mundial, ha sido posible constatar alteraciones en las características de los movimientos de los capitalismos nacionales, cada vez más subordinados a las condiciones políticas y económicas de los organismos multilaterales. Estas nuevas formas de determinaciones, bajo el comando de los países hegemónicos, fueron configurando un mecanismo de funcionamiento cada vez más internacionalizado. Tal internacionalización se intensificó al finalizar la Guerra Fría. Con la consecuente desestructuración del bloque "socialista", se propició que las economías de este campo se conviertan en nuevas fronteras de negocios, inversiones, asociaciones de capitales, transferencias de tecnologías y otras operaciones, que expresaron la lógica del capitalismo y sus formas de acumulación y de reproducción a escala global. De ahí que el concepto de globalización alberga una fuerte connotación economicista (Cf. Ianni, 1995 y 1996; Anderson 1996; Arrighi, 1996, Chesnais, 1996).

Reiteradamente se ha postulado que la globalización supone un cambio inexorable, sin "historia" e indiscutiblemente real, y evidenciaría el triunfo del capitalismo como el único modelo económico, civilizatorio y cultural posible. En muchos casos, la globalización no es más que un artificio retórico para ocultar las injusticias que son producto de decisiones políticas concretas en cada contexto nacional. Es de suponer que las "reglas de la globalización" no se comportan de manera unívoca en todos los lugares del planeta. Durante los años noventa, mientras en América Latina se implementaban ortodoxos planes de ajustes de carácter estructural, en los países del capitalismo dominante predominaba el proteccionismo estatal pese a algunos reajustes. En esta dirección, es posible constatar cómo las naciones desarrolladas han sido proteccionistas con sus economías tornándolas cautas para incorporar capitales foráneos (Chomsky, 1996).

El discurso economicista de la globalización ha pretendido, desde 1989 hasta nuestros días, imponernos pautas civilizatorias y culturales basadas en las concepciones del libre mercado como la única forma posible de integrarse al sistema, lo cual ha tenido graves consecuencias para el colectivo femenino inserto en el mundo laboral.

El economista Aldo Ferrer (2004) muestra cómo ciertos mecanismos privilegiados de la dominación ideológica plantean teorías y visiones que son presentadas con un criterio de validez universal pero que, en realidad, se tornan funcionales a los intereses de los países centrales del capitalismo, e incluso son intereses orgánicos a los sectores dominantes de las mismas naciones subdesarrolladas.

La globalización se constituye como un sistema de redes en las cuales se organizan el comercio, las inversiones de las corporaciones transnacionales, las corrientes financieras, el movimiento de las personas y la circulación de información que vincula las diferentes civilizaciones. En base a este argumento, el autor mencionado reconoce que es innegable que las redes de globalización hayan trascendido fronteras desde el final de la segunda posguerra mundial. No obstante, las actividades desarrolladas al interior de cada contexto nacional constituyen decisivamente el grueso de la actividad económica y social, a tal punto que las exportaciones representan el 20% del producto mundial mientras el 80% se destina a los mercados internos (Ferrer, 2004).

Frente a quienes propugnan la inexorabilidad de la globalización, Ferrer plantea que, en el plano real de los recursos, la producción, la inversión y el empleo, el espacio interno tiene un peso decisivo. Sin embargo, en la medida en que la dimensión global domina la esfera virtual de las corrientes financieras y de la información, se generaría una suerte de determinismo tecnológico y, por lo tanto, una imagen de ingobernabilidad de los acontecimientos globales en curso.

El análisis del autor se torna controvertido cuando le atribuye especial preponderancia a la aptitud de cada sociedad para participar en las transformaciones desencadenadas por el avance de la ciencia y de sus aplicaciones tecnológicas. Este posicionamiento tiende a eclipsar las relaciones de subordinación que se fueron tejiendo históricamente en relación a intereses determinados y que generaron posiciones dominantes y subalternas con respecto al lugar de cada nación en la configuración del orden global; todo lo cual contribuyó a delinear un sistema mundial cuyo desarrollo es desigual, asimétrico y se encuentra funcionalmente combinado.

3.2. Globalización y reconfiguración del "mundo del trabajo" desde el prisma de género

Sobre la base de la internacionalización del capital alcanza su configuración lo que podría denominarse la "fábrica global", a raíz de que el proceso de desconcentración territorial de la producción o del conjunto de las fuerzas productivas se intensifica y generaliza, y termina por abarcar el capital, la tecnología, la fuerza de trabajo, la división del trabajo social y el mercado. La nueva división internacional del trabajo y de la producción –involucrando el fordismo, el neofordismo, el toyotismo, la flexibilización y la tercerización, los cuales se ven ampliamente viabilizados y generalizados con base en las técnicas electrónicas manipuladas por quienes políticamente controlan el uso de tales tecnologías y en su correlato deciden el destino de la humanidad– dará lugar a una nueva división social y sexual del trabajo que materializará el efecto de la globalización en términos geográficos e históricos (Cf. Ianni, 1995, 1996; Hirata, 1998; Amorós, 2008).

Celia Amorós señala que el actual proceso de mundialización del capital supone un mundo de "ganadores y perdedores" (tomando la expresión de Manuel Castells), en tanto las nuevas tecnologías de la era global buscan competitividad a cualquier costo del mismo modo que una flexibilidad territorial permanente en tanto cada empresa organiza una red de filiales y de empresas subcontratistas, lo que supone una fuerza de trabajo funcional y versátil. Esta nueva cultura empresarial prefiere las zonas francas que evaden fácilmente las regulaciones laborales. En esta dirección, no solo las corporaciones, sino también la fuerza de trabajo son sometidas a un proceso de desterritorialización. Ésta última se ve obligada a emigrar en busca de empleo, generando desarraigos y fragilización del tejido social. De esta manera, el mundo del trabajo del capitalismo contemporáneo opera segmentado internacionalmente y fraccionando en el interior de los propios países. De allí que la autora sostiene que pueda ser demasiado simplificadora la abrupta contraposición sin matices Norte-Sur (Amorós, 2008).

Entendemos el proceso de globalización/mundialización del capital como una fase específica del proceso de internacionalización del capital y de su valorización. No obstante, si nos circunscribimos a la óptica de las *"business schools"*, el término "global" supone la capacidad de la gran empresa de elaborar, para sí misma, partiendo de sus propios intereses, una estrategia selectiva a nivel mundial. Como oportunamente señala Francois Chesnais (1996) tal estrategia es global para dicha empresa, pero es integradora o excluyente para los demás actores involucrados, sean países, otras empresas o trabajadores. En tal sentido, la utilización indiscriminada del término produce un ocultamiento del hecho de que una de las características esenciales de la mundialización es, justamente, integrar un doble movimiento de polarización así como de inhibición de la tendencia de integración o convergencia. Tal polarización se da en dos niveles: un nivel de orden interno, correspondiente a cada contexto nacional, donde es posible constatar el efecto más contundente materializado en el desempleo. Los efectos del desempleo tienen su correlato en el distanciamiento entre los más altos y más bajos rendimientos, en función de la ascensión del capital monetario y de la destrucción de las relaciones salariales establecidas durante el período de mayor crecimiento en la historia del capitalismo (1950-1970). El otro nivel de la polarización corresponde a un ámbito internacional, cuya consecuencia más flagrante es la brutal profundización de la brecha entre los países dominantes del oligopolio mundial y los países subalternos de la periferia.

Sin embargo, actualmente es posible constatar que estas regiones subalternas del globo, además de ser reservas de materias primas que sufren los efectos conjuntos de la dominación política y del intercambio desigual, constituyen también áreas estratégicas para las naciones y compañías que están en el centro del oligopolio.

Así, las actuales formas de dominio de los países del capitalismo avanzado sobre los países subalternos están íntimamente ligadas al recrudecimiento de las políticas neoliberales, que encontraron su mayor expresión en la década de los noventa, así como al conjunto de las mutaciones tecnológicas y organizacionales implementadas en la esfera de la producción inmediata tanto de carácter material como inmaterial (Sosa, 2002).

La restauración de las bases del neocolonialismo de mercado se ha valido de estrategias más o menos estandarizadas en los diferentes países del Tercer Mundo, tales como apertura comercial y financiera, privatizaciones, desregulación financiera, reducción de los gastos públicos del Estado a través de programas de ajustes estructurales, reconfiguración de las políticas sociales hacia un perfil compensatorio y focalizador. Todo ello ha contribuido decisivamente a la progresiva supresión de los instrumentos institucionales de intervención en los mercados, así como también ha sabido sortear los obstáculos a la libre circulación del capital-dinero. Los ejes que perfilan este proceso de neocolonialismo en nuestras sociedades periféricas están íntimamente vinculados, por un lado, a una pretendida disolución tendenciosa de la unidad constitutiva del Estado y de los capitales nacionales y, por otro, a una creciente extraterritorialidad que marca el actual proceso de producción y a las propias mercancías. De este modo, el aparato productivo pretende autonomizarse cada vez más con relación a los mercados nacionales.

El intenso y generalizado proceso de internacionalización del capital se fue desplegando en el ámbito de la internacionalización del proceso productivo. Los "milagros económicos", que se sucedieron en el contexto sociopolítico de la Guerra Fría y al concluir la misma, constituyeron momentos contundentes de tal proceso de internacionalización y de desconcentración territorial de la producción. Las unidades de organización productiva —involucrando innovaciones tecnológicas, zonas de influencia, adecuaciones culturales y otras exigencias de la producción, distribución, intercambio y consumo de las mercancías, que atienden necesidades materiales o simbólicas— pasaron a desarrollarse en los más recónditos lugares del globo. Proliferaron las denominadas "zonas francas" y se multiplicaron y dispersaron las unidades de organización productiva. Junto con las prácticas tayloristas y fordistas se desarrollaron innovaciones organizacionales basadas en la lógica toyotista y flexible, que adquirieron arreglos institucionales en cada contexto nacional y regional. Tales innovaciones organizacionales se dieron concomitantemente con la agilización tecnológica, posibilitada por la automatización, la robotización, la microelectrónica y la informática. Tales mutaciones produjeron transformaciones en la propia cultura del trabajo.

En múltiples dimensiones, las consecuencias socio-económicas del proceso de mundialización del capital no son símiles para varones y mujeres ni tampoco para los países del Norte o para los del Sur. A su vez, en cada uno de esos países y regiones se acentúan ciertas divisiones sociales existentes, como así también en otros lugares surgen nuevas divisiones. La lógica capitalista de la globalización, entendida en términos de interdependencia creciente de todos los mercados para la configuración de un mercado mundial unificado, está muy lejos de eliminar la diversidad de entornos laborales existentes en los diferentes rincones del planeta. De modo que la pretensión de lograr la internacionalización del capital tiende, indefectiblemente, a agudizar la diversidad y heterogeneidad de las situaciones de trabajo, del empleo, de las formas de inserción de la actividad femenina y masculina, en el Sur y en el Norte. El carácter asimétrico de la actual globalización del capital queda plasmado en el hecho de existir zonas de integración/inclusión, que sirven para designar áreas desarrolladas (Europa, Japón, Estados Unidos, determinados países asiáticos), y áreas de desintegración/exclusión, que quedan al margen del desarrollo y están despojados de toda autonomía y autodeterminación (Africa, América Latina) (Hirata, 2004, Abramo, 1997; Kergoat, 1992; Maruani, 1996, Argumedo, 1993). Sin embargo, es importante destacar los procesos de empobrecimiento y de desempleo que actualmente están atravesando en el seno de los países del capitalismo avanzado y que se suponen "países desarrollados". Esto indica que estamos en un proceso de transición hacia nuevas configuraciones geopolíticas, si tomamos en cuenta, además, los movimientos políticos, sociales y económicos que se están dando a nivel de los países de América del Sur.

En América Latina, la reconfiguración del mundo del trabajo generó un proceso de ampliación del desempleo de los varones (culturalmente "principal sostén" de familia) y a su vez posibilitó el ingreso de las mujeres al mercado de trabajo de forma parcial y en caracter de trabajo temporario. Esto acentuó el proceso de feminización de la precarización laboral. Por otra parte, la retracción del Estado en materia de políticas sociales generó una recarga del trabajo femenino hacia la esfera del trabajo familiar y comunitario, lo que acentuó la feminización de la pobreza.

Helena Hirata apunta cómo el proceso de globalización, junto a los cambios tecnológicos y la intensificación de los intercambios internacionales, tienen tendencia a aumentar las oportunidades de empleo para las mujeres (por ejemplo, en Malasia, el porcentaje de mujeres cualificadas en el sector de la informática ha pasado del 16% en 1975 al 40% en 1990). No obstante, por el otro lado, la autora señala que los puestos de trabajo creados en un contexto de flexibilización laboral en Asia, Europa y América Latina corresponden a empleos precarios y vulnerables. Desde el punto de vista de la organización laboral, la autora muestra cómo actualmente se puede constatar una "yuxtaposición" entre taylorismo (mujeres) y flexibilidad (hombres), o bien, una proliferación de cualificaciones, valoradas por los nuevos modelos productivos y llevadas a cabo por fuerza de trabajo femenina (1996; 2004). Sin embargo, tratándose de flexibilidad en el ingreso y egreso del empleo toca, indudablemente, a ambos sexos.

Por otra parte, el estudio de los procesos de dispersión de la mano de obra, como sucede con los trabajos de programación o introducción de datos por ordenador, ha demostrado que, por un lado, produce nuevas oportunidades de empleo para las mujeres, pero por otro, crea una dualidad de salarios con respecto a las trabajadoras homólogas en los países de origen de sus empresas clientes. De manera que una operadora que introduce datos en el Caribe, puede llegar a percibir una remuneración seis veces inferior a su homóloga norteamericana (Hirata, 1996; 2004).

En el contexto de un mercado flexible a escala internacional, las mujeres ocupan una posición estratégica en la valorización del capital. El mercado global, con una oferta de trabajos y empleos desiguales refuerza una división social y sexual del trabajo trasnacional. Esa división se halla fundada en la esfera familiar, en tanto aun estamos lejos de propiciar tareas domésticas socialmente compartidas y en tanto el Estado está ausente en materia de políticas transversales de género que operen en todos los niveles en donde se evidencian los procesos de discriminación en razón de género. En consecuencia, la dinámica de la globalización cristaliza la relevancia de la esfera privada, pues el capital mundializado no podrá desplegarse sin apoyarse en las tareas de reproducción del ámbito doméstico. Ese trabajo gratuito en la esfera doméstico-familiar que aun lo realizan predominantemente las mujeres, constituye un serio obstáculo para la inserción femenina en trabajos remunerados, estables y de calidad, situándolas en inferioridad de condiciones para el ingreso y el sostenimiento del mismo, con relación a la forma en que pueden hacerlo sus homólogos varones.

4. El "Estado" de la "Justicia Económica": la redistribución "en retirada"

En América Latina, hasta fines de los años ochenta estuvo en vigor una matriz estatal en la que la justicia tenía como marco de aplicación el estado-nación territorial. En Argentina, esa matriz se fue desestructurando paulatinamente a partir del último gobierno de facto en tanto se fue conformando una política-económica orientada hacia la valorización financiera en detrimento del crecimiento basado en el capital productivo e industrial. Estas características muestran los límites y condiciones que en nuestra región tuvo el arreglo institucional de los regímenes de bienestar.

Cabe señalar, tal como hemos mostrado en estudios anteriores (Sosa, 2002), subyacentes a las políticas de "bienestar" estaban las razones por las cuales ese capitalismo "social y democrático" establecía ciertas concesiones al movimiento obrero para contrarrestar sus proyectos por una sociedad igualitaria cuya referencia política era el comunismo. En tanto esas razones desaparecieron con el hito emblemático de la caída del muro de Berlín, se comprende la forma cómo el capitalismo se recicla bajo un perfil de libre mercado cuya consecuencia más flagrante es el crecimiento de la desigualdad.

Desde el prisma de género, el Estado-nación de inspiración keynesiana se configuró a partir de una estructura político-sexual ligado a lo que Celia Amorós (2008) argumenta en términos de "subtexto patriarcal del Estado de Bienestar". En esta línea, es posible constatar que este pacto social configurado por el Estado de Derechos Sociales se erigió otro en el plano de la división sexual del trabajo, en tanto el mismo establecía que los varones eran los proveedores universales y, en consecuencia, eran los receptores del salario familiar y titulares directos de aquellos derechos vinculados a la inserción en el mercado formal de trabajo. Como contrapartida, tal como señala Nancy Fraser en *Iusticia Interrupta*, en la institución del salario familiar estaba implícito el pacto que inscribía a las mujeres en el espacio doméstico-familiar y como principales responsables de las tareas de cuidado y del trabajo doméstico gratuito. De este modo, es posible comprender que la institución del salario familiar es la base estructural de los sistemas de redistribución social característicos del capitalismo de la posguerra, y en este esquema las mujeres son apenas las titulares de "derechos derivados", en función de su relación con el "jefe de familia proveedor de recursos", y así se tornan "dependientes" (Villota, 2004; citado por Amorós, 2008).

En efecto, durante los años noventa, los sistemáticos programas de ajuste estructural indicados por el FMI y el BM, han impuesto a los países endeudados los medios para la obtención de los recursos necesarios destinados al pago de los intereses de la deuda. Mediante esta estrategia, las sociedades latinoamericanas se han visto condicionadas y disciplinadas debido al "auxilio financiero" y se han sometido poniendo en práctica planes elaborados de acuerdo a los intereses espurios del capital transnacional. De este modo, muchos países endeudados pasaron a estar bajo la tutela del sistema financiero internacional, y terminaron por "recolonizar" el Tercer Mundo. Según el discurso oficial, el ajuste de las economías nacionales, bajo la órbita de los organismos multilaterales, sería la condición necesaria para un modelo racional de crecimiento, adaptado a las circunstancias de una economía mundializada. Al mismo tiempo, dicho discurso buscaba enfatizar el indefectible "efecto derrame" de las economías ricas sobre las pobres en un futuro próximo. La prioridad total que se le adjudicaba a las exportaciones —política integrada al esfuerzo del pago de los intereses de la deuda externa— desembocaba en una concurrencia generalizada entre naciones del Tercer Mundo, y dando lugar a múltiples estrategias que permitieron consolidar el neocolonialismo de mercado.

Para los países latinoamericanos, el ajuste tenía como fin no simplemente cortar gastos y suprimir políticas sociales de carácter universalistas, sino, fundamentalmente, restaurar la hegemonía del capital financiero transnacional mediante un cambio en la racionalidad y el curso de los diversos gobiernos nacionales. De este modo se lograría suprimir las posibilidades albergadas en las otrora luchas por la emancipación nacional y por la implantación de un proyecto nacional y popular con un desarrollo económico, político y cultural relativamente autónomo y sustentable. De esta manera, los programas de ajuste estructural han constituido un poderoso instrumento de contra-revolución a escala global. Estos programas han consolidado la restauración neoconservadora a partir de una recomposición de las bases materiales, sociales y culturales de la subalternidad política de los sectores históricamente postergados en nuestra región. Debido a la volatilidad de los capitales, es posible sostener una presión constante sobre los salarios cada vez más bajos, que no podían aumentarse a costa de perder ventajas comparativas en relación a otros países concurrentes. Como producto de este proceso de desconcentración territorial de la fuerza de trabajo, los programas de ajuste estructural también han producido una dinámica de empobrecimiento global.

La magnitud de este proyecto de expoliación social, que ha constituido una verdadera política de saqueo, ha dado lugar a un impresionante refuerzo de los órganos de seguridad interna, al ejército y al aparato policial. De esta forma, a la represión y al disciplinamiento económico se le asoció la represión policial y militar. Las múltiples rebeliones contra los principales efectos de las "recetas" de los organismos multilaterales externos, frecuentemente, son acompañadas de fuertes represiones militares. Así, en una línea de continuidad con el genocidio sistemático provocado en América Latina de la mano de las dictaduras militares, la programática neoliberal ha sido la forma contemporánea del genocidio económico, proliferando el desempleo estructural efectuado por medio de un mecanismo de mercado determinado.

Estos movimientos de la contemporánea racionalización del capital tienen consecuencias diferenciales para varones y mujeres. En su libro *Hacia una nueva política sexual,* Rosa Cobo (2011) señala que la globalización del capital, con un componente intrínseco de "desnacionalización" ha reconfigurado el contrato social y el contrato sexual sobre el que se cimentó la Modernidad. En esta

193

dirección, la actual racionalidad capitalista está alterando significativamente las dinámicas internas de clase y de género.

Las mujeres son las más afectadas por el repliegue de la matriz estatal del Estado de Bienestar, la que garantizaba un estándar de justicia social. Esta retracción de la justicia social viene generando un aumento de la feminización de la pobreza y de la feminización de la precarización laboral. El desdibujamiento de las políticas de redistribución económica ha incrementado el trabajo gratuito que las mujeres realizan en la esfera doméstico-familiar, debido a que la nueva generación de "políticas sociales" ha pasado de la esfera estatal (desestatalización) hacia la esfera del mercado (mercantilización), de la familia (familiarización) o a la comunitaria (comunitarización). Estas tres esferas no-estatales recaen sobre la esfera "privada"- familiar, siendo las mujeres las principales referentes de este ámbito. Por otro lado, las actuales determinaciones del mercado laboral castigan principalmente a las mujeres debido a que se insertan de forma subordinada con trabajo en domicilio, a tiempo parcial, con contratos precarios y desregulados.

Por lo tanto, nos preguntamos: ¿por qué, en un momento histórico del capital en el que el trabajo remunerado podría no sólo ocupar menor cantidad de tiempo socialmente necesario en la vida cotidiana de varones y mujeres sino también que podría tornarse un trabajo más calificado, intelectualizado y "liviano", se produce no sólo un desdibujamiento de las fronteras entre "trabajo remunerado" y "trabajo no remunerado" sino también un proceso en que el trabajo remunerado se torna más precario, inestable, desreglamentado y denigrado?, ¿Por qué son las mujeres las mayores depositarias del trabajo precario y desregulado?

La precarización social concierne a varones y mujeres, pero no los afecta de la misma forma. La precariedad tiene un sesgo genérico que manifiesta un proceso sexuado, en cuanto impacta negativamente en primer lugar a las mujeres, tanto a aquellas que se han incorporado a actividades formales como informales. En todos los lugares del planeta, los trabajos denominados "atípicos" son "típicos" de mujeres y tienen la característica de ser trabajos infravalorados, sin calificación, de bajo nivel jerárquico y remuneración, de tiempo parcial, a domicilio, temporal, ocasional, por cuenta propia, subcontratado.

5. Las políticas de reconocimiento "en emergencia"

En *Justicia Interrupta* (1997), Nancy Fraser señala los dilemas y conflictos "post-socialistas" vinculados a las exigencias de reconocimiento de la diferencia asociados a reivindicaciones en torno a la nacionalidad, la etnia, la raza, el género y la sexualidad. Y en esta dirección, la lucha por el reconocimiento se afirmaría como forma paradigmática de conflicto político, sustituyendo las reivindicaciones de clase como el mecanismo relevante de movilización política. Este núcleo problemático es lo que la autora argumenta en términos de "dilema redistribución-reconocimiento".

Es posible constatar que en tanto hay una retracción de las políticas de redistribución mediante la creciente aplicación de las "recetas" neoliberales, emergen con mayor fuerza movimientos sociales y políticas ligadas al reconocimiento cultural. De alguna manera, hay un fuerte cuestionamiento a la centralidad del trabajo y al protagonismo del movimiento obrero en la historia en tanto surgen demandas ligadas al plano superestructural, de allí la expresión "nuevos movimientos sociales" para designar a los "nuevos" sujetos colectivos.

El punto de vista del reconocimiento ya no encuentra su referencia principal en la economía política y apuesta a construir una concepción que acepte la diferencia y que garantice un respeto análogo para las minorías (ya sean étnicas, sexuales, raciales) o para quienes no asimilen las normas culturales legitimadas por la mayoría de la sociedad. En esta dirección, Fraser señala que un ejemplo paradigmático de las reivindicaciones de reconocimiento serían las de *gay* y lesbianas en tanto se hallan inscriptas en un modo de colectividad ligada a una sexualidad infravalorada, despreciada; y cuyos valores están arraigados en la estructura cultural valorativa de la sociedad. En este caso, la identidad sexual supone un modo de diferenciación social que no se halla directamente inscripta en la división social del trabajo así como tampoco constituyen una clase explotada, sino que el aspecto relevante aquí sería la de pertenecer a un sector social infravalorado y menospreciado en la sociedad.

La autora advierte que la distinción entre ambas dimensiones de la injusticia (económica y cultural) es analítica en términos metodológicos, ya que ambas se interpenetran y se entrecruzan dialécticamente. No obstante, existen casos en que hay colectividades que se aproximan al "tipo ideal" de la clase trabajadora explotada que muestran injusticias en el plano económico y que requiere soluciones redistributivas y, por otra parte, se evidencian colectividades que se vinculan directamente con el tipo ideal de la sexualidad menospreciada, que presentan injusticias derivadas de un reconocimiento devaluado y que exigen políticas culturales. La cuestión se plantea desafiante cuando nos distanciamos de estos "tipos ideales" y nos situamos mediante ese espectro conceptual donde se hallan "hibridos" que combinan rasgos de las clases explotadas con los de la sexualidad infra-reconocida. Fraser denomina a la colectividad que reúne estas características como "bivalentes", en tanto padecen tanto la deficitaria distribución socioeconómica como una devaluación del reconocimiento cultural. Estas serían variables, en términos de Hirata y Kergoat (Hirata, 1998) "co-extensibles" o como lo denomina Fraser (1997) "co-originarias" y "primarias" en tanto requiere ineludiblemente de ambas soluciones, es decir, redistributivas y de reconocimiento.

En este sentido, el "genero" (como la "raza") supone, en términos paradigmáticos, una colectividad problemática y bivalente, en tanto alberga una dimensión político-económica, que la sitúa en el ámbito de la redistribución, y también una dimensión cultural-valorativa que la ubica, simultáneamente, al interior del campo del reconocimiento. Visto así, el género no es sólo un componente de diferenciación político-económica sino también un elemento de distinción cultural-valorativo, porque integra dimensiones de clase y de reconocimiento en tanto supone una identidad sexual.

En términos de Fraser:

"(…) Por un lado, el género estructura la división fundamental entre trabajo remunerado "productivo" y trabajo doméstico no remunerado "reproductivo", asignando a la mujer la responsabilidad primaria respecto de este último. Por otro lado, el género estructura también la división dentro del trabajo remunerado entre ocupaciones de altos salarios, dentro de la industria manufacturera y profesional, dominadas por los hombres, y aquellas de salarios inferiores, de servicio doméstico y de "cuello rosado", dominadas por las mujeres. El resultado es una estructura político-económica que genera modos de explotación, marginación y pobreza, específicos de género. Esta estructura hace del género un factor de diferenciación político-económica, dotado de ciertas características similares a las del factor clase" (1997: 32)

Sin embargo (…) "una de las principales características de la injusticia de género es el androcentrismo: la construcción autoritaria de normas que privilegian los rasgos asociados con la masculinidad. De la mano del androcentrismo va el sexismo cultural: la difundida devaluación y desprecio de aquellas cosas que se codifican como "femeninas", paradigmática, pero no exclusivamente, las mujeres. Tal devaluación se expresa en un conjunto de lesiones que sufren las mujeres, entre ellas, el ataque sexual, la explotación sexual y la difundida violencia doméstica, las representaciones estereotipadas en los medios de comunicación que las trivializan, reifican y denigran; el acoso y el desdén en todas las esferas de la vida cotidiana; la sujeción a normas androcéntricas frente a las cuales las mujeres aparecen como inferiores o marginales y que obran en desventaja de las mujeres, aun en ausencia de alguna intención de discriminación; la discriminación en las actitudes; la exclusión o marginación en las esferas públicas y los cuerpos deliberantes; y la negación de sus plenos derechos legales y de igual protección" (1997: 32).

Para la autora, estas lesiones son injusticias vinculadas al reconocimiento, y son relativamente independientes de la economía política y su reparación requiere de soluciones de reconocimiento adicionales e independientes de la redistribución político-económica, en tanto supone un proceso de cambio de las valoraciones culturales porque debe garantizarse un reconocimiento positivo a una especificidad de grupo socialmente devaluada.

En esta línea, es importante advertir acerca de cómo la relevancia atribuida a las crecientes reivindicaciones de reconocimiento van paulatinamente obstruyendo políticamente las luchas ligadas a una mayor justicia redistributiva en el plano de la economía. Si bien es ineludible pensar en términos de justicia cultural activada mediante políticas de reconocimiento a los sectores infravalorados de la sociedad éstas no pueden ocultar las luchas realizadas en la esfera de la distribución económica en búsqueda de la justicia social.

No cabe dudas de que la justicia debe comprometer ineludiblemente políticas que apunten al reconocimiento de los sectores devaluados pero es preciso insistir en la relevancia de la justicia redistributiva que es un componente fundamental para que la justicia sea completa. Téngase en cuenta que el género alberga una dimensión político económica y otra que es cultural valorativa. La primera dimensión está anclada en la división sexual del trabajo lo que amerita políticas de redistribución. La segunda, en tanto devalúa lo que se considera femenino necesita políticas de reconocimiento.

El prisma de género es el ejemplo arquetípico, de acuerdo a los postulados de Nancy Fraser, de la interrelación de la subordinación objetiva y subjetiva, es decir, la de clase y la de estatus. Si pensamos el mundo del trabajo desde las relaciones sociales de género es fácil constatar que el conjunto de reivindicaciones han de orientarse a transformar no solamente la dimensión del estatus sino también la estructura de clases mediante políticas redistributivas.

Claro está, como indica Fraser en *Justicia Interrupta* que la intersección de clase, raza, género y sexualidad intensifica la necesidad de soluciones transformativas, lo que supone una combinación entre un proyecto socialista y una deconstrucción mediante una reestructuración profunda de las relaciones de reconocimiento para así desestabilizar la diferenciación devaluativa entre los grupos y comunidades culturales.

6. La feminización del mundo del trabajo en la era del capitalismo global: Las mujeres entre la precarización y la autonomía

La filósofa feminista Celia Amorós señala que las nuevas tecnologías así como el desplazamiento de las corporaciones multinacionales a los lugares donde la fuerza de trabajo les brinda las mayores "ventajas competitivas" lanzan a muchos varones al desempleo en los países "desarrollados" e incrementan la posibilidad de crear puestos de trabajo "masculinos" en el "desarrollo" del Tercer Mundo. Es allí donde la feminización del trabajo se intensifica (1998: 50-51). En esta línea, es indudable de que hay una íntima relación entre los cambios económicos-globales y la creciente participación femenina en el mundo del trabajo (De la O, 2006).

En el contexto de las transformaciones de la cultura laboral, existen en la contemporaneidad dos analizadores que consideramos estratégicos para comprender la inserción femenina en el universo laboral latinoamericano global. Uno de los analizadores lo constituyen las condiciones de trabajo que asumen las mujeres en las llamadas "maquilas"; el otro está ligado al ejercicio del trabajo en los denominados *"call centers"*. Ha habido curiosos hallazgos acerca del significado social y simbólico de género en las maquilas y en los *call centers*. Entendemos que ambos analizadores representan el símbolo paradigmático del trabajo en la era "flexible" típico de la globalización y son espacios en los que las mujeres ocupan un lugar estratégico en la valorización del capital.

Para el caso de las maquilas, el criterio de análisis está dado por tratarse de un trabajo manual, productivo e industrial; con lo cual las mujeres necesitan ciertas habilidades manuales para desempeñarse en esta tarea (trabajo material). Si bien las industrias maquiladoras de ensamble están localizadas territorialmente en sectores geográficos desprotegidos (especialmente Centroamérica), atienden una demanda de carácter global dentro de la división internacional del trabajo y tienen la peculiaridad de representar una cuasi nula legislación laboral.

Para el caso de los *call centers*, el ejemplo también es ilustrativo por representar un trabajo en el sector de servicios en el que se pone en juego la subjetividad y la intelectualización (trabajo inmaterial) y en el que se patentiza claramente la deslocalización territorial; otro signo peculiar del capitalismo global.

Las maquilas y los *call centers* representan en la actualidad dos áreas estratégicas y paradigmáticas del mundo del trabajo global y el lugar en el que las mujeres desempeñan un papel significativo. Estas industrias se perfilan como dos grandes metáforas del trabajo en la era de la globalización (Cobo, 2008).

Tanto la industria de los *call centers* como las maquiladoras han propiciado la contratación masiva de mujeres y una progresiva conformación de un proletariado femenino en los países subalternos del capitalismo, lo que indica una íntima relación entre los procesos de transnacionalización productiva, de desconcentración territorial y de externalización así como la creciente participación de las mujeres en el mundo del trabajo remunerado.

Tomando el caso de las industrias de ensamble de las maquiladoras en las diferentes coyunturas sociopolíticas en México, Ma. Eugenia de la O (2006) señala que los planteos sobre globalización y flexibilidad laboral, que se dieron durante los noventa, reconfiguró la manera de comprender el trabajo y la experiencia de hombres y mujeres en el mercado laboral de la maquila, en tanto se introdujeron modificaciones en los sistemas de organización, en el reclutamiento de la mano de obra y en el reparto de las tareas; lo cual estaba muy vinculado a la condición del sexo de trabajadores y trabajadoras. De este modo, los recursos de la flexibilización y de las nuevas formas de contratación, como el tiempo parcial, dependían de la posibilidad de contratar mujeres, operando una segmentación del trabajo en razón del sexo. Así se fue reconfigurando la tradicional composición de clase abriendo paso a una clase inscripta en ciudades globales, compuesta por grandes volúmenes de mujeres, jóvenes e inmigrantes (Sassen, 2000, De la O, 2006).

En su investigación, la mencionada autora destaca que "el trabajo de las mujeres en contextos de modernización y flexibilidad, develó la complejidad de las competencias o calificaciones "femeninas", si se entiende desde el punto de vista de los valores y de la cultura. La que difiere de una comprensión de este fenómeno desde la segregación sexual del trabajo, la feminización y la jerarquización por categorías. Bajo estos criterios, el trabajo de la mujer se define como no-calificado. Pero si se complejiza este análisis desde el enfoque de la división sexual del trabajo, los valores y la cultura, el trabajo "abundante, barato y joven" adquiere otras dimensiones" (De la O, 2006: 417).

El carácter subalterno del trabajo femenino, aun en la era del capitalismo global, se debe al papel que ellas desempeñan en la reproducción social; espacio en el que la división sexual del trabajo es reapropiado por el mercado de empleo. Se ha advertido de forma recurrente acerca de la transferencia y disposiciones femeninas reconocidas en el hogar hacia el trabajo en empresas multinacionales. Desde este punto de vista, la docilidad y la destreza femenina se convirtieron en características necesarias para el trabajo minucioso y repetitivo del ensamble. En contraposición, a los varones se los ha calificado como "no fiables" para este tipo de actividad, con lo cual los estereotipos de género en razón en el universo laboral se configuró como una matriz para comprender la progresiva presencia femenina en industrias exportadoras del tercer mundo (Selzinger, 1997, en De la O, 2006: 412). Del mismo modo, existen ciertos atributos femeninos, así como sus competencias y calificaciones, que son aprovechados en el espacio de la actividad productiva en pos de la valorización del capital.

De alguna manera, la inserción femenina en estos espacios laborales propició un creciente proceso de "proletarización" de la fuerza de trabajo femenina (por ser abundantes, jóvenes y baratas), mientras que para los varones, además de una retracción de la masa proletaria masculina, significaron una promoción hacia tareas más calificadas y socialmente reconocidas (Cf. De la O, 2006).

Por otro lado, la industria *call centers* involucra flexibilidad, subjetividad y trabajo con una significativa implicancia del componente intelectual y comunicacional. Sin embargo, los procesos de trabajo están controlados mediante métodos que propician grandes niveles de productividad así como un reacomodamiento del "saber-hacer" y del "saber-ser" acorde a las necesidades de este tipo de trabajo que exige un enorme implicación de la subjetividad en tanto la flexibilidad también involucra la capacidad de destreza comunicacional para tratar con personas de diferentes culturas.

Tanto la industria *call centers* como las maquilas representan áreas de enorme volatilidad y conflictividad dadas las características del trabajo y la incertidumbre en términos de carencia de un marco legal que regule estos tipos de actividades. Existen importantes ventajas comparativas que inducen para que este tipo de industrias externalizadas se asienten en regiones del tercer mundo. Para el caso de los *call centers* esas ventajas comparativas tienen como indicadores los costos competitivos, la capacidad tecnológica y la calidad de la mano de obra local. Existen múltiples estudios que señalan que el setenta por ciento de los costos de un *call center* corresponde a "recursos humanos" con lo cual la volatilidad está vinculada a la capacidad de instalarse en aquellos lugares y regiones en donde la fuerza de trabajo es barata y donde existe labilidad y flexibilidad en las normas laborales.

Es importante tomar en cuenta que para el caso del trabajo en la industria *call centers* el capital necesita una población fundamentalmente joven que asuma su trabajo de forma flexible, en tiempo parcial y con un ingreso que contribuya a complementar los ingresos familiares. Pero a su vez, esta fuerza de trabajo calificada debe estar dispuesta a aumentar sus ingresos en base a resultados. Hay un gran involucramiento del componente subjetivo en tanto se requiere de una calificación que amerite conocimientos en computación e idiomas y experiencia en *software* de gestión, con aptitud para trabajar en entornos de presión y con un mercado y demanda global que es fluctuante. La flexibilidad horaria no es un dato menor en tanto es importante tener en cuenta de que estas empresas se comunican con otros países en los que difieren los usos horarios lo cual implica una disponibilidad casi incondicional hacia el ejercicio de este trabajo así como también se han podido constatar cambios en los hábitos de vida en esta población de trabajadores y trabajadoras. En esta dirección el *call center* es una metáfora significativa del trabajo en la era del capitalismo global, dada su capacidad de extra-territorialización y descentralización.

Pese a la extrema condición de precariedad laboral, las mujeres de las maquilas y de los *call centers* representan simbólicamente –en términos de Rosa Cobo (2011)– la descomposición del antiguo orden patriarcal en tanto han quebrado el modelo de normatividad femenina, en tanto mujer sometida y dependiente del varón. Como señala la autora, las jóvenes trabajadoras representan la autonomía en tanto se han convertido en proveedora imprescindible de la economía familiar, o en su defecto, el principal autosustento de sí mismas. Esto les ha conferido cuotas de libertad y autonomía económica lo que produce un efecto de empoderamiento individual y cercena, en gran medida, el poder masculino sobre el femenino asentado en la tradicional dependencia económica. Sin embargo, esta figura de proveedoras se cristaliza en un carácter de "proveedoras frustradas" (Amorós, 2008:50), dada la "penalización patriarcal" que hace que el salario femenino sea exiguo y deficitario.

Estos espacios laborales constituyen oportunidades laborales para mujeres jóvenes y de mediana edad porque la flexibilidad que reviste este tipo de trabajo se coordina con el ciclo de vida de la mujer en tanto ellas ingresan y egresan al mundo del trabajo remunerado de acuerdo a la forma en que sus condiciones familiares se lo permiten.

En consecuencia, insistimos en la relevancia de la esfera privada en tanto centro neurálgico para atender las asimetrías de género dado que de no implementarse políticas públicas que atiendan tal asimetría la forma de estructuración del ámbito familiar seguirá constituyendo un enorme obstáculo para una inserción femenina laboral en trabajos de calidad y estabilidad.

En este sentido, la justicia en el trabajo aun constituye un enorme desafío para las mujeres en tanto la tendencia indica que aun ellas están íntimamente vinculadas a las condiciones del trabajo flexible en términos normativos.

Por lo tanto, la situación de las mujeres es de una profunda ambivalencia. Es obvio que la mundialización del capital viene mostrando una tendencia a aumentar las oportunidades de empleo para las mujeres. Esto implica una veta para la emancipación femenina que no es menor para la consecución de su autonomía político-cultural en la sociedad. No obstante, si analizamos la calidad de los puestos ocupado por mujeres es muy precaria, con lo cual se resignifica una asimetría abismal –en términos cualitativos y cuantitativos– entre la inserción femenina y la masculina en el mundo laboral.

Frente a esta escenario en el que confluyen variados conflictos, ¿cómo entender el fenómeno y el orden discursivo en torno al proceso de globalización/ mundialización del capital sin el prisma de género?, ¿cómo analizar los movimientos migratorios de búsqueda de mejores oportunidades de empleo?, ¿cómo comprender la organización de las redes internacionales de cuidado ligado a los fenómenos migratorios movidos por búsqueda laboral?, ¿cómo explicar la inserción estratégica de las mujeres en las industrias maquiladoras?, ¿cómo considerar la composición predominantemente femenina en los *call centers*? Y lo que es significativo, ¿cómo analizar el creciente proceso de feminización del mundo laboral, la sobre-representación femenina en los trabajos informales, precarios y de tiempo parcial, la segmentación del trabajo por sexo, el acelerado crecimiento de la feminización de la pobreza y el aumento del trabajo gratuito de las mujeres en el hogar y en las tareas comunitarias, que es consecuencia de la retirada del Estado en materia de garantía de derechos sociales?, ¿Cómo comprender la justicia si no se asume que existen cuestiones pendientes a resolver, largamente postergadas, tales como el problema de la redistribución ensamblado con cuestiones culturales de reconocimiento del ejercicio de la justicia en el mundo del trabajo, en paridad de condiciones entre varones y mujeres?, ¿cómo re-enmarcar la justicia en un mundo globalizado con estas características en el que las asimetrías de género a nivel familiar se extrapolan al mercado de trabajo y a la esfera pública?

7. Consideraciones finales: La justicia largamente esperada en América Latina

El actual proceso de mundialización del capital, sin lugar a dudas, está alterando y reformulando la forma en cómo se conciben ciertos conceptos y categorías claves que marcaron la modernidad. Los debates con relación a la idea de justicia, como categoría de análisis del moderno estado burgués, han mostrado señales de su agotamiento. La justicia necesitaría ser revitalizada y actualizada teniendo como referencia los nuevos desafíos que presenta la forma de organización del capitalismo contemporáneo como proceso civilizatorio y cultural a escala global. Nuestra pregunta es, ¿qué marco es admitible para combatir las múltiples formas de injusticias peculiares al capitalismo depredador contemporáneo?, ¿es compatible la justicia con el actual (des)orden global?, ¿hasta qué punto?

En el contexto latinoamericano, la situación de las mujeres en los espacios laborales está signada por la injusticia redistributiva y por el infra-reconocimiento. La era de la mundialización del capital trae una organización del trabajo inherente a la producción global: desterritorializada, tercerizada, externalizada y el trabajo de las maquilas y de los *call centers* son la expresión y la metáfora del trabajo en el capitalismo global.

Rosa Cobo (2011) apunta que un aspecto importante de las transformaciones en la cultura del trabajo es que se están alterando los términos del contrato sexual y del contrato social que dominó el moderno capitalismo y que ha tenido como principal responsable el estado-nación y las nuevas tecnologías de información. El actual debilitamiento del estado-nación, la globalización de las políticas económicas neoliberales –que se expresan en el recorte de derechos y que impone un nuevo modelo de trabajador/trabajadora flexible, en el que las mujeres están circunscriptas en un mercado laboral precario, asociado al reforzamiento reactivo de las demandas culturales– son factores que están poniendo en cuestión el viejo orden social de la modernidad.

En nuestra región especialmente, el debilitamiento del Estado abrió canales para la economía criminal, para la corrupción político-administrativa, para la precarización laboral y para la impunidad. En clave feminista, este debilitamiento del Estado, tiene consecuencias en términos de feminización de la pobreza y de feminización de la precarización laboral así como también en cuanto a la violencia sobre las mujeres, víctimas de la trata y del creciente feminicidio que las afecta (Cobo, 2011).

Pese a ello, en un contexto de crisis sistémica del capitalismo global, América Latina está siendo escenario de políticas de Estado que intentan contestar el "anarco-capitalismo" peculiar de la era neoliberal. El rechazo al Área de Libre Comercio de las Américas (NO AL ALCA) en 2005 por parte de los gobiernos latinoamericanos marcó un punto de inflexión en la orientación de la cultura política de la región. Gobiernos "neo-populistas" se han venido construyendo, en los que ha retornado la figura indelegable del Estado en materia de políticas públicas.

Para el caso de Argentina, las repercusiones de la intervención de Cristina Fernández en la cumbre del G20, celebrada en noviembre de 2011 en Cannes, marcan un reconocimiento internacional de las políticas aplicadas desde 2003, que, a contrapelo de las tradicionales recetas de los organismos de créditos internacionales, lograron crecimiento con una recomposición del tejido social. En un contexto de aseverada crisis mundial, en la que los países centrales ven el desgraciado resultado de la aplicación de las políticas neoliberales, desde el gobierno argentino se viene exigiendo más controles a la especulación financiera y es indudable que parte de estas conquistas también son favorables a las mujeres, aunque son escasas las políticas que plantean un enfoque multidimensional de transversalidad de género.

En materia de derechos en el mundo de trabajo aun siguen vigentes las leyes laborales del neoliberalismo que continúan vulnerando los derechos de trabajadores y trabajadoras. También existen legislaciones de Igualdad de Oportunidades y de Trato entre varones y mujeres en el mundo laboral desde 1998, pero son escasas las empresas y organizaciones empleadoras que pueden efectivizar paritariamente esta igualdad.

Pese a los profundos resabios de esta estructura de las injusticias, es posible constatar que el resurgimiento del feminismo en los años setenta dio lugar a un conjunto de conquistas de derechos y de movilización de cosmovisiones comprometidas con la igualdad entre los géneros. Las demandas femeninas, expresadas en el gran espectro conformado por el heterogéneo movimiento de mujeres, fueron ganando legitimidad no sólo en el ámbito social sino en la agenda de los gobiernos a nivel nacional. Del mismo modo, fue ganando espacio en las instituciones internacionales, lo que condujo a una progresiva configuración de una agenda política transnacional y global en materia de igualdad de derechos entre varones y mujeres. El derecho internacional, hoy en vigor, da muestras de estos movimientos y conquistas alcanzados.

En *Escalas de Justicia,* Fraser apunta que los conflictos por la justicia reconfiguran sus límites hacia una escala más amplia que aquella inscripta en el espacio nacional-territorial. En esta dirección, lo que estaría en cuestión es, además de la *sustancia* de la justicia, el *marco* de la misma. De allí que el objetivo de la política transformativa del enmarque sería superar las injusticias debidas al des-enmarque cambiando no sólo los limites del "quien" de la justicia sino también el modo de su constitución, y de allí la forma en que esas demarcaciones son trazadas. Así se hallaría una forma "pos-territorial" de diferenciación política (2009).

En lo concerniente al *qué* de la justicia, la autora señala que, "vista desde el ángulo de los conflictos laborales, la justicia comprende una dimensión económica, enraizada en la economía política, cuya injusticia asociada es la *mala distribución* o desigualdad de clase. En segundo lugar, en cambio, vista desde la perspectiva de las luchas por el multiculturalismo, la justicia abarca una dimensión cultural, enraizada en el orden de estatus, cuya correspondiente injusticia es el *reconocimiento fallido* o jerarquía de estatus. Vista, finalmente, desde la óptica de las luchas por la democratización, la justicia incluye una dimensión política, enraizada en la constitución política de la sociedad, cuya injusticia asociada es la *representación fallida* o carencia de participación política" (2009: 58-59). Estos tres tipos de injusticias diferentes conducen a un efecto cuyo común denominador es que cada una de estas situaciones, a determinados actores sociales se les impide participar en un plano de igualdad con los/las demás en la interacción social. Y en consecuencia, las tres dimensiones de injusticias violan el principio de la paridad participativa; principio que engloba esas tres dimensiones y que tiene la utilidad de tornarlas conmensurables (2009: 60). La meta hacia la justicia en términos de paridad participativa supone desmantelar los obstáculos institucionalizados que impiden a quienes están en una posición subalterna participar en un plano de igualdad con los/las demás, como socios de pleno derechos en la interacción social. En este sentido, la insistencia en que se reconstruya la gramática de la justicia, supone un interés por la emancipación en la medida en que posibilite a quienes se hallan en una posición subalterna hablar y participar en *términos acreditados* (2009: 75).

Para Fraser, el problema de las políticas culturales es que tienden a circunscribirse en un enfoque que desestima la dimensión de la justicia social. Desde su posicionamiento al interior de la tendencia democrática radical en Estados Unidos, resalta la necesidad de conjugar las políticas de reconocimiento (que apuntan a las injusticias culturales) con las políticas sociales (que atienden a la redistribución económica). En esta línea, su visión crítica del multiculturalismo intenta colocar en términos paritarios las políticas de identidad con las políticas sociales, ambas inscriptas en un nuevo marco transfronterizo. Ni el enfoque de la redistribución ni el enfoque del reconocimiento pueden por sí solos ofrecer una comprensión razonable de la justicia en el capitalismo contemporáneo. En esta línea, la dimensión de la representación, en tanto condición que define lo político, y en cuanto escenario en el que se dinamizan las luchas por la redistribución y el reconocimiento constituye el nuevo marco –transfronterizo– para una interpretación más adecuada de la justicia.

Tanto en Argentina como en Latinoamérica, el enfoque de la justicia en las tres dimensiones señaladas tiene que orientarse hacia la concreción de políticas públicas que generen paridad de autonomía entre varones y mujeres. La autonomía de las mujeres ineludiblemente deben modificar las fronteras entre la vida pública y privada; condición indispensable para que el costo del desarrollo no recaiga sobre el cuerpo del trabajo femenino no remunerado. Un reciente informe de la CEPAL señala que "la noción de autonomía refiere a la capacidad de las personas para tomar decisiones libres e informadas sobre sus vidas, de manera de poder ser y hacer en función de sus propias aspiraciones y deseos, en el contexto histórico que las hace posibles" (CEPAL, 2011). En esta dirección, el actual proceso de desarrollo económico, tecnológico y social es posibilitador para una mayor autonomía de las mujeres. Las condiciones materiales existentes en la región latinoamericana no ofrecen una explicación razonable para la desigualdad, la muerte materna, la violencia de género, el embarazo adolescente, el empleo precario, o la insólita concentración del trabajo doméstico no remunerado en mano de las mujeres. La desigualdad persistente en Argentina y en América Latina, y por lo tanto, la falta de autonomía son consecuencia de la injusticia, de una deficitaria distribución del poder, de los ingresos y del tiempo entre hombres y mujeres y de la falta de reconocimiento de los derechos de las mujeres por parte de las elites políticas y económicas que se encuentran en las instancias gubernamentales o ligadas íntimamente a esta esfera del poder.

Las políticas públicas son construcciones materiales y simbólicas. Desde este punto de vista, es posible constatar que aun persisten políticas públicas ligadas a la dimensión laborativa que son refractarias al ejercicio pleno del derecho de autonomía. Y en este sentido, políticas públicas presentes en la agenda de los gobiernos aun no están a la altura de las demandas configuradas por el movimiento feminista.

La participación de las mujeres en la esfera laboral ha influido en el descenso de la fecundidad y esto, a su vez, ha facilitado el ingreso al mercado de trabajo. Por otra parte, el acceso a la educación formal ha posibilitado mayores procesos de autonomización y de superación de los niveles de pobreza. Sin embargo, aun es sobresaliente la feminización de la pobreza y de la precarización laboral a tal punto de que aun las mujeres educadas ganan a razón de un 40% menos que sus homólogos varones por igual tarea y función.

Sin dudas que la creciente participación política de las mujeres ha metamorfoseado el proceso democrático pero está ampliamente demostrado que aquellas mujeres que llegan a los niveles más altos de representación aun deben enfrentar techos de cristal o barreras culturales y financieras que les obstaculiza ejercer su ciudadanía política con mayor independencia y recursos.

En América Latina, la redistribución del trabajo total (productivo y reproductivo; remunerado y no-remunerado) es una deuda pendiente. Los obstáculos para avanzar hacia políticas públicas que permitan redistribuir el trabajo de cuidado, como condición ineludible para mejorar la inserción laboral de las mujeres, y con ello su acceso a los recursos económicos y el control de dichos recursos, dan cuenta del centro neurálgico que debe afectarse para posibilitar una transformación real en materia de paridad de derechos entre varones y mujeres. En esta dirección, es importante tener creatividad en las estrategias para convencer acerca de que si las mujeres mejoran su posición en el mundo del trabajo remunerado gana la sociedad en su conjunto en términos de justicia (CEPAL, 2011).

El aporte de la crítica feminista al campo de las políticas públicas se cristaliza en lo que Nancy Fraser denomina "dilema redistribución-reconocimiento-representación". En esta línea, la tercera dimensión de la justicia de género, que es la representación, no sólo apuntaría a garantizar la expresión política equitativa para las mujeres en las comunidades políticas ya constituidas. Exigiría, además, re-encuadrar las discusiones sobre la justicia que no están debidamente contenidas ni establecidas en el actual ordenamiento político. Por lo tanto, al cuestionar un encuadramiento que en la contemporaneidad resulta insuficiente, el feminismo trasnacional estaría reconfigurando la justicia de género como un problema tridimensional, en el cual la redistribución, el reconocimiento y la representación deberían estar integrados de manera equilibrada (Fraser, 2005; 2009).

Pese a que existen claras asimetrías entre varones y mujeres en términos de justicia en el mundo del trabajo, también es posible constatar que varones y mujeres sufren objetiva y subjetivamente los crecientes procesos de flexibilización en sus múltiples dimensiones que conlleva formas precarizadas de la actividad laboral y de sus formas de contratación.

Tal como señala Celia Amorós, esta tendencia, que marca la creciente feminización del mundo del trabajo remunerado, es indicador de que cada vez habrá más mujeres y más hombres luchando con situaciones laborales similares, lo que hará necesarias las alianzas inter-genéricas, inter-raciales. Depende de la calidad de estas alianzas para hilvanar nuevas líneas estratégicas para una nueva agenda global con una cosmovisión del mundo y de la vida de justicia efectiva y de igualdad de condiciones y de libertades entre varones y mujeres y, entre sexualidades diversas.

Y así volvemos a la pregunta crucial: ¿cuál es el marco adecuado que nos ha de permitir reflexionar y efectivizar acerca de las exigencias de la justicia en un mundo en globalización? Ahora bien, si asumimos que la matriz semántica de la globalización trae consigo una ética de mercado determinado, pensar la justicia en el marco de este "molde", ¿no sería negar la justicia misma?

Bibliografía

Abramo, Lais (1997). "Oportunidades y nuevas experiencias de trabajo para la mujer en el contexto de la reestructuración productiva y de la integración regional", Segundo Seminario Mujer y MERCOSUR,UNIFEM, 29-30 abril de 1997, San Pablo.

Amorós Puente, Celia (2008). *Mujeres e imaginarios de la globalización. Reflexiones para una agenda teórica global del feminismo.* Rosario: Homo Sapiens.

Anderson, Perry (1996). "Balanço do neoliberalismo", en Sader, Emir y Gentili, Pablo (Org.). *Pós-neoliberalismo. As políticas sociais e o Estado democrático*, San Pablo: Paz e Terra.

Arcidiácomo, Pilar (2012). *La Política del "Mientras Tanto". Programas sociales después de la crisis 2001-2002,* Buenos Aires: Biblos.

Argumedo, Alcira (1993). *Los silencios y las voces en América Latina. Notas sobre el pensamiento nacional y popular,* Buenos Aires: Ediciones del pensamiento nacional.

Arrighi, Giovani (1996). *O longo século XX*, San Pablo: Contraponto/Unesp.

ATTAC ARGENTINA Informes. Disponible en: http://attacargentina.com.ar/ documentos/documentos-de-attac

BALAGUER CALLEJÓN, MA. LUISA (2004). "La transversalidad como instrumento de igualación positiva" (II). Disponible en: http://isel.org/cuadernos_2004/artículos/balaguer_ml_2htm

CEPAL, 2010. Serie Mujer y Desarrollo, N°98, División de Asuntos de Género. "La crisis económica y financiera. Su impacto sobre la pobreza, el trabajo y el tiempo de las mujeres". Sonia Montaño y Vivian Milosavijevic. Santiago de chile, febrero.

CEPAL, 2010. "La hora de la igualdad. Brechas por cerrar, caminos por abrir", Trigésimo Tercer período de sesiones de la CEPAL, Brasilia 30 de mayo a 1 de junio.

CEPAL, 2011. Protección Social inclusiva en América Latina. Una mirada integral, un enfoque de derechos, Santiago de Chile, marzo.

CEPAL, 2011. Observatorio de Igualdad de género en América Latina y el Caribe. "El salto de la autonomía: de los márgenes al centro". Informe Anual. Santiago de Chile, septiembre.

CHESNAIS, FRANÇOIS (1996). *A mundialização do capital*, San Pablo: Xama.

CHOMSKY, NOAM (1996). *Novas e velhas ordens mundiais,* San Pablo: Scritta.

CARBONERO GAMUNDÍ, MARÍA ANTONIA y LEVIN, SILVIA (Comp.) (2007). *Entre familia y trabajo. Relaciones, conflictos y políticas de género en Europa y América Latina,* Rosario: UIB-Homo Sapiens.

COBO, ROSA (2011). *Hacia una nueva política sexual. Las mujeres ante la reacción patriarcal,* Madrid: Los libros de la catarata.

DE LA O, MA. EUGENIA (2006). "El trabajo de las mujeres en la industria maquiladora de México: Balance de cuatro décadas de estudio". En: AIBR Revista de Antropología Iberoamericana. Edición Electrónica, Vol. 1, Num. 3. Agosto-Diciembre; Pp. 404-427. Disponible en: www.aibr.org

DE OLIVEIRA, ORLANDINA y ARIZA, MARINA (1997). "División sexual del trabajo y exclusión social", en *Revista Latinoamericana de Estudios del Trabajo,* n° 5. San Pablo.

FERNÁNDEZ PONCELA, ANNA MA. (1996). "¿Tiene género la política social?", en Vilas, Carlos (Coord.) *Estado y políticas sociales después del ajuste. Debates y alternativa,* México: Nueva Sociedad.

FERRER, ALDO (2004). "Globalización, desarrollo y densidad nacional", en *La Gazeta de Económicas* , Marzo, Buenos Aires: Fondo de Cultura Económica/UBA.

FRASER, NANCY (2009). *Scales of Justice. Reimagining Political Space in a Globalizing World.* New York: Columbia University Press.

FRASER, NANCY (2006). "Reinventar la justicia en un mundo globalizado", edición castellana de *New Left Review*, enero.

———— (2005). "Mapping the Feminist Imagination: From Redistribution to Recognition to Representation", *Constellations: An Internacional Journal of Critical and Democratic Therory*, vol. 13, N° 3, September; pp. 295-307.

———— (2000)."Rethinking Recognition: Overcoming Displacement and Reification in Cultural Politics", *New Left Review,* 3, May/June; pp. 107-120.

HIRATA, HELENA (1998). "Perspectiva internacional sobre las Relaciones Laborales y de Género. Grupo de Estudios sobre la División Social y Sexual del Trabajo".

———— (1998). "Reestruturacao produtiva, trabalho e relacoes de genero". En: Revista latinoamericana de estudios del trabajo, n° 7, pp. 5-27. San Pablo.

———— (2004). *Nova Divisao sexual do trabalho*, San Pablo: Boitempo.

HUNTINGTON, SAMUEL (1997). *El choque de civilizaciones y la reconfiguración del orden mundial*, Buenos Aires: Paidós Estado y Sociedad.

IANNI, OCTAVIO (1995). *A sociedade global*, Río de Janeiro: Civilização Brasileira.

———— (1996). Teorías da globalização, Río de Janeiro: Civilização Brasileira.

KERGOAT, DANIÈLE (1992). "Les absentes de l´histoire", en *Austrement sur Ouvrières, ouvriers, N° 126*, Paris.

MARUANI, M. (1996). "L´emploi féminin à l´ombre du chômage", *Actes de la recherche en sciences sociales, N° 115*.

MITTER, SWASTI y ROWBOTHAN, SHEILA (1995): *Women encounter technology: changing patterns of empleyment in the Third World*, Londres/Nueva York: Routledge/United Nations University.

MURILLO, SUSANA (2008). *Colonizar el dolor: la interpelación ideológica del Banco Mundial en América Latina. El caso argentino desde Blumberg a Cromañon.* Buenos Aires: Clacso.

PNUD, 2010. Informe Regional sobre Desarrollo Humano. "Actuar sobre el futuro: romper la transmisión intergeneracional de la igualdad", San José de Costa Rica.

Reygadas, Luis (2002). *Ensamblando culturas: diversidad y conflicto en la globalización de la industria*, Barcelona; Gedisa.

tocadas por la globalización. Institucione
logías, imaginarios, reglas, actores, conflict
rmas afrontan nuevas realidades pero sin qu
viejas, las de los Estados territoriales, nec
amente hayan desaparecido o debilitado e
nos continentes. Se imponen, entonces, ma
interpretativos capaces de entender y trat
mapa global que, en variadas circunstancia
vive con el territorial. Se trata de entender
algún modo, enfrentar los *desórdenes* que
alización provoca en los *órdenes* que vení
endo el mundo, entre ellos la *justicia*. El bin
justicia/injusticia focaliza nuestro doble int
académico y político. La obra recurre a
fundidad crítica de la teoría de Nancy Fras
re la justicia y utiliza su matriz para la inte
ación, análisis y discusión de un abanico
blemas relevantes, alterados por la globaliz
, y que forman parte de la agenda del mov
nto feminista de América Latina y de la Uni
opea así como también de quienes apuestan
mundo más justo y equitativo.

www.ingramcontent.com/pod-product-compliance
Lightning Source LLC
Chambersburg PA
CBHW082334270726
48658CB00017B/2842